作者简介

崔　霞　2009毕业于中央民族大学中国少数民族语言文学学院，获文学博士学位；2006年毕业于山西大学文学院，获得硕士学位；2003年毕业于雁北师范学院中文系，获学士学位。2009年10月至今，在大同大学文学学院工作至今。

主要论著有：《山阴方言研究》（合著，第二作者）、《朔州方言研究（朔城区卷）》（合著，第一作者）。

论文：《晋北方言地名的音变》《晋北方言地名中的古音》《山西山阴方言地名文化信息解读》《山阴方言蟹止摄的读音及演变》《山西省朔州市六区县方言语音初步比较——兼与普通话比较》《山西北区方言蟹摄一二等韵读音的类别》等。

项目：主持国家教育部中国语言资源保护工程山西汉语方言调查怀仁方言，项目编号YB1613A0001。

山西大同大学博士科研启动金资助

当代人文经典书库

朔州方言比较研究

崔 霞◎著

中国书籍出版社
China Book Press

图书在版编目（CIP）数据

朔州方言比较研究/崔霞著．—北京：中国书籍出版社，
2017.8
ISBN 978-7-5068-6406-0

Ⅰ.①朔…　Ⅱ.①崔…　Ⅲ.①西北方言—方言研究—
朔州　Ⅳ.①H172.2

中国版本图书馆 CIP 数据核字（2017）第 206779 号

朔州方言比较研究

崔　霞　著

责任编辑　张翠萍　李雯璐
责任印制　孙马飞　马　芝
封面设计　中联华文
出版发行　中国书籍出版社
地　　址　北京市丰台区三路居路 97 号（邮编：100073）
电　　话　（010）52257143（总编室）　（010）52257153（发行部）
电子邮箱　eo@chinabp.com.cn
经　　销　全国新华书店
印　　刷　三河市华东印刷有限公司
开　　本　710 毫米×1000 毫米　1/16
字　　数　252 千字
印　　张　15.5
版　　次　2019 年 1 月第 1 版　2019 年 1 月第 1 次印刷
书　　号　ISBN 978-7-5068-6406-0
定　　价　68.00 元

目　录

CONTENTS

绪　论[①]

第一节 历史沿革

从朔州市峙峪、边耀、鹅毛口古遗址证明，早在旧石器时代晚期（距今约28000 年），就有人类在此生息。

春秋以前，这里为少数民族北狄所居。战国时，归入赵国的版图。

秦始皇三十二年（前 215），边帅蒙恬在此筑城名马邑，置马邑县，归雁门郡管辖。

西汉时，置马邑县（今朔城区）、中陵县（今平鲁区）、剧阳（今应县）、阴馆（今朔城区东南）、汪陶（今山阴县）、埒县（今朔城区南）、楼烦（今朔城区西南）、善无（今右玉县），仍归雁门郡管辖。

东汉时，雁门郡移治阴馆县。东汉末大乱，人民逃亡，大部分县撤废。

西晋时，将峪岭（今雁门关）以北各县民撤往岭南，地归代王拓跋猗卢。

北魏时，属畿内地，置桑乾郡（今山阴东）、繁峙郡（今应县东）、马邑郡。

北齐天保六年（555），将朔州治从盛乐（今内蒙古和林格尔县）迁到马邑西南。北齐天保八年（557）改马邑县为招远县，为朔州治，此为朔州名之始。

北周升朔州为总管府。

隋废总管府，改为马邑郡，辖鄯阳（原朔县）、开阳（朔城区南部）、神武（山阴、应县境）。

唐武德四年（621），改马邑为朔州。唐天宝元年（742），又改朔州为马邑郡。唐初，在马邑郡置大同军节度。会昌三年（843），改为大同都团练使，领云（今大同）、蔚（今河北蔚县）、朔（今马邑）三州。咸通九年（868），重置大同节度使，移治云州（今大同市）。

[①]有关资料及数据来源于《朔州年鉴 2014》，朔州市地方志办公室编，三晋出版社。特此感谢！

五代时，在唐明宗出生地金城置应州，又分朔州置寰州（今朔城区西影市寺林东）。后晋天福元年（936），朔州、寰州、应州割让给契丹。

辽时，朔州为顺义军节度，应州为彰国军节度，统属西京道。

金仍之。元隶山西道大同路。

明时，朔州隶大同府，辖马邑县，应州辖山阴县。清沿明制。雍正三年（1725）置朔平府（治右玉），辖右玉县、左云县、平鲁县、宁远厅和朔州及马邑县。怀仁、应州与山阴同隶大同府。

中华民国元年（1912）五月改州为县，同隶雁门道，后雁门道撤，直隶山西省。抗日战争时，以同蒲路为界，路西归晋绥边区，路东归晋察冀边区。

1946 年，朔县解放，归察哈尔省，至中华人民共和国成立。

1952 年，察哈尔省撤销，重归山西省，属雁北专区。

1958 年，改属晋北专区。

1961 年，重新归雁北专区。

1989 年 1 月，国务院批准由原雁北地区划出朔县、平鲁县、山阴县，设立朔州市，1989 年 1 月 5 日正式设市。

1993 年 7 月，原雁北地区撤销，其所辖的应县、右玉县和怀仁县划归朔州市。现辖两区四县，共 73 个乡镇（含街道办）、1688 个行政村。

第二节 地理人口概况

朔州市位于山西省西北部，东经 111°53'~113°34'，北纬 39°05'~40°17'的内外长城之间，西北毗邻内蒙古自治区，南扼雁门关隘，北距古城大同 129 公里，南至省府太原 200 公里，东到首都北京 502 公里。

朔州市交通较为发达，境内同蒲铁路、大运高速公路、109 国道和 208 国道纵贯南北，神木至朔州、朔州至黄骅铁路横贯东西，县乡公路四通八达。全市公路通车里程 10150 公里，万人拥有公路里程居全省第一。

根据《朔州市 2010 年第六次全国人口普查主要数据公报》，全市常住人口为 1714857 人，同第五次全国人口普查 2000 年 11 月 1 日零时的 1451875 人相比，十年共增加 262982 人，增长 18.11%。年平均增长率为 1.68%。全市常住人口中共有家庭户 485725 户，家庭户人口为 1595255 人。

第三节 资源概况

朔州资源丰富，基础雄厚。已探明的矿藏有 35 种，主要有煤炭、高岭土、石灰岩、铝土矿、耐火黏土、云母、石英、石墨、沸石、长石、铁矿及一定储量的金、铜、稀土等，且储量大、品位高、易开采。煤炭总储量494.1亿吨，约占全省总储量的六分之一。现煤炭产量达到22091万吨，发电量达到278.7亿千瓦时。境内有我国目前规模最大、资源回收率最高的露井联采特大型煤炭生产企业——中煤平朔和全国重要的电力基地——神头电力城，是全国重要的煤电基地。

朔州土地资源丰富，平原占国土面积的38%，丘陵占36%，山区占26%，耕地面积396069.68公顷，主要农作物有玉米、小麦、谷子、油料、马铃薯、甜菜、莜麦、豌豆等30多种。

朔州牧草资源、水资源也较为丰富，适宜农林牧综合发展。除传统的种植业外，菜、奶、蛋、肉、果等副食品的生产也有很大发展。朔州市已是全国农区最大的奶牛基地之一，乳制品产量281288吨，从奶牛饲养到乳制品系列加工生产已形成较大的规模。畜牧业除奶牛外，还有肉牛、羊、猪、鸡等，也是外贸的土畜产基地之一。

第四节 朔州方言概况

《晋语的分区》（稿）一文中，晋语分为八个方言片，即并州片、吕梁片、上党片、五台片、大包片、张呼片、邯新片、志延片。朔州的平鲁、朔县（现称朔城区）、应县方言属晋语五台片，朔州的右玉、山阴、怀仁方言属大包片。

《山西方言调查研究报告》一书中，朔州市两区四县方言均属山西北区方言，却分属不同的三个方言片，即朔城区、平鲁区方言属忻州片，山阴方言属山阴片，怀仁、右玉、应县方言属大同片。

比较以上两种方言分区意见，我们不难发现，朔州部分方言点的归属有些差异，即关于山阴方言和应县方言的划分，二者有不同的归属。一种是将山阴方言与怀仁、右玉方言归属大包片，应县方言与平鲁、朔县方言同属五台片；另一种是将山阴方言独立为一个方言片，与怀仁、右玉方言不再属同一方言片，而应县方言与怀仁、右玉方言属同一方言片。

朔州各点方言在语音、词汇和语法等语言现象上有相同点，也有不同点。这些相同点体现了朔州各点方言语言系统和语言要素的语言演变上所保留的高度的一致性，而这些不同点凸显了朔州各点方言语言系统和语言要素在语言演变过程中必然存在的不平衡性和层次性。因此，描写各点语言系统的特征、比较分析各点语言要素的异同、探求各点语言演变的特点和规律，是证明朔州各点方言关系亲疏远近的行之有效的途径，也可更好地求证山阴方言和应县方言在晋方言中的地位。

第五节 体例说明

一、音标

本书采用国际音标方言字音的声母和韵母，用五度制数码标记声调。音标中的[h]表示送气符号。

零声母在声母表中用Ø表示，在其他情况下，不做标记，直接用元音开头。

轻声不标实际调值，一律用 0 表示。

二、符号

字的下方加“　　”表示同音代替字，加“____”表示白读，加“====”表示文读，“～”代替例字；有音无字的字用“□”代替；“/”表示“或”。

表格按每一章排序。

第一部分 语音篇

第一章

朔州各地方言音系①

朔州各点方言中，声母最少的 19 个，是平鲁方言；声母最多的 24 个，是右玉方言。韵母最少的是 35 个，是平鲁方言；韵母最多的是 39 个，是山阴方言。单字调数目朔城区、平鲁和山阴方言都是 4 个，应县、右玉和怀仁方言都是 5 个。

声母少，多是缺[v tʂ tʂh ʂ ʐ]。韵母数量相差不大，但有细微的差异。声调大致是 4~5 个，朔城区、平鲁方言由于阴平和上声合并，山阴方言由于平声不分阴阳，这三个方言点都是 4 个声调；而应县、右玉和怀仁方言的声调由阴平、阳平、上声、去声和入声 5 个调组成。

第一节 朔城区方言音系

一、声母（23 个，包含零声母在内）

p 本白布别	ph 坡盘批拍	m 门麻亩密	f 飞扶副法	v 瓦闻外袜
t 多敌到夺	th 通唐兔特	n 女拿岸额		l 吕零路力
ts 增砸治足	tsh 仓虫醋族		s 三丝晒速	
tʂ 者遮直执	tʂh 车扯吃尺		ʂ 舍蛇社十	ʐ 软如日若
tɕ 经具夹及	tɕh 梯求气踢		ɕ 修旋县吸	
k 哥跟贵国	kh 开葵跪哭		x 好胡贺黑	
ø 耳云五雾一				

说明：

1.[n]与开口呼、合口呼韵母相拼时是[n]，与齐齿呼、撮口呼韵母相拼时

---

①本章中的朔州各方言点的音系大多引自《山西方言研究重点丛书》的《朔州方言研究（朔城区卷）》《平鲁方言研究》《山阴方言研究》《应县方言研究》《朔州方言研究（右玉卷）》和《山西方言调查研究报告》及实地田野调查。在此一并感谢！个别方言点音系有所改动。

是[ȵ]。

2.[tʂ]、[tʂh]、[ʂ]只与[ə]、[əʔ]相拼。

3.[tɕ]、[tɕh]、[ɕ]只拼细音，不拼洪音。古定母平声、透母字，今韵母是齐齿呼的，声母读[tɕh]。

4.发[u]音时上齿与下唇没有摩擦，与普通话合口呼零声母[u]相似。

5.零声母[ø]一般只出现于齐齿呼、合口呼、撮口呼韵母，除[ᴀ]（只有一个“啊”字）、[ər]等少数韵母外不出现于开口呼韵母中。

二、韵母（38个，不包含儿化韵）

ʅ资芝池事	i 备雷体衣	u 母图凑五	y 女驴虑鱼
ʅ日			
ər 耳儿尔二			
ᴀ拉爬瓦岔	iᴀ家牙俩夏	uᴀ瓜滑耍跨	
æ搬瞒暖汗		uæ砖关疝换	
	iɛ边崖见夜		yɛ犬悬练怨
ə车蛇者射		uə波鹅颗错	
ɛi 开柴掸爱		uɛi 帅怀快怪	
ei 杯埋飞位		uei 推回鬼对	
ɔo 哥饶吵帽	iɔo 交苗小尿		
əu 偷侯偶瘦	iəu 丢油柳谬		
ɑ̃王狼厂巷	iɑ̃仰凉虹羊	uɑ̃装床光矿	
ə̃喷农肾瓮	iə̃冰林庆银	uə̃冻空顿昆	yə̃军穷训容
ᴀʔ泼摸色喝	iᴀʔ夹铁裂鸭	uᴀʔ脱洛桌国	yᴀʔ绝缺雪越
əʔ不特石黑	iəʔ笔吸德乙	uəʔ属做族忽	yəʔ菊屈俗欲

说明：

1.[ɛi]、[uɛi]中[i]实际读音接近[ɪ]。

2.[u]与声母[m]、[n]相拼时带有鼻化。

3.[ə]与[tʂ]、[tʂh]、[ʂ]相拼时，前面略带[ʅ]音。

4.[ʅ]韵只有“日”一个字。

5.[ɑ̃]舌位略前。

三、单字调（4个）

阴平上	312	安猪高开超体暖匹口手
阳平	35	穷陈平鹅寒娘唐床文云
去声	53	进住射富盖贱怒厚六岸

入声　ʔ35　鹤急桌出黑吃说约悦菊

说明：

1.古清平、清上、次浊上和极少数清入调值均为312，归为阴平上。

2.入声与阳平调型相同，但比阳平发音短促。

3.入声不分阴阳，都读短调35。

第二节 平鲁方言音系

一、声母（19个，包含零声母在内）

p 布摆波别	ph 怕疲朋平	m 门帽每木	f 富佛罚方	
t 堆到地夺	th 唐吐太特	n 哀安扭女		l 兰连笼律
ts 资直栽摘	tsh 朝晨冲刺		s 散书顺叔	z 儒日蕊辱
tɕ精交就节	tɕh 天秋替艇		ɕ西晓虚瞎	
k 共高给搁	kh 苛夸快咳		x 红河胡恨	
Ø衣务耳鱼				

说明：

1.[n]和开口呼、合口呼韵母相拼时是[n]，和齐齿呼、撮口呼韵母相拼时接近[ȵ]。

2.平鲁方言只有一套舌尖前音[ts]、[tsh]、[s]，但也有人受其他区域的影响与舌尖后音[tʂ tʂh ʂ]混读，不起辨义作用。

3.[x]发音部位较[k kh]稍后。

4.[z]浊化的程度较轻。

其他声母音值与北京话大致相同。

二、韵母（35个，不包含儿化韵）

ɿ芝瓷施是	i 西剃笛利	u 姑努租户	y 局许女吕
ər 耳二儿而			
ɑ马砸岔拉	iɑ霞牙加家	uɑ耍抓挂花	
æ班瞒毯旱		uæ团软款蔓	
	iᴇ年别天裂		yᴇ捐选劝院
ɤ者蛇车社			
		uə波河饿锅	
ɔ刨扫高傲	iɔ辽觉钥挑		
ɒ朗谤慷畅	iɒ粮江呛样	uɒ狂双晃网	
ɛi 杯败买碍		uɛi 追亏坏帅	

əu 头偷狗奏　　iəu 牛柳救右

əɯ绷撑仁恨　　iəɯ民停醒映　　uəɯ同村公混　　yəɯ匀凶荣佣

ʌʔ朴法恶鸽　　iʌʔ揭铁灭押　　uʌʔ掇索扩获　　yʌʔ决确血悦

əʔ没蝠植黑　　iəʔ逼逆力剔　　uəʔ竹淑入物　　yəʔ律菊俗育

说明：

1.[ɑ iɑ]里的[ɑ]舌位较前，接近于[A]。

2.[ɒ iɒ uɒ]里的[ɒ]舌位较高，接近于[ɔ]。

3.[əu iəu]里的[ə]舌位稍后稍高，略近于[ɤ]。

4.平鲁方言没有鼻音韵母。

5.渴[khʌʔ34]中的[ʌ]稍圆，接近于[ɔ]。

6.入声韵的喉塞韵尾有时比较明显，有时拉长字音，喉塞韵尾[ʔ]便消失。

7.普通话中的[ɑi][ei]在平鲁方言中区分不明显，统一记作[ɛi]。

8.[əʔ]入声韵轻声时塞音韵尾脱落。

三、单字调（4 个）

阴平上	213	诗安知飞天胸使等碗古有纸
阳平	44	时穷寒房人娘
去声	52	事面汗厚岸兴
入声	ʔ34	识急出喝拍合

说明：

1.古清平和古清上、次浊上调值均为 213，归为阴平上。

2.古全浊上、清去、浊去归去声。

3.入声不分阴阳，读短调 34。

第三节　山阴方言音系

一、声母（23 个，包含零声母）

p 般饱步笔	ph 盘品怕撇	m 妈秒木觅	f 飞否饭福	
t 刀堵吊夺	th 掏土特秃	n 南女嫩年		l 劳里栏力
ts 脏组字做	tsh 仓采粗促		s 思所素速	z 子
tʂ招真住只	tʂh 虫础厂吃		ʂ声数善属	ʐ柔忍闰日
tɕ居姐进及	tɕh 秋天巧曲		ɕ修想续雪	
k 高古跟谷	kh 开考裤哭		x 胡喊话忽	

Ø羊五圆啊耳云荣融

说明：

1.[n]和齐齿呼、撮口呼韵母相拼时为舌面音[ȵ]。

2.[z]只有作词尾的“子”一字。

3.[tɕ、tɕh、ɕ]只拼细音，不拼洪音。古定、透母字，今韵母是齐齿呼的，今声母读[tɕh]。

4.零声母[Ø]一般只和齐齿呼、合口呼、撮口呼韵母相拼，除[ᴀ]（只有一个“啊”字）、[ər]等少数韵母外不跟开口呼韵母相拼。

5.古梗摄合口三等庚韵云母平声字、通摄合口三等东韵、四等钟韵以母平声字声母为零声母。

二、韵母（39个，不包含儿化韵）

ɿ资雌支事	i 比眉鸡底	u 母富图故	y 女居虚取
ʅ知制池逝			
ər 儿而耳二			
ʌr 者蔗蛰惊蛰			
ʅʌr 车舌遮惹		uə多坐火磨	
ᴀ爬打沙娃	iᴀ加假霞压	uᴀ抓要花跨	
æ半单产安		uæ官团钻拴	
	iᴇ边点姐介		yᴇ捐靴全悬
ɒ旁挡丈昌	iɒ粮强象羊	uɒ庄双光慌	
ɛe 白买开台		uɛe 帅拐快坏	
ei 背每飞配		uei 推虽灰贵	
ɔo 跑刀好告	iɔo 表胶小摇		
əu 斗狗后路	iəu 牛流羞有		
ə̃本疼层冷	iə̃品定青灵	uə̃东总空春	yə̃军裙凶荣
ᴀʔ八摘各法	iᴀʔ拍夹切鸭	uᴀʔ脱捉豁刷	yᴀʔ决缺血月
əʔ不特黑尺	iəʔ北力吸密	uəʔ秃竹哭禄	yəʔ菊曲俗蓄

说明：

1.[u]前没有辅音常读成[v]，自由变读，不区别意义。

2.[ei、uei]里的[i]舌位略低，近于[ɪ]。

3.[ɒ]和[iɒ、uɒ]里的[ɒ]有时有微弱的鼻化音，因人而异，时有时无。

4.入声韵的喉塞韵尾较弱，若拉长字音，喉塞韵尾[ʔ]便消失。

三、单字调（4个）

平声	313	高开飞天时房云田
上声	52	古走短草好手老有

去声　　335　　近坐变柱大让树用
入声　　4　　　接说铁百急笔尺黑

说明：

1.平声不分阴阳，即古平声清声母字和古平声浊声母字今声调相同。

2.部分古入声字今读舒声，大部分是古全浊、次浊声母字，清声母字占少数。一般规则是：全浊入声归阳平，次浊入声归去声，清入声归平声或去声。

第四节 应县方言音系

一、声母（20个，包含零声母在内）

p 部波霸别	ph 爬破普泼	m 门满棉末	f 肥浮范发	v 挖污卧胃
t 刀低堆带	th 太土他炭	n 年暖袄恩		l 亮练林立
ts 资止做织	tsh 草刺锤擦		s 散素手十	z 闰肉绕柔
tɕ鸡挤焦节	tɕh 清全天铁		ɕ修新想吸	
k 贵个恭挂	kh 夸颗枯克		x 壶花混黑	
∅应儿烟雨				

说明：

1.[n]与齐齿呼、撮口呼韵母相拼时为舌面音[ȵ]。

2.[ts tʂ]不分，只有[ts tsh s]一组声母。[ts tsh s]只拼洪音，不拼细音。

3.古定、透母字，今韵母是齐齿呼的，今声母读[tɕh]。

4.古影、疑母开口一二等字，今声母读鼻音[n]。

5.零声母[∅]一般只和合口呼、齐齿呼、撮口呼韵母相拼，除a（只有一个“啊”字）和ər外不跟开口呼韵母相拼。

二、韵母（37个，不包含儿化韵）

ɿ资知痴事	i 鼻眉泥西	u 补夫奴苏	y 女驴局虚
ər 二而尔儿			
a 巴茶纱乏	ia 家霞虾雅	ua 瓜花耍抓	
	iɛ爹姐爷茄		yɛ靴瘸
ɤ遮车惹奢		uɤ波磨拖锅	
ɛi 排杯卖妹		uɛi 贵怪坏灰	
au 保老刀烧	iau 条苗料摇		
əu 偷走欧路	iəu 流扭旧有		
ɛ̃搬满善安	iɛ̃边千天炎	uɛ̃端官算欢	yɛ̃宣绢权院
aŋ帮忙党商	iaŋ讲香良羊	uaŋ壮霜光黄	

əŋ分真冷声	iəŋ林新亭灵	uəŋ墩春虫送	yəŋ军群荣用
aʔ法答蜡鹤	iaʔ灭甲铁鸭	uaʔ脱落国说	yaʔ缺绝雪悦
əʔ不服尺核		uəʔ读烛鹿谷	
	iɛʔ比密乙力		yɛʔ菊蓄曲育

说明：

1.[a]在[ua]里实际是[ʌ]，在[aŋ]、[iaŋ]里实际音质是[ɛ]，在[uaŋ]里实际是[ɑ]。

2.[ɛi]和[uɛi]里的[ɛi]有单元音倾向，近[æ]。

3.[yɛ̃]里的[ɛ̃]有些圆唇化，近[œ̃]。

4.[uəŋ]与声母相拼时，近[ɔŋ]。

三、单字调（5个）

阴平	43	安班翻耽丝加呼机西
阳平	31	皮难盘凡湖池如停河
上声	54	补土古给醒敏肯粉浅
去声	24	按绊算更奋问骂任地
入声	ʔ43	不得福塞黑忽合急出

说明：

1.古清平和清上、次浊上不合流。

2.部分古入声字今读舒声，大部分是古全浊、次浊声母字，清声母字占少数。一般规则是：全浊入、清入归阴平，次浊入归去声。

第五节 右玉方言音系

一、声母（24个，包含零声母在内）

p 布八鼻波	ph 怕偏坡排	m 门米妹毛	f 夫乏肥饭	v 舞蛙危王
t 低肚朵呆	th 题土台腿	n 怒女男硬		l 吕蓝脸良
ts 资租左在	tsh 此粗猜仓		s 思锁腮散	
tʂ知猪招粥	tʂh 痴除超丑		ʂ世鼠烧手	ʐ日儒饶肉
tɕ酒监卷奖	tɕh 球千圈枪		ɕ休咸悬香	
k 光跟公鸽	kh 筐坑恐渴	ŋ安肮恩恶	x 荒很魂合	
∅医鱼儿鸦				

说明：

1.[v]的摩擦较轻，实际音值为[ʋ]。

2.[n]和开口呼、合口呼、韵母相拼时是[n]，和齐齿呼、撮口呼韵母相拼时是[ȵ]。

3.零声母[ø]一般只和齐齿、撮口两呼的韵母相拼，并且齐齿呼、撮口呼零声母在[i]、[y]韵前带有明显的摩擦成分，实际音值是半元音[j]、[ɥ]。开口呼零声母只有“而、二”等少数古日母字和“啊”等感叹词，没有合口呼零声母字。

其他声母音值与北京话大致相同。

二、韵母（37个，不包含儿化韵）

ɿ资止词四	i 鼻批迷尼	u 步夫徒醋	y 女吕举鱼
ʅ知痴势日			
ər 儿耳二而			
a 巴怕乏哈	ia 家掐虾牙	ua 瓜夸花划	
æ贪南乱含		uæ短转酸换	
	iɛ鞭脸尖癣		yɛ恋练瘸靴
ɤ遮车舌河			
o 玻坡魔磨		uo 多骡坐科	
ɒ帮唐狼桑	iɒ良娘讲羊	uɒ装床光荒	
ɛe 杯陪埋呆		uɛe 堆桂快淮	
ɐo 包刀闹跑	iɐo 表票交桥		
əu 斗路走沟	iəu 牛流酒修		
ə̃ɣ进分能征	iə̃ɣ冰今命心	uə̃ɣ东钟春红	yə̃ɣ军穷雄云
aʔ八答杀喝	iaʔ百铁节瞎	uaʔ夺脱刮说	yaʔ脚缺药月
əʔ直石克黑	iəʔ北踢急吸	uəʔ读绿速谷	yəʔ菊足曲育

说明：

1.[uo]中的[o]发音实际接近[ə]。

2.[ɛe]在[f]声母后实际音值近乎[ɛi]。

3.[aʔ]、[iaʔ]、[uaʔ]、[yaʔ]里的[a]舌位偏高偏央，实际音值是[ɐʔ]、[iɐʔ]、[uɐʔ]、[yɐʔ]。

4.[ɣ]是舌根浊擦音，作韵尾，发音较弱。

三、单字调（5个）

阴平	31	诗梯衣医疤灯方天初
阳平	212	时题笛棉房田锄魂雄
上声	53	使体椅以等免碗尾九
去声	24	付到四试注间救旧汗

入声　44　八督桌失急出合麦绿月直脚

第六节 怀仁方言音系

一、声母（20 个，包含零声母在内）

p 八兵抱别	ph 派片爬谱	m 麦明母摸	f 飞风副法	v 味王碗握
t 多东低毒	th 讨天梯特	n 女熬牛逆		l 老连吕力
ts 资张贼竹	tsh 刺抽草拆		s 丝山酸十	z 让软闰热
tɕ尖酒卷橘	tɕh 轻权抢曲		ɕ修旋县吸	
k 高共惯鸽	kh 开口块哭		x 好胡贺黑	
Ø月云耳五				

说明：

1.[v]是唇齿浊擦音，实际发音摩擦较轻。

2.[n]与齐齿呼、撮口呼韵母相拼时为舌面音[ȵ]。

3.[ts tʂ]不分，只有[ts tsh s]一组声母。[ts tsh s]只拼洪音，不拼细音。

二、韵母（36 个，不包含儿化韵）

ɿ师丝资制	i 鼻眉低戏	u 苦五猪书	y 女区绿育
ər 儿而耳二			
a 爬瓦辣茶	ia 家牙哑夏	ua 花挂抓夸	
ɤ蛇车盒射		uɤ火螺破所	
æ南山半烂	iæ边盐点限	uæ官团钻拴	yæ全捐悬冤
	iɛ姐茄写夜		yɛ穴瘸靴月
ɒ方唐网壮	iɒ香强讲样		
ɛe 白妹雷台		uɛe 帅贵罪怪	
ɔu 饱脑早号	iɔu 票笑叫腰		
ɤu 斗走路后	iɤu 牛六酒油		
əŋ深吞绳藤	iəŋ金贫静饼	uəŋ寸滚公东	yəŋ均云凶容
aʔ八塔法色	iaʔ拍贴节鸭	uaʔ托国桌说	yaʔ决缺雪月
əʔ黑直特福	iəʔ北力吉一	uəʔ读骨竹录	yəʔ菊曲宿足

说明：

1.韵母[u]与[f]声母相拼时，略带摩擦，与[ʋ]接近。

2.“培”与“牌”韵母相同，读作[ɛe]；“怪”与“贵”韵母相同，读作[uɛe]。

3.[ɤu]与[k]、[kh]、[x]相拼时，实际读音接近于[kiɤu]、[khiɤu]、[xiɤu]。

4.[ɒ]组实际读音舌位偏高，相当于[ɔ]。

5.发[əŋ、iəŋ、uəŋ、yəŋ]韵母时，口腔没有完全堵塞，鼻音较重。

三、单字调（5 个）

阴平	42	东该灯风通开天春粥
阳平	312	门龙牛油铜皮糖红白
上声	53	懂古鬼九统苦讨草买
去声	24	冻怪半四痛快寸硬饭
入声	ʔ4	搭百国脚刻北哭曲塔

说明：

1.阴平的调值[42]实际发音短促。

2.曲折调中起点与终点的高度有时相差不大。

3.上声的起点和终点要比阴平的高。

4.去声的调值实际发音与[35]接近。

第二章

朔州方言语音的特点

第一节 朔州方言声母的特点

朔州方言声母内部有高度的一致性，但也存在一定的差异。朔州方言声母的差异主要体现在以下方面。

一、ts 组（ts tsh s）与 tʂ组（tʂ tʂh ʂ）的分合

朔州各点方言 ts 组（ts tsh s）与 tʂ组（tʂ tʂh ʂ）两组字声母的读音见表 2-1。通过表 2-1，我们可以发现朔州各点方言 ts 组（ts tsh s）与 tʂ组（tʂ tʂh ʂ）两组字声母的读音主要有以下三种类型：

表 2-1

方言点	例字											
	增	蒸	粗	初	散	扇	者	只	吃	车	蛇	十
朔城区	ts	ts	tsh	tsh	s	s	tʂ	tʂ	tʂh	tʂh	ʂ	ʂ
平鲁	ts	ts	tsh	tsh	s	s	ts	ts	tsh	tsh	s	s
山阴	ts	tʂ	tsh	tʂh	s	ʂ	tʂ	tʂ	tʂh	tʂh	ʂ	ʂ
应县	ts	ts	tsh	tsh	s	s	ts	ts	tsh	tsh	s	s
右玉	ts	tʂ	tsh	tʂh	s	ʂ	tʂ	tʂ	tʂh	tʂh	ʂ	ʂ
怀仁	ts	ts	tsh	tsh	s	s	ts	ts	tsh	tsh	s	s

1.ts 组（ts tsh s）与 tʂ组（tʂ tʂh ʂ）合流

朔州方言有 3 个方言点属这一类型。平鲁、应县、怀仁方言 ts 组（ts tsh s）与 tʂ组（tʂ tʂh ʂ）两组字合流，平鲁、应县、怀仁方言的 tʂ组（tʂ tʂh ʂ）的声母均读作 ts 组（ts tsh s）声母，即 tʂ组（tʂ tʂh ʂ）无论是与开口呼相拼，还是与合口呼相拼，均读作 ts 组（ts tsh s）声母。

2.ts 组（ts tsh s）与 tʂ组（tʂ tʂh ʂ）部分合流

朔州方言有 1 个方言点属这一类型。朔城区方言 tʂ组（tʂ tʂh ʂ）只与[ə]、[əʔ]相拼，ts 组（ts tsh s）不与[ə]、[əʔ]相拼。在其他情况下，ts 组（ts tsh s）与 tʂ（tʂ tʂh ʂ）合流，均读作 ts 组（ts tsh s）声母。

3.ts 组（ts tsh s）与 tʂ组（tʂ tʂh ʂ）分立

朔州方言有 2 个方言点属这一类型。在山阴方言和右玉方言中，ts 组（ts tsh s）与 tʂ组（tʂ tʂh ʂ）两组声母与开口呼、合口呼相拼时，与普通话保持一致，不发生混读现象。

二、“日软”“人若”声母的读音

“日软”“人若”声母的读音在朔州各方言点中不尽相同。朔城区方言和右玉方言没有 z 声母，而山阴方言中虽然有 z 声母，但仅限于词缀“子”声母，因此，“日软”“人若”声母的读音在朔城区、山阴和右玉方言中均读作ʐ，与普通话保持一致。平鲁和怀仁方言中只有 ts、tsh、s、z，而无 tʂ、tʂh、ʂ、ʐ，因此“日软”“人若”声母的读音在平鲁和怀仁方言中均读作 z。在应县方言中，“软、人、若”三字的声母读作 z。而“日”在不同的词汇环境中有不同的读音，在“日子”一词中，“日”声母读作 z，这与“软、人、若”的读音一致；而在“夜日个昨天”一词中，“日”声母读作 n。应县方言这一语音特点在大同方言中也有所体现。

三、“田钱”“条桥”的读音

在朔州各方言点中，朔城区、平鲁、山阴和应县方言中，声母 th 与齐齿呼相拼时，均读作 tɕh，朔城区、平鲁、山阴和应县方言“田钱”“条桥”等字声母的读音相同，均读作 tɕh。而右玉方言和怀仁方言“田钱”“条桥”等字声母的读音与普通话一致，不发生混读，“田条”“钱桥”分别读作 th、tɕh。

四、普通话零声母的开口呼、合口呼字声母的读音

普通话零声母的开口呼、合口呼字在朔州各点方言的读音如表 2-2。

表 2-2

方言点	例字						
	饿	爱	恩	儿	二	午	问
朔城区	n	n	n	Ø	Ø	Ø	v
平鲁	n	n	n	Ø	Ø	Ø	Ø
山阴	n	n	n	Ø	Ø	Ø	Ø
应县	n	n	n	Ø	Ø	v	v

右玉	ŋ	ŋ	ŋ	ø	ø	v	v
怀仁	n	n	n	ø	ø	ø	v

通过表 2-2 可以看出：

1.普通话零声母的开口呼“饿爱恩”字，在朔州各点方言中声母的读音不读作零声母，而是读作鼻音。其中只有右玉方言“饿爱恩”字的声母读作ŋ声母，其他五个方言点均读作 n 声母。

2.“儿二”在朔州各点方言中声母均读作零声母，这一语音特点与普通话一致。

3.在朔州各方言点中，普通话零声母的合口呼“午问”字声母读音共有三种类型。一种是全部读作零声母，平鲁方言和山阴方言属这一类型；一种是全部读作 v，应县方言和右玉方言属于这一类型；一种是当 u 单独作韵母时，如“午”，声母读作零声母，当 u 作为介音时，声母读作 v，朔城区方言和怀仁方言属于这一类型。

五、n/l 不分

“汉语方言中 n/l 不分的方言很多。长江以北的北方方言分不分 n/l，大致上以淮河为界，形成一条重要的同言线。大同地区区分 n/l，但在这样的地区，也有个别 n/l 相混的词，如天镇‘农’n→l，北京‘弄、梁’n/l。”[①]朔州各方言点的口语和地名中都或多或少地为这一语音事实提供了一些佐证。

在平鲁方言中，“另”字的声母在很多语言场合中读作 l；而在地名“另山”中“另”字声母不再读作 l，而读作 n。在山阴方言中，“立”字的声母多读作 l；而在地名“上/下立羊泉”中“立”字声母不再读作 l，而读作 n。

而朔城区方言的口语中也有极少 n/l 不分的语音现象。例如：你咋还捉弄我这个老头子哩！例子中的“弄”的声母在口语中也常常读作[l]，不读作[n]。

右玉方言中，“农”读作[luə̃ɣ^{212}]，“农”字的声母读作 l。

第二节 朔州方言韵母的特点

与朔州方言声母内部较高的一致性相比，朔州方言韵母的一致性略低一些。朔州方言韵母的特点主要体现在以下方面。

一、“多—河—锅”的分合

在朔州各点方言“多—河—锅”的读音有两种类型。朔城区、平鲁和山阴

[①]贺登崧. 石汝杰，岩田礼，译. 汉语方言地理学[M]. 上海：上海教育出版社，2003 年：108.

方言“多—河—锅”合流，韵母相同，即“多=河=锅”。而在应县、右玉和怀仁方言中，“多—河—锅”没有完全合流，韵母不完全相同，即“多=锅≠河”。朔州各方言点“多—河—锅”具体读音见表 2-3。

表 2-3

例字	方言点					
	朔城区	平鲁	山阴	应县	右玉	怀仁
多	uə	uə	uə	uɤ	uo	uɤ
河	uə	uə	uə	ɤ	ɤ	ɤ
锅	uə	uə	uə	uɤ	uo	uɤ

二、“卖—妹”“怪—贵”的分合

朔州 6 个方言点中有 2 个方言点“卖—妹”“怪—贵”不混，有 4 个方言点“卖—妹”“怪—贵”相混。朔城区和山阴方言不混，卖≠妹，怪≠贵。其分合情况与普通话保持一致。平鲁、应县、右玉和怀仁方言相混，卖=妹，怪=贵。虽然相混，但各点实际读音不完全相同。朔州各方言点“卖—妹”“怪—贵”的实际读音见表 2-4。

表 2-4

例字	方言点					
	朔城区	平鲁	山阴	应县	右玉	怀仁
卖	ɛi	ɛi	ɛe	ɛi	ɛe	ɛe
妹	ei	ɛi	ei	ɛi	ɛe	ɛe
怪	uɛi	uɛi	uɛe	uɛi	uɛe	uɛe
贵	uei	uɛi	uei	uɛi	uɛe	uɛe

三、“奴—炉”的分合

在朔州 6 个方言点中，“奴”与“炉”韵母的读音都不同，“奴”读作合口呼，朔州 6 个方言点均读[u]韵母，“炉”读作开口呼，朔城区、平鲁、山阴、应县和右玉方言均读为[əu]，怀仁方言读为[ɤu]。具体读音见表 2-5。

四、“母—谋”的分合

在朔州 6 个方言点中，“母”与“谋”韵母都产生了混读，读音相同，均为合口呼，读作[u]。这一韵母特征在朔州各个方言点都有保留，体现了朔州各个方言点内部高度的一致性。具体读音见表 2-5。

五、“剖—牡”的读音

在朔州 6 个方言点中，“剖”与“牡”韵母都产生了混读，读音相同，均为开口呼，虽在各点方言实际读音略有差异，但这一语音特点反映了尤侯与萧豪同韵的现象。具体读音见表 2-5。

表 2-5

例字	方言点					
	朔城区	平鲁	山阴	应县	右玉	怀仁
奴	u	u	u	u	u	u
炉	əu	əu	əu	əu	əu	ɤu
母	u	u	u	u	u	u
谋	u	u	u	u	u	u
剖	ɔo	ɔ	ɔo	au	ɐo	ɔu
牡	ɔo	ɔ	ɔo	au	ɐo	ɔu

六、“茄借剑箭”的分合

朔州各方言点“茄借剑箭”的读音主要有两种类型：一种是朔城区、平鲁、山阴和右玉方言“茄借剑箭”四字韵母已合流，读音相同；一种是应县方言和怀仁方言“茄借”二字韵母的读音与“剑箭”的不同，各自独立成一类。“茄借剑箭”的读音详见表 2-6。

表 2-6

例字	方言点					
	朔城区	平鲁	山阴	应县	右玉	怀仁
茄	iɛ	iᴇ	iᴇ	iɛ	iɛ	iɛ
借	iɛ	iᴇ	iᴇ	iɛ	iɛ	iɛ
剑	iɛ	iᴇ	iᴇ	iɛ̃	iɛ	iæ
箭	iɛ	iᴇ	iᴇ	iɛ̃	iɛ	iæ

七、“心新星”的读音

朔州各方言点“心新星”的韵母已完全合流，有的已不保留鼻音韵尾，如：平鲁方言；有的读作鼻化，如：朔城区和山阴方言；有的鼻化后加舌根浊擦音韵尾-ɣ，如：右玉方言；有的保留鼻音韵尾-ŋ，如：应县方言和怀仁方言。

八、“光钢”的读音

朔州大多数方言点“光钢”韵母不同，朔城区、平鲁、山阴、应县、右玉

（南山区、新城镇区）方言与普通话一样，“光≠钢”，“光”读作合口呼，“钢”读作开口呼。右玉（北山区、威远区）和怀仁方言“光钢”已合流，韵母相同，“光钢”均读作开口呼。

附：朔州各点方言地名中的音变

1.同化

高山疃$_{\text{山阴}}$[kɔo$^{313/31}$suæ^{335}thuæ^{313}]、八步堰$_{\text{山阴}}$[pʌʔ^{4}pu^{335}yᴇ^{335}]、口前$_{\text{山阴}}$[khəu^{52}tɕhyᴇ^{313}]、双碾$_{\text{平鲁}}$[suɒ$^{213/43}$nyər$^{213/43}$]、望岩$_{\text{应县}}$[vaŋ^{24}yɛ̃^{31}]、王宜庄$_{\text{应县}}$[vaŋ^{43}y^{31}tsuaŋ^{43}]、梁官$_{\text{平鲁}}$[liᴇ^{44}kuæ^{213}]

从以上加点字中的读音可以看出，“山”受前字韵母ɔo和后字u介音的影响，韵母部分增加了一个u介音；“堰”受前字韵母u的影响，“前”受前字韵尾u的影响，“堰”和“前”的i介音变成y介音；“碾”受前字u介音的影响，i介音变成y介音；“岩”和“宜”受前字声母v的影响，韵母中的i变成y；“梁”受后字主要元音的影响，其主要元音发生变化。

2.弱化

朔州部分方言有不同程度的弱化现象。弱化现象常常与同化、脱落等音变有关联。朔州方言地名读音的弱化主要表现在音节读作轻声和主要元音脱落两方面。如：利民$_{\text{朔城区}}$[li^{53}mi^{0}]这一地名中的“民”，原本的主要元音脱落，i介音转变成为主要元音，并读作轻声。又如：义井$_{\text{应县}}$[i^{24}tɕiəŋ^{0}]、钗里$_{\text{应县}}$[tshɛi^{43}li^{0}]这两个地名中的“井”和“里”都不保留原本的声调，均读作轻声。

3.合音

五家窑$_{\text{平鲁}}$[u^{213}tɕiɔ^{213}]、西盐池$_{\text{山阴}}$[ɕi$^{313/31}$iᴇ^{313}tʂʅ$^{313/31}$]→[ɕiᴇ$^{313/13}$tʂʅ$^{313/31}$]

“五家窑”地名中，“家”与“窑”均属齐齿呼，“家”的韵母部分中的入声韵尾脱落，“家”的声母部分与“窑”的韵母部分直接合并；“西盐池”地名中，“西”与“盐”的韵母均属齐齿呼，第一音节“西”与第二音节“盐”直接合并，发生合音现象。

4.脱落

辛留村$_{\text{山阴}}$[ɕi$^{313/31}$liəu^{335}tshuə̃^{313}]、王家涧$_{\text{山阴}}$[uɒ$^{313/13}$tɕiəʔ$^{4/2}$tɕiʌr^{335}]

“辛留村”地名中，“辛”字原本有的鼻化元音ə̃脱落，原来的i由介音成为整个音节的主要元音；“王家涧”这一地名在山阴方言中常常儿化。儿化后，由原来的三个音节变成了两个音节。“家”这一音节发生了脱落现象。

5.舌尖中音变为舌尖前音

在山阴方言中，地名“东（西）沙堆”中的“堆”声母读作[ts]，由舌尖中音变成舌尖前音。

在普通词语中，“堆”有两读现象，读作[tuei^{313}]和[tsuei^{313}]，并可以和“圪”字头结合，构成动词和量词。例如：

你给咱把那点儿土往里圪堆圪堆。　　　　（动词）

一圪堆土　　　　（量词）

其他方言也有此类现象。“河北方言的普通词语中也存在这种音，如‘堆’字在晋州、献县、安国、望都、蠡县、满城等地念[tsuei]一类的音。”[①]

在北京话和济南话中，“堆”既可以读作[tuei]，也可以读作[tsuei]。[②]

第三节 朔州方言声调的特点

与普通话相比，数量上差别不大。朔州各方言点中，朔城区、平鲁和山阴方言共有 4 个声调，其中朔城区和平鲁方言的 4 个调类分别是阴平上、阳平、去声和入声；山阴方言的 4 个调类是平声、上声、去声、入声。应县、右玉和怀仁方言共有 5 个声调，这 3 个方言点的 5 个调类一致，分别是阴平、阳平、上声、去声和入声。调类的不同主要是因为古今调类的演变对应关系不同。详见表 2-7。

表 2-7

<table>
<tr><th>古声调</th><th>古声母</th><th>朔城区</th><th>平鲁</th><th>山阴</th><th>应县</th><th>右玉</th><th>怀仁</th></tr>
<tr><td rowspan="2">平</td><td>浊</td><td>阳平</td><td>阳平</td><td rowspan="2">平声</td><td>阳平</td><td>阳平</td><td>阳平</td></tr>
<tr><td>清</td><td rowspan="3">阴平上</td><td rowspan="3">阴平上</td><td>阴平</td><td>阴平</td><td>阴平</td></tr>
<tr><td rowspan="3">上声</td><td>清</td><td rowspan="2">上声</td><td rowspan="2">上声</td><td rowspan="2">上声</td><td rowspan="2">上声</td></tr>
<tr><td>次浊</td></tr>
<tr><td>全浊</td><td rowspan="3">去声</td><td rowspan="3">去声</td><td rowspan="3">去声</td><td rowspan="3">去声</td><td rowspan="3">去声</td><td rowspan="3">去声</td></tr>
<tr><td rowspan="2">去声</td><td>清</td></tr>
<tr><td>浊</td></tr>
<tr><td rowspan="2">入声</td><td>清</td><td rowspan="2">入声</td><td rowspan="2">入声</td><td rowspan="2">入声</td><td rowspan="2">入声</td><td rowspan="2">入声</td><td rowspan="2">入声</td></tr>
<tr><td>浊</td></tr>
</table>

从表 2-7 可以看出，朔州各点方言声调与普通话的对应特点具体主要有以下三点：

[①]田恒金，李小平. 河北方言地名中的一些音变[J]. 语文研究，2008（2）.

[②]北京大学中国语言文学系语言学教研室编. 汉语方音字汇（第二版重排版）[M]. 北京：语文出版社，2003：162.

一、阴平与上声合流

古清平、清上和次浊上合流，朔城区和平鲁这两个方言点都有这一语音现象，即在这两个方言点中，普通话中的阴平与上声读同一个声调，称作阴平上，均为降升调。朔州其他方言点并没有这一语音现象。详细对照情况见表 2-8。

表 2-8

	例字			
	高	搞	抠	口
普通话调值	55	214	55	214
朔城区方言调值	312	312	312	312
平鲁方言调值	213	213	213	213

二、不分阴平、阳平

古平声清声母和古平声浊声母字今声调相同，朔州方言中仅山阴这一方言点中有此语音现象，其他方言点没有这一语音现象。普通话中的阴平与阳平在山阴方言均读作相同的调值。详细对照情况见表 2-9。

表 2-9

	例字			
	诗	时	方	房
普通话调值	55	35	55	35
山阴方言调值	313	313	313	313

三、入声的保留

不论声母清浊，入声在朔州各点方言中都有所保留，均保留[-ʔ]入声韵尾。朔州各点方言与普通话声调的最大差异也体现在这一点上。朔州各点方言中的入声与普通话的四声都有所对应。结合《方言调查字表》，我们从中选取了部分入声字，共 100 个（其中不包含入声已经舒化、舒入两读、入声两读或某一方言点未作记录的字）。通过比较不难发现，从朔州各点方言入声与普通话四声对应数量来看，在这 100 个入声字中，与普通话的阴平和阳平相对应的数量较多，与普通话的上声和去声相对应的数量较少一些。其中有 36 个入声字在普通话中读阴平，有 29 个入声字在普通话中读阳平，有 14 个入声字在普通话中读上声，有 21 个入声字在普通话中读去声。表 2-10 是各韵摄所选取的 100 个例字。

表 2-10

古韵摄	例字

咸摄	塔搭蜡插甲鸽鸭法协贴接
深摄	立入习汁十集及吸
山摄	割憋捏泼脱发达绝决渴雪血八末越瞎列设杰铁撤夺
臻摄	出笔七一失骨橘吉
宕摄	各弱脚郭缚摸托作索
江摄	剥桌朔
曾摄	北黑刻直得特息力色国极或逼织式
梗摄	拆格额择摘尺石吃窄隔积惜锡击
通摄	鹿哭福竹菊服烛族读触

第四节 朔州方言儿化韵的特点

从儿化韵的数量大体上可以看出：山西方言自南而北，儿化韵数目渐次减少。[①]这是从整体上宏观地来考察山西方言儿化韵的特征，但朔州市两区四县具有独特的地理空间分布特点，这使我们只能从微观上来衡量朔州各方言点儿化韵的特征。

除了卷舌韵母和带卷舌动作的韵母之外，朔州各方言点基本所有的韵母都可以构成儿化韵。朔州各方言点的儿化韵主要有两种构成方式。第一种是韵腹、韵尾脱落后，再加上卷舌动作；特别是在入声韵母构成儿化韵时，入声韵变成舒声韵，喉塞韵尾消失，再加上卷舌动作。第二种是韵母不发生变化，直接加上卷舌动作-r或者加卷舌音构成儿化韵。

根据儿化韵数量的多少和儿化韵主要元音的不同，朔州各方言点儿化韵主要有以下三种类型。

一、朔城区、平鲁、应县和右玉方言儿化韵数量最少

朔城区、平鲁、应县和右玉方言这4个方言点只有4个儿化韵，构成儿化韵的主要元音只有1个。朔城区方言和平鲁方言的儿化韵均是[ər]、[iər]、[uər]、[yər]，应县方言的儿化韵是[ɐr]、[iɐr]、[uɐr]、[yɐr]，右玉方言的儿化韵是[ar]、[iar]、[uar]、[yar]。

这4个方言点大都按照第一种构成方式来构成儿化韵。所构成的儿化韵与基本韵母对应关系比较一致，大多数音节中的韵母部分均发生不同程度的变化，或央化、或发生其他变化，韵尾全部脱落，所有的韵腹趋同，相对应地构成一套整齐的开口呼、齐齿呼、合口呼和撮口呼。

[①] 侯精一，温端政主编.山西方言调查研究报告[R].太原：山西高校联合出版社，1993：95.

二、山阴方言共有 9 个儿化韵

山阴方言共有 9 个儿化韵。这 9 个儿化韵主要通过两种方式来共同构成，共有 5 个主要元音，与基本韵母的对应关系比较复杂。

一部分儿化韵同以上 3 个方言点的一样，儿化后，主要元音变为[ʌ]，后加卷舌动作[r]，相对应地构成一套整齐的儿化韵，这类儿化韵有 4 个，即[ʌr]、[iʌr]、[uʌr]、[yʌr]，主要元音只有 1 个。“尽管这只是少数，但它却反映出一种不可忽略的语言现象和走向，儿化是朝着省力、经济、简化的方向发展的”。①

一部分是构成[ʊər]、[iʊər]这两个儿化韵。

在这两部分儿化韵中，这些韵母基本全部发生变化。其中个别儿化韵还受到声母是否为唇音的影响。[ɒ]韵母与唇音声母结合时，儿化后，[ɒ]变为[ʌ]，后面加卷舌动作[r]；与非唇音声母结合时，儿化后，[ɒ]变为[ʊər]，后面加卷舌动作[r]。

另外一部分则是采用第二种方式构成了[uər]、[ʅʌr]、[ʮʌr]这 3 个儿化韵。

与以上 3 个方言点相比，从构成方式来看，山阴方言较多采用第二种方式来构成儿化韵；从儿化韵的数量上来看，不仅儿化韵的数量要多一些，而且构成儿化韵的主要元音也更丰富一些，儿化韵对所附音节的影响略大些。

三、怀仁方言绝大多数都可以构成儿化韵

怀仁方言有 15 个儿化韵，儿化韵的主要元音有 6 个。

怀仁方言的一部分儿化韵与基本韵母对应关系比较一致，韵母发生了不同程度的变化，韵尾脱落，韵腹变得完全一致，均采用儿化韵的两种构成方式，相应地构成两套整齐的开口呼、齐齿呼、合口呼和撮口呼。怀仁方言构成[ər]、[iər]、[uər]、[yər]和[ɐr]、[iɐr]、[uɐr]、[yɐr]两套儿化韵。

怀仁方言还多以第二种方式构成儿化韵，即韵母不发生变化，在韵母后直接加卷舌动作-r。怀仁方言有[ɤur]、[iɤur]、[ɔur]、[iɔur]、[ɒr]、[iɒr]、[ur]6 个。怀仁方言采用这种构成方式构成儿化韵的数量相对略多一些。

朔州各方言点中的儿化韵数量多少不一。朔城区、平鲁、应县和右玉方言构成儿化韵的数量最少，只有 4 个；山阴方言的略多，有 9 个；怀仁方言的最多，有 15 个。按照朔州各方言点所构成儿化韵的数量来排列，从少到多，排列顺序是这样的：朔城区、平鲁、应县、右玉方言<山阴方言<怀仁方言。

朔州各方言点都采用两种方式来构成，而不是由其中某一种构成方式单独

① 乔全生. 晋方言语法研究[M]. 北京：商务印书馆，2000：94.

来构成儿化韵。只是这两种儿化韵的构成方式在朔州各方言点儿化韵的构成中所占比例不同。采用第一种方式构成儿化韵的比例较大，采用第二种方式构成儿化韵的比例较小。在朔州各方言点中，朔城区、平鲁、应县和右玉方言儿化韵数量最少，采用第一种方式构成儿化韵的比例最大，采用第二种方式构成儿化韵的比例则最小；山阴方言采用第一种方式构成儿化韵的比例逐渐减小，而采用第二种方式构成儿化韵的比例则逐渐增多；怀仁方言儿化韵最多，采用第一种方式构成儿化韵的比例最小，而采用第二种方式构成儿化韵的比例最大。

"儿化对所附音节的影响与儿化韵数量成反比"[①]，即儿化韵的数量越多，儿化韵对所附音节的影响则越小；反之，儿化韵的数量越少，儿化韵对所附音节的影响则越大。根据这一语音规律，从朔州各点方言所构成儿化韵的数量排列顺序可以看出，朔城区、平鲁、应县和右玉方言儿化对所附音节的影响是最大的，怀仁方言儿化对所附音节的影响是最小的。就朔州各方言点儿化对所附音节的影响来排列，从大到小，排列顺序是这样的：朔城区、平鲁、应县、右玉方言>山阴方言>怀仁方言。

①侯精一，温端政主编. 山西方言调查研究报告[R]. 太原：山西高校联合出版社，1993:95.

第三章

朔州方言历史音韵的演变

第一节　朔州方言声母的演变

一、唇音声母的演变

1.奉母的读音

晋方言中保留着古非敷奉母读重唇的上古音残迹。这一音韵特征在朔州各方言点都有所体现。

“遇见”一词在朔州各方言点中都写作“碰见”，“碰”本字当为“逢”。“碰见”在朔州各方言点分别读作[phə̃^{53}tɕiɛ^{0}]朔城区、[phəɯ^{52}tɕiᴇ^{0}]平鲁、[phə̃$^{335/35}$tɕiᴇ^{0}]山阴、[phəŋ^{24}tɕiɛ̃^{0}]应县、[phə̃ɣ^{24}tɕiɛ^{0}]右玉、[phəŋ^{24}tɕiæ^{0}]怀仁。

山阴方言和应县方言中，“缝衣服、缝被子”的“缝”分别读作[pə̃^{313}]和[pəŋ^{31}]，例如：①你那个扣子快掉呀，你脱下来，我给你缝上两针。②盖物被子上的针脚开了，我给缝住些儿。

邻近的大同方言地名“磨复其湾”中的“复”属奉母字，不读[fəʔ^{32}]，而读[pəʔ^{32}]。

乔全生先生对重唇音的演变作了相关的推演：一部分由上古到现代未发生分化，保留重唇音 p，出现在地名和常用字中；另一部分从上古至唐五代，重唇音 p 分化为 pf，经此过渡之后，演变为轻唇音 f。朔州各方言点的口语中部分奉母字保留重唇音 p，这也反映出朔州各方言点保留了上古时期“古无轻唇音”的痕迹。

2.微母的读音

朔州 6 个方言点中，微母字的读音不完全一致，主要有以下几种情况。

部分方言有两读现象，u 单独作韵母时，读作零声母，如五吴舞雾。其他场合读作[v]声母。朔城区、怀仁方言均属此类。

个别方言微母字均读作零声母，如平鲁和山阴方言。在山阴方言中，u 不跟声母相拼时，常自由变读成 v，但不区别意义。

部分方言微母字均读作[v]声母，如应县、右玉方言。

需要特别指出的是，宕摄合口三等微母字“芒麦芒儿”在朔城区、平鲁、山阴方言声母均读作[v]声母，而不读作[m]。

15 世纪时北方话所有而现代北京话所没有的，只有一个声母，即 v。[①]朔州大多数方言点还有[v]声母。北方官话中[v]声母演变为[u]开头的零声母是 17 世纪以后的事。[②]朔州部分方言点的微母字读作零声母多是受到官话影响所致，也是 17 世纪以后的事。从朔州各方言点微母的不同读音可以看出，有的方言受北京官话的影响，已经与北京官话同步发展；有的方言内部发展不平衡，一部分受到北京官话的影响，读作零声母，但同时也保留了部分微母字读作[v]声母的语音现象；有的方言完整保留了微母字读作[v]声母，比北京官话要更保守些。

朔州各方言点微母字的读音显示，朔州各方言点发展不平衡。应县方言和右玉方言相对要保守一些，朔城区和怀仁方言有两种读音，有一部分已经向北京官话靠拢，而平鲁和山阴方言 u 不跟声母相拼时常自由变读成 v，但已不区别意义了。这也说明平鲁和山阴方言比朔州其他方言点更接近北京官话，发展得更快一些。

二、齿音声母的演变

1.照二归精

朔州有的方言点精组、庄组、章组读音相同，均读作 ts；有的方言点精组与庄组相同，读作 ts，部分章组产生类化；有的章组与精组、庄组读音相同，但大多章组字与精组、庄组读音有别。现列表如下表 3-1。

表 3-1

<table>
<tr><td>古声母</td><td>精母</td><td>庄母</td><td>章母</td><td>精母</td><td>章母</td><td>清母</td><td>初母</td><td>昌母</td><td>初母</td></tr>
<tr><td>例字</td><td>增</td><td>争</td><td>蒸</td><td>资</td><td>支</td><td>粗</td><td>初</td><td>处相~</td><td>楚</td></tr>
<tr><td>朔城区</td><td colspan="5">ts</td><td colspan="4">tsh</td></tr>
<tr><td>平鲁</td><td colspan="5">ts</td><td colspan="4">tsh</td></tr>
<tr><td>山阴</td><td colspan="2">ts</td><td>tʂ</td><td colspan="2">ts</td><td>tsh</td><td colspan="3">tʂh</td></tr>
<tr><td>应县</td><td colspan="5">ts</td><td colspan="4">tsh</td></tr>
<tr><td>右玉</td><td colspan="2">ts</td><td>tʂ</td><td colspan="2">ts</td><td>tsh</td><td colspan="3">tʂh</td></tr>
<tr><td>怀仁</td><td colspan="5">ts</td><td colspan="4">tsh</td></tr>
</table>

[①]王力. 汉语史稿[M]. 北京：中华书局，2002：110.

[②]乔全生. 晋方言语音史研究[M]. 北京：中华书局，2008：76.

朔州有 2 个方言点精组字或与庄组字读音相同，或与章组字读音相同，庄组字与章组字不完全同音，如山阴、右玉方言；有 4 个方言点精组与庄组读音相同，而且章组字也与精组、庄组字读音相同，如朔城区、平鲁、应县和怀仁方言。

晋方言有 12 个方言点庄组从精组分离后，一直保持着与章组的区别而没有与章组合流，这种现象至少可上推至中唐之前……有 33 个点‘庄章’两组已经合流，与精组无别。时间约为中唐以后。[①]

山阴、右玉方言庄组与精组合并，而未与章组完全合并这一音韵特征的历史可以推至中唐之前，而朔城区、平鲁、应县和怀仁方言庄组、章组已经合流，与精组读音完全相同，这一音韵特征的时间可以追溯至中唐以后。所以朔州各方言点精组、庄组和章组字的分立与合流处于不同的时间层次上。

2.古邪母字的演变

邪母演变至普通话，全浊平声字读作擦音[s]、[ɕ]和送气塞擦音[tsh]、[tɕh]，仄声读作擦音[s]、[ɕ]。朔州各方言点邪母字的演变基本与普通话保持一致。

山阴方言的邪母字“词辞祠”读[sɿ^{313}]。特别是“晋祠$_{\text{太原}}$”这一地名，山阴方言读作[tɕiə̃$^{335/35}$sɿ^{313}]。怀仁方言的邪母字“祠”在“祠堂”一词中，读作[sɿ^{312}]。

“祠”属止摄开口三等之韵邪母平声字，“祠”在中原官话汾河片 16 个方言点读[s]，在晋方言其他片，也多读作清擦音[s]。

在普通话中，“词辞祠”的声母读作[tsh]，官话区北京、济南、武汉、成都、合肥、扬州等六个方言点都读作[tsh]。苏州、温州方言读作[z]，厦门、潮州、福州方言读作[s]。[②]

比较而言，官话区方言点读清塞擦音，当为变异所致，与晋方言大面积全部保留邪母读擦音的特点形成鲜明对比。[③]《广韵》邪母拟音为舌尖浊擦音 z，官话 z→tsh 是例外。[④]今晋方言 z→s，与其他邪母字‘似祀寺嗣饲、隋、遂、隧穗、松诵颂俗’由浊擦音演变为清擦音相一致。[⑤]

从乔全生先生所作邪母字演变情况的图示得知，现代晋方言邪母读作擦音[s]，这一语音现象已保持有千年之上，是唐五代西北方音和宋西北方音的“嫡

[①]乔全生. 晋方言语音史研究[M]. 北京：中华书局，2008：92.

[②]北京大学中国语言文学系语言学教研室编. 汉语方音字汇（第二版重排版）[M]. 北京：语文出版社，2003：57-58.

[③]乔全生. 晋方言语音史研究[M]. 北京：中华书局，2008：95.

[④]王力. 汉语史稿[M]. 北京：中华书局，2002：126.

[⑤]乔全生. 晋方言语音史研究[M]. 北京：中华书局，2008:95.

系支裔”。山阴方言和怀仁方言的口语和地名都保存了这一古老的语音事实。

除了“词辞祠”之外，邪母字“祥”字在山阴方言其他语音场合中都读清擦音[ɕ]，而在地名“安祥寺”中却不读作清擦音，而是读作清塞擦音[tɕh]。

官话区武汉、合肥、扬州方言“祥”字声母读清塞擦音[tɕh]。[①]

《广韵》邪母拟音为舌尖浊擦音 z，官话 z→tɕh 是例外。[②]“祥”在“安祥寺”这一地名中山阴方言读作tɕh，也应为变异所致，是语音历史演变的一个例外。

3.日母字的演变

朔州大多数方言点日母字的语音演变与普通话基本保持一致，或读零声母，如“儿二耳”等字；或读ʐ、z，如“惹儒蕊饶柔然让热”等字。

应县方言“日”在不同的组词环境下读音不同，在“日子”一词中，“日”读作 zʅ^{24}；在“日粗”等一类词中，作词头时，“日”读作 zəʔ^{43}；而在“夜日个昨天”一词中，“日”读作 ni^{54}。怀仁方言“夜日个昨天”也写作[iə ni kə]，邻近的大同方言“夜日（个）昨天”写作[iɛ ni （kə）]。

晋方言北部日母字‘日’读[ȵ]声母，‘人’读[ȵ]声母，残留的是上古读音。[③]朔州应县和怀仁这两个点“日”在“夜日个昨天”一词中的读音保留了上古音的现象。

三、全浊声母送气与否

朔州各方言点全浊声母的演变基本与北京官话的演变属于同一类型，均为“平送仄不送型”。但朔州各方言点除了这一类型之外，还有一种特殊的类型存在，即全浊声母平声读作不送气，仄声读作送气，称为平不送仄送，与北京官话的“平送仄不送”正好相反，“是送气型和不送气型的综合变异形式”[④]。

这些全浊声母多集中于並母、从母、群母。例字较少，具体如下。

平声读作不送气的字：

从母：瓷磁慈山阴　　瓷应县、右玉　[ts]

群母：瞿朔城区、平鲁　[tɕ]

仄声读作送气的字：

並母：勃渤应县　[ph]

群母：跪朔城区、平鲁、山阴、应县、右玉、怀仁　[kh]

[①]北京大学中国语言文学系语言学教研室编. 汉语方音字汇（第二版重排版）[M]. 北京：语文出版社，2003：323.

[②]王力. 汉语史稿[M]. 北京：中华书局，2002：127.

[③]乔全生. 晋方言语音史研究[M]. 北京：中华书局，2008：99.

[④]乔全生. 晋方言语音史研究[M]. 北京：中华书局，2008：112.

在朔州各方言点中，这类全浊声母平声读作不送气和仄声读作送气的例字基本相当，只是这些例字在朔州各方言点分布不是很均衡，有的例字保留的范围比较广，如从母的“瓷”和群母的“跪”。有的例字保留的范围比较小，如並母“勃渤”二字，我们只在应县南河种镇北曹山村的方言口语中发现有这样的语音现象。这些字的读音反映了朔州各方言点部分全浊声母读音的独特性，同时也为晋方言及汉语方言有关全浊声母读音的研究提供了一定的语音资料。

在山阴方言中，由于受全浊声母从母这类字读音的类化作用，部分次清声母和全清声母字也读作不送气[ts]声母。现列举如下：

次清：此刺次清母 | 伺心母 | 痴痴墩儿徹母 | 眵眼眵齿昌母

全清：翅书母

四、古精组字细音前的读音

古精组称齿头音，细音前俗称尖音；古见组称牙音，细音前俗称团音。尖团音如果在细音前保持古读的为未腭化，读为今声母[tɕ]、[tɕh]、[ɕ]的为腭化。[①]朔州各方言点中，无论是精组字还是见组字，特别是见组字，大多都已基本发生腭化，演变为[tɕ]、[tɕh]、[ɕ]。只有部分方言的地名、姓氏和日常口语中保留了精组字还未腭化的尖音这一语音现象。

“南泉村应县”和“上神泉/下神泉山阴”这三个地名中，精组字“泉”声母读作[tsh]，而不读作[tɕh]。

在山阴方言口语中，与“泉”具有相同音韵地位的“全”字声母有两读现象。一是已发生腭化，与普通话保持一致，读作[tɕh]；二是未发生腭化，读作[tsh]。例如：家里头东西全全儿的[tshuæ$^{313/31}$tshuʌr$^{313/52}$tiəʔ^{0}]，你啥也不用买。

“宣阳坡平鲁”这一地名中，精组字“宣”声母不读[ɕ]，而是读[s]。“宣”在朔城区、平鲁方言中还可以另作姓氏。作姓氏时，“宣”声母也读[s]，而不读[ɕ]。

“睫”属精母字，在“眼睫毛”一词中，朔州各方言点都将“睫”声母读作[ts]。

山西北部大部分方言的精组和见组均已发生腭化，都不再保留未腭化的读音，多与普通话接近。在朔州部分方言点，到目前为止，只发现了以上较少精组未腭化的语音现象，未曾发现见组未腭化的现象。因此，从已保留未发生腭化的语音事实来看，朔州部分方言点精组的腭化速度要慢一些，见组的腭化速度要快一些。以上这些精组字的读音也反映出山西北部方言中还有少量尖音的存在，尖音仍未完全消失。

[①]乔全生.晋方言语音史研究[M].北京：中华书局，2008：116.

五、见母二等韵的读音

朔州各方言点中，见母字的读音大都与普通话一致，与洪音相拼时，读作[k]；与细音相拼时，读作[tɕ]。但在方言口语词汇和地名中，部分见母二等韵字读音与普通话不同。具体如下。

1.江摄开口二等江韵读齐齿呼

"港""虹"二字分属江摄开口二等江韵上声字和去声字，朔州部分方言在一定语音场合下将这二字读作[tɕ]。如：

"东港平鲁""屯港山阴""上甘港/下甘港应县"这4个地名中，"港"声母读作[tɕ]，韵母读作齐齿呼。

我们也发现，山西其他地区地名中也保留了这样的读音。如：山西晋中左权地名"榆树港"和寿阳地名"港口"中的"港"文读时读开口呼，声母读[k]；白读时读齐齿呼，声母读[tɕ]。[①]

高本汉有关"声母1，见"中有这样一条记录：'江、港、讲、降'，四川、汉口、扬州读tɕ。[②]山西朔州、晋中地名中"港"的声母读音至今未发生变化，仍与百年前的四川、汉口、扬州的读音一致。

"虹"为词条时，朔州各方言点都将其声母读作[tɕ]，韵母读作齐齿呼。

2.梗摄开口二等庚耕韵读齐齿呼

梗摄开口二等庚耕韵见母字"更五更耕"二字白读时，声母读[tɕ]，韵母读齐齿呼。

官话区的北京、济南、西安等方言"更打更耕"二字白读时，声母均读[tɕ]，韵母读齐齿呼。[③]

晋方言的太原话、忻州话"更五更耕"二字白读时，声母也都读[tɕ]，韵母读齐齿呼。

"耿庄朔城区"这一地名，"耿"字声母读作[tɕ]，韵母读齐齿呼。而"耿"在朔城区方言其他语音场合多读开口呼。

王力先生指出，本来没有韵头的开口呼，在发展过程中插入了韵头i。这要具备两个条件：（一）必须是喉音字（指影晓匣见溪疑六母）；（二）必须是二等字。……就是舌根音和喉音在元音a（或ɐ，ɔ，æ）前面的时候，和辅音之间逐渐产生一个短弱的i（带半元音性质的）。而且"应该认为先产生了韵

[①]赵秉璇.晋中文白异读在地名读音上的反映[J].语文研究，1994（1）.

[②]高本汉.中国音韵学研究[M].北京：商务印书馆，2003：240.

[③]北京大学中国语言文学系语言学教研室编.汉语方音字汇（第二版重排版）[M].北京：语文出版社，2003：343.

头i，然后k、kh、x受了i的影响变为tɕ、tɕh、ɕ”。[①]

“港”按照以上的语音演变规律，先产生了韵头i，而后声母变为tɕ。“虹”属江摄开口二等江韵去声字，受同韵字读音的类推作用，声母也读作tɕ。

而有关庚耕两韵的语音演变规律，王力先生指出，当一个字有文白两音的时候，文言音总是念开口，白话音总是念齐齿。“更五更耕”及朔城区地名中的“耿”三字白读时声母读作[tɕ]，韵母读齐齿呼。

六、古泥母、疑母、影母字合流

晋方言中疑母影母的合流也当是元以后的变化。[②]今朔州大多数方言点的疑母、影母合流，读同泥母，朔城区、平鲁、山阴、应县和怀仁方言均读[n]声母。如：熬傲捱捱打硬蔫安暗欧爱。

但右玉方言与其他方言却有所不同，个别疑母、影母读同泥母，读[n]声母，如：硬捱捱打蔫；而大多数疑母与影母合流，却与泥母不合流，读[ŋ]声母，如：饿爱熬昂安。

朔州各方言点中，“崖”作为单字时，声母读零声母，与普通话保持一致。而在朔州部分方言点的地名和有关词条当中，“崖”声母读鼻音声母。

在称读“南崖乡平鲁”和“白头崖朔城区”这两个地名时，“崖”的声母均读作鼻音[n]。在分类词表中，“地理”类中的“山崖”这一词条，朔城区、平鲁用“崖头”来表示，右玉方言则用“土崖头”表示“站在沟底往上看凸出来的大土块”，其中“崖”声母读作鼻音[n]。另外山阴方言“崖”白读时声母也读作[n]。

第二节 朔州方言韵母的演变

一、阴声韵

1.果摄字的演变

果摄字演变至今朔州各方言点不尽相同，具体如下。

（1）朔城区方言

果摄开口一等

uə　多端母拖透母驼定母挪泥母罗来母左精母搓清母可可以溪母饿俄疑母河贺匣母

ᴀ　他透母大定母哪泥母

ɔo　歌哥个一个见母

[①]王力. 汉语史稿[M]. 北京：中华书局，2002：137.

[②]乔全生. 晋方言语音史研究[M]. 北京：中华书局，2008：138.

ə　我疑母

əʔ　可程度副词溪母

果摄合口一等

uə　菠菠菜波帮母坡滂母婆並母魔摩明母剁端母坐座从母锁心母锅果见母科课溪母讹疑母火货晓母祸匣母

ə　卧疑母窝影母

（2）平鲁方言

果摄开口一等

uə　多端母拖透母驼定母挪泥母罗来母左精母搓清母可可了：好了一些儿了溪母饿俄疑母河贺匣母

ɑ　他透母大定母哪泥母

ɔ　歌哥见母

ɒ　个一个见母

əʔ　可程度副词溪母

果摄合口一等

uə　菠菠菜波帮母坡滂母婆並母魔明母唾透母坐座从母锁心母锅果见母科课溪母讹疑母火货晓母祸匣母卧疑母窝影母

（3）山阴方言

果摄开口一等

uə　多端母拖透母驼定母挪泥母罗锣箩来母左精母搓清母歌见母可可些了：好些了溪母饿俄我疑母河贺匣母

A　他透母大定母哪泥母

ɔo　哥见母

əʔ　个一个见母可程度副词溪母

果摄合口一等

uə　菠菠菜波帮母坡滂母婆並母魔明母坐座从母锁心母锅果见母科课溪母讹疑母火货晓母祸匣母卧疑母窝影母

（4）应县方言

果摄开口一等

uɤ　多端母拖透母驼定母挪泥母罗来母左精母搓清母歌见母饿俄疑母

ɤ　个个人见母可溪母我疑母河匣母贺匣母

a　他透母大定母哪泥母

aʔ　哥哥哥见母可程度副词溪母

aŋ　哥同辈自称见母

əʔ　个一个见母

果摄合口一等

uɤ　菠菠菜波帮母坡滂母婆並母魔明母坐座从母锁心母锅果见母科课溪母火货晓母祸匣母

ɤ　讹疑母卧疑母窝影母

（5）右玉方言

果摄开口一等

uo　多端母拖透母驼定母挪泥母罗来母左精母搓清母

ɤ　个个人，一个哥见母可可以、可了：病或疼痛有所减轻溪母饿俄疑母河贺匣母

ɒ　哥见母

o　我疑母

əʔ　可程度副词溪母

果摄合口一等

o　菠菠菜波帮母坡滂母婆並母魔明母卧疑母窝影母

uo　坐座从母锁心母锅果见母科课溪母火货晓母祸匣母

ɤ　讹疑母

（6）怀仁方言

果摄开口一等

uɤ　多端母拖透母锣来母左精母鹅饿疑母

a　大定母他透母哪泥母

ɤ　歌唱歌见母可可以溪母我疑母河匣母

ɒ　哥见母

əʔ　个一个见母

aʔ　可程度副词

ɔu　歌秧歌见母

果摄合口一等

uɤ　破滂母磨明母躲端母螺来母坐从母锁心母果过见母课溪母火晓母祸匣母

ɤ　卧疑母窝影母

果摄字演变至朔州各方言点的读音主要有以下 8 类。

第 1 类：uə/uɤ/uo

朔州各方言点中，果摄开口一等歌韵与合口一等戈韵端组、泥组、精组字大多都已发生合流，均是合口呼，读作 uə/uɤ/uo，这是开口一等字并入了合口一等字。

第 2 类：o

只有右玉方言的开口一等歌韵疑母字“我”与合口一等戈韵帮组、疑母和影母字“波坡婆魔卧窝”读音相同，读作 o。

第 3 类：ə/ɤ

朔城区、应县、右玉和怀仁方言中，果摄开合口一等韵见系部分字读作开

口呼，读ə/ɤ，这是合口呼一等字并入了开口一等字。

第 4 类：ʌ/ɑ/a

朔州各方言点的果摄开口一等歌韵“大他哪”等字韵母读作ʌ/ɑ/a，朔州各方言点内部保持一致。

第 5 类：ɔ/ɔo/ɔu

果摄开口一等戈韵见母字“歌哥个”三字在朔州部分方言点不同程度地存在这类读音。朔城区、平鲁方言这三字韵母分别读作ɔo、ɔ；山阴方言只有“哥”韵母读作ɔo；怀仁方言的“歌秧歌”韵母读作ɔu。

第 6 类：əʔ

山阴、应县和怀仁方言中，“个”作为量词时，韵母读作əʔ。朔城区、平鲁、山阴和右玉方言中，“可”作为程度副词时，韵母读作əʔ。

第 7 类：aʔ

应县方言中，“哥哥”一词，第一音节“哥”韵母读作 aʔ。应县和怀仁方言中，“可”作程度副词时，韵母读作 aʔ。

第 8 类 aŋ/ɒ

应县方言中，同辈自称为“哥”时，“哥”韵母读作 aŋ。右玉和怀仁方言中，“哥”韵母读作ɒ。

从以上读音可以看出，果摄在朔州各方言点的语音演变主要有以下特征。

（1）朔城区、平鲁和山阴方言果摄开口一等歌韵与果摄合口一等戈韵大多都已合流，不存在对立，均读合口呼，是开口呼并入了合口呼，特别是山阴方言和平鲁方言。朔城区方言中，由于受声母的影响，个别疑母字“窝卧”读开口呼。

应县方言中，果摄开口一等歌韵与合口一等戈韵大多数字已合流，均读合口呼。只有果摄开口一等歌韵匣母字“河贺”、合口一等戈韵疑母字“讹卧”和影母字“窝”读开口呼。

右玉和怀仁方言中，果摄开口一等歌韵与合口一等戈韵端系字产生混读，均读作合口呼；果摄开口一等歌韵与合口一等戈韵见系大多均仍保持对立，只有疑母字产生了混读，均读作开口呼。

从果摄开口合口一等字的合流速度和范围来看，朔城区、平鲁和山阴方言端组、泥组、精组和见系部分字大致已全部合流，均读作合口呼。这三个方言点合流的速度最快，范围最大。应县方言端系和部分见系字大多都已合流，开口呼混入合口呼。只有个别见系字受普通话的影响读作开口呼。而在右玉和怀仁方言中，开口合口一等端系字均已合流，而大多见系字却存在对立，这个点合流的速度要比朔州其他方言点缓慢一些，合流的范围也要小一些。

（2）古歌戈韵在《切韵》时读[ɑ]。朔州方言部分歌韵字读作ʌ/ɑ/a，与麻韵同韵，是历史上歌麻韵相混的音韵残留。朔州各方言点中的“大他哪”这三个字顽强地保留了《切韵》时期的读音。

（3）部分果摄开口一等歌韵见母字读ɔ/ɔo/ɔu。朔城区方言“歌哥个一个”韵母读ɔo；平鲁方言“歌哥”韵母读ɔ；山阴方言“哥”韵母读ɔo；怀仁方言“歌秧歌”韵母读ɔu。这些歌韵字与豪肴韵相混。“晋方言像闵方言一样，在宋代曾有过歌豪同韵的历史，且通行面比较广，同韵的字也比较多，今天只剩下了残余”。[①]朔州部分方言点歌韵与豪肴韵同韵应该也是那个时期的残留。

（4）平鲁方言歌韵“个一个”字和右玉、怀仁方言歌韵见母字“哥”韵母读ɒ，读如宕摄。应县方言歌韵字“哥同辈自称”韵母读 aŋ，应县方言宕摄的韵尾未发生脱落，仍保留ŋ韵尾，歌韵“哥同辈自称”读同宕摄。以上这些语音事实成为朔州方言果摄歌韵与宕摄合流的有力证据。

2.遇摄模韵来母字与流摄同韵

朔州各方言点遇摄模韵来母字与流摄同韵，读[əu]/[ɤu]韵母。这一语音事实在晋方言其他方言点都有记录，而且在 200 多年前的《杂字》里也有所反映。但朔州各方言点只限来母字，例字较少。朔州各方言点遇摄模韵来母字读音如表 3-2。

表 3-2

	朔城区	平鲁	山阴	应县	右玉	怀仁
卢	ləu³⁵	ləu⁴⁴	ləu³¹³	ləu³¹	ləu²¹²	lɤu³¹²
炉	ləu³⁵	ləu⁴⁴	ləu³¹³	ləu³¹	ləu²¹²	lɤu³¹²
芦	ləu³⁵	ləu⁴⁴	ləu³¹³	ləu³¹	ləu²¹²	lɤu³¹²
鲁	ləu³¹²	ləu²¹³	ləu⁵²	ləu⁵⁴	ləu⁵³	lɤu⁵³
卤	ləu³¹²	ləu²¹³	ləu⁵²	ləu⁵⁴	ləu⁵³	lɤu⁵³
路	ləu⁵³	ləu⁵²	ləu³³⁵	ləu²⁴	ləu²⁴	lɤu²⁴
赂	ləu⁵³	ləu⁵²	ləu³³⁵	ləu²⁴	ləu²⁴	lɤu²⁴
露	ləu⁵³	ləu⁵²	ləu³³⁵	ləu²⁴	ləu²⁴	lɤu²⁴
庐	ləu³⁵	ləu⁴⁴	ləu³¹³	ləu³¹	ləu²¹²	lɤu³¹²

在晋方言其他方言点，遇摄模韵泥母和精组字、鱼虞韵庄组字也与流摄同韵。比较看来，朔州各方言点只限遇摄模韵来母字，范围要小一些。但是部分知组澄母和章组审母、禅母字入声韵舒化后读[əu]/[ɤu]韵母，与流摄同韵。见表 3-3。

[①]乔全生. 晋方言语音史研究[M]. 北京：中华书局，2008：176.

表 3-3

	朔城区	平鲁	山阴	应县	右玉	怀仁
轴	tsəu^{35}	tsəu^{44}	tʂəu^{313}	tsəu^{31}	tʂəu^{24}	tsɤu^{312}
粥	tsəu^{312}	tsəu^{213}	tʂəu^{313}	tsəu^{43}	tʂəu^{31}	tsɤu^{42}
叔	səu^{312}	səu^{213}	ʂəu^{313}	səu^{43}	ʂəu^{31}	sɤu^{42}
熟煮~	səu^{35}	səu^{44}	ʂəu^{313}	səu^{31}	ʂəu^{212}	sɤu^{312}

“遇摄的字转入流摄是受晋方言内部语言规律——元音高化的制约而形成的，在晋方言中大多数方言受元音高化的影响，[u]的位置被[ɑu]韵占据后，[u]韵的字就进一步高化，其结果会有两种：一种是读摩擦音很重的[β]，如汾西话；另一种是复韵母化，读[ou]/[əu]。这就是晋方言两摄互相转化的内部机制”。[①]朔州各方言点遇摄字的读音符合晋方言内部语言规律，走上了一条复韵母化的道路，即遇摄部分字转入流摄，读[əu]/[ɤu]。

3.蟹摄字的演变

（1）蟹摄开口二等皆佳韵与合口一等灰韵帮组字同韵

200 多年前的《杂字》就有关于蟹摄合口一等注蟹摄开口二等的记录：埋梅，买每，卖昧，派佩。朔州各方言点的蟹摄开口二等皆佳韵与合口一二等韵部分帮组字同韵，均读[εi]/[εe]/[ei]。现选取 4 组字的读音如表 3-4。

表 3-4

方言点＼例字	牌	陪	派	赔	卖	妹	埋	梅
朔城区	εi	εi	εi	εi	εi	ei	ei	ei
平鲁	εi	εi	εi	εi	εi	εi	εi	εi
山阴	εe	εe	εe	εe	εe	ei	ei	ei
应县	εi	εi	εi	εi	εi	εi	εi	εi
右玉	εe	εe	εe	εe	εe	εe	εe	εe
怀仁	εe	εe	εe	εe	εe	εe	εe	εe

在并州片、五台片和大包片，蟹摄开口一、二等韵与合口一等韵帮组字同韵的历史可以追溯至宋时。而从表 3-4 所列朔州各方言点的读音可以看出，在朔州各方言点的表现有一定的差异。朔城区和山阴方言“卖”与“妹”一组不混读；平鲁、应县、右玉和怀仁方言四组字韵母全部同韵。这些差异也体现了在朔州各方言点中蟹摄开口二等与蟹摄合口一等同韵在语音演变过程中存在

[①]乔全生. 晋方言语音史研究[M]. 北京：中华书局，2008：158.

不平衡，平鲁、应县、右玉和怀仁方言相对比较完整些，变化慢一些，仍保留了较早历史时期的音韵特征；而朔城区和山阴方言已产生了不同韵，一部分保留了较早历史时期的音韵特征，一部分却发生了变化，与普通话接近。

（2）蟹摄合口一等灰韵与止摄合口三等支脂韵泥组字同韵

蟹摄合口一等灰韵与止摄合口三等支脂韵泥组字在朔州各方言点均存在同韵现象，但读音各不相同。现列举如表 3-5。

表 3-5

例字 方言点	内	雷	累累积	垒	泪
朔城区	i	i	i	i	i
平鲁	ɛi	ɛi	ɛi	ɛi	ɛi
山阴	ɛe	ɛe	ɛe	ɛe	ɛe
应县	ɛi	ɛi	ɛi	ɛi	ɛi
右玉	ɛe	ɛe	ɛe	ɛe	ɛe
怀仁	ɛe	ɛe	ɛe	ɛe	ɛe

演变至晋方言并州片、吕梁片、上党片以及中原官话汾河片大多数方言的合口字“雷、内、类、累”仍保持合口呼读音。这一语音事实也是晋语和官话非同步发展的 16 个语音特点之一。与朔城区、平鲁方言属同一方言片的五台方言也保留了合口呼。

止蟹摄合口韵“内雷类累”等字韵母到了 17 世纪初反映北京官话的徐孝《等韵图经》失去了介音[w]。演变至朔城区方言，这几个字韵母失去了介音[w]之后，可能经过元音高化，读为齐齿呼[i]。这种现象也在晋方言及汉语其他方言区存在。

晋方言张呼片的宣化方言，蟹止摄来母字“梨利里雷泪”等字韵母的读音在宣化全区域北部读[-i]，这一方言特征和张家口话蟹止摄来母字韵母读[-i]的特征保持一致。[①]

高本汉《中国音韵学研究》方言字汇部分所收录的百年前怀庆方言“内”读作ȵi，韵母保留细音，而“雷”读作 lui，韵母保留合口呼。[②]

山东长岛县所属的庙岛列岛 10 个岛中的以北的大小钦岛、南北隍城岛等

[①]郭风岚. 河北宣化方言蟹止摄来母字韵母的读音分布[J]. 语文研究，2007（3）.

[②]高本汉. 中国音韵学研究[M]. 北京：商务印书馆，2003：580-581.

和大连方言“梨李力”等一类字跟“雷累积累累”一类字同音，li=li。[①]

吴方言中的上海话“泪”字韵母念 i。[②]

湘方言中，清代以来的方志就有蟹摄部分字读混止摄的记录，如“雷曰梨”。现代湘方言益阳话、桃江话大量保存，如益阳话中“雷”白读读音为 li。[③]

赣方言南昌话“泪”白读读音为 li。[④]

而在平鲁、山阴、应县、右玉和怀仁方言中，“内雷累累积垒泪”韵母读作开口呼。也就是说，随着介音[w]的消失，“内雷累累积垒泪”韵母已经成为开口呼了，从这一点来看，这些方言与北京官话一直同步发展。

（3）蟹摄合口二等皆韵与止摄合口三等微韵同韵

蟹摄合口二等皆韵与止摄合口三等微韵同韵，即怪=贵。在山西北区各方言中，有的同韵，有的却不同韵。是否同韵也体现了朔州各方言点是否具有[ai、ei]相混这一语音事实。现列举朔州各方言点读音如表 3-6。

表 3-6

方言点 例字	朔城区	平鲁	山阴	应县	右玉	怀仁
怪	uɛi	uɛi	uɛe	uɛi	uɛe	uɛe
贵	uei	uɛi	uei	uɛi	uɛe	uɛe

在朔城区和山阴方言中，“怪”韵母分别读作 uɛi、uɛe，而“贵”韵母均读作 uei，蟹摄合口二等皆韵与止摄合口三等微韵不同韵，即怪≠贵；而在平鲁、应县、右玉和怀仁方言中，“怪”与“贵”的韵母相同，分别读作 uɛi/uɛe，即怪=贵。

我们可以发现，在山西朔州各方言点，蟹摄合口二等皆韵与止摄合口三等微韵同韵及蟹摄开口一二等韵与合口一等韵帮组字同韵基本能同步、一致地体现朔州各方言点[ai、ei]是否分混这一语音事实。

（4）“挂卦画话”韵母的读音

朔州各方言点蟹摄合口二等佳韵字“挂卦画”和夬韵字“话”韵母读音读同假摄合口二等麻韵，大多读作[uɑ]、[uᴀ]和[ua]。

① 钱曾怡. 汉语方言研究的方法与实践[M]. 北京：商务印书馆，2002：106.

② 詹伯慧主编. 汉语方言及方言调查[M]. 武汉：湖北教育出版社，2001：74.

③ 周赛红. 湘方言音韵比较研究[D]. 长沙：湖南师范大学，2005.

④ 北京大学中国语言文学系语言学教研室编. 汉语方音字汇（第二版重排版）[M]. 北京：语文出版社，2003：162.

表 3-7

方言点 \ 例字	挂	卦	画	话	瓜	化
朔城区方言	uA	uA	uA	uA	uA	uA
平鲁方言	uɑ	uɑ	uɑ	uɑ	uɑ	uɑ
山阴方言	uA	uA	uA	uA	uA	uA
应县方言	ua	ua	ua	ua	ua	ua
右玉方言	ua	ua	ua	ua	ua	ua
怀仁方言	ua	ua	ua	ua	ua	ua

在语音历史演变过程中，朔州各方言点中“挂卦画话”四字韵母的语音演变轨迹与蟹摄其他韵摄的不同，“挂卦画话”四字韵母与假摄合口二等麻韵合并，读音相同。这一语音特点与《中原音韵》保持一致，所反映的语音层次应处于不晚于《中原音韵》时期的近古层次。

4.效摄豪韵遇摄模韵

钱大昕评价道：“今北人读‘堡’为补，唐时盖已然。”唐代这种读音在晋方言中还有所保留。“汾河片临汾，并州片清徐、祁县、平遥，上党片长治、陵川、襄垣，吕梁片兴县、岚县、汾阳，大包片的浑源等方言将部分萧豪韵帮组部分字读如鱼模韵”。[①]

朔州各方言点效摄豪韵字演变至今大多都与普通话接近。目前只在地名中发现，朔州各方言点中的“堡”韵母读作[u]。如：合盛堡山阴、张家堡山阴、席家堡应县、陈家堡怀仁、何家堡怀仁。

官话区北京、西安、济南、成都等地方言“堡”白读时韵母也读作[u]。[②]

朔州各方言点“××堡”这类地名中“堡”韵母读[u]。“晋方言萧豪与鱼模同韵的残余现象似可上推至辽宋。联系浙江、福建词人用韵，说明是更早时期西北某支方音的孑遗”。[③]因此，这些地名中“堡”韵母读[u]的音韵历史和晋方言萧豪与鱼模同韵史保持一致。

5.流摄字的演变

（1）流摄侯韵与效摄豪肴韵同韵

[①]乔全生. 晋方言语音史研究[M]. 北京：中华书局，2008：177.

[②]北京大学中国语言文学系语言学教研室编. 汉语方音字汇（第二版重排版）[M]. 北京：语文出版社，2003：176.

[③]乔全生. 晋方言语音史研究[M]. 北京：中华书局，2008：178.

个别流摄字演变至普通话今读同效摄，如：茂贸。除了“茂贸”二字，朔州各方言点中也只有个别字还保留了流摄与效摄同韵的现象。

表 3-8

	朔城区	平鲁	山阴	应县	右玉	怀仁
剖	ɔo	ɔ	ɔo	au	ɐo	ɔu
牡	ɔo	ɔ	ɔo	au	ɐo	ɔu

表 3-8 显示，朔州各方言点“剖牡”二字韵母均读同效摄。

“从山西方言的残留现象并参照其他与宋代平行的语音推知，宋代的山西方音曾是尤侯与萧豪同韵的”。[①]结合朔州各方言点“剖牡”二字的读音，我们可以发现，朔州各方言点与山西其他方言点保持一致，仍保留着流摄侯韵与效摄豪肴同韵现象。

（2）流摄尤韵唇音字与遇摄鱼模韵同韵

朔州各方言点均只有“某谋否”这三个流摄尤韵唇音字转入遇摄模韵，韵母读作[u]。

“晋方言尤侯与鱼模同韵是承继了唐宋时期的音韵现象，尤侯韵与鱼模韵同韵，首先表现为尤侯韵的唇音字转入遇摄”。[②]演变至今，朔州各方言点尤侯韵其他字都未转入遇摄，或都已与遇摄不再有同韵现象，而只有“某谋否”三字转入遇摄，并保留至今。这也再次有力证实了朔州各方言点流遇二摄同韵现象至少可以推至唐宋时期。

“流摄尤侯韵的唇音字转入遇摄，读[u]韵母；遇摄模韵泥精组字、鱼虞韵庄组字转入流摄，读[ou]/[əu]韵母，均可发生在同一种方言中，证明晋方言的遇摄与流摄有密切的联系并存在相互转化的条件”。[③]朔州各方言点的[əu]/[ɤu]与[u]可以互相转换，但遇摄转入流摄的字比流摄转入遇摄的字要多一些。

二、阳声韵

朔州各方言点阳声韵演变整体呈现出一个共同的特点，这就是各韵摄不同等之间产生了合并。咸摄与山摄合并，宕摄与江摄合并，深臻摄与曾梗通摄合并。合并之后，各韵摄不同等之间的差异完全消失，各韵摄在各方言点的演变规律基本保持一致。

1.咸山摄的演变

[①]乔全生. 晋方言语音史研究[M]. 北京：中华书局，2008：179.
[②]乔全生. 晋方言语音史研究[M]. 北京：中华书局，2008：180.
[③]乔全生. 晋方言语音史研究[M]. 北京：中华书局，2008：157.

朔州各方言点咸山两摄的特点主要有：

（1）演变至今朔州各方言点，咸摄与部分山摄已完全合流。各方言咸山两摄字的读音如表 3-9、3-10、3-11。

表 3-9

	咸摄										
	开口一等		开口二等		开口三等				开口四等		合口三等
	端系	见系	知系	见系	帮母	端系	知系	见系	端系	见系	非组
朔城区方言	æ	æ	æ	iɛ	iɛ	iɛ	æ	iɛ	iɛ	iɛ	æ
平鲁方言	æ	æ	æ	iᴇ	iᴇ	iᴇ	æ	iᴇ	iᴇ	iᴇ	æ
山阴方言	æ	æ	æ	iᴇ	iᴇ	iᴇ	æ	iᴇ	iᴇ	iᴇ	æ
应县方言	ɛ̃	ɛ̃	ɛ̃	iɛ̃	iɛ̃	iɛ̃	ɛ̃	iɛ̃	iɛ̃	iɛ̃	ɛ̃
右玉方言	æ	æ	æ	iɛ	iɛ	iɛ	æ	iɛ	iɛ	iɛ	æ
怀仁方言	æ	æ	æ	iæ	iæ	iæ	æ	iæ	iæ	iæ	æ

表 3-10

	山摄开口										
	一等		二等			三等					四等
	端系	见系	帮组	知系	见系	帮组	泥组	精组	知系	见系	帮组/端、见系
朔城区方言	æ	æ	æ	æ	iɛ	iɛ	iɛ	iɛ	æ	iɛ	iɛ
平鲁方言	æ	æ	æ	æ	iᴇ	iᴇ	iᴇ	iᴇ	æ	iᴇ	iᴇ
山阴方言	æ	æ	æ	æ	iᴇ	iᴇ	iᴇ	iᴇ	æ	iᴇ	iᴇ
应县方言	ɛ̃	ɛ̃	ɛ̃	ɛ̃	iɛ̃	iɛ̃	iɛ̃	iɛ̃	ɛ̃	iɛ̃	iɛ̃
右玉方言	æ	æ	æ	æ	iɛ	iɛ	iɛ	iɛ	æ	iɛ	iɛ
怀仁方言	æ	æ	æ	æ	iæ	iæ	iæ	iæ	æ	iæ	iæ

表 3-11

	山摄合口										
	一等			二等		三等					四等
	帮组	端系	见系	知系	见系	非组	泥组	精组	知系	见系	见系
朔城区方言	æ	uæ	uæ、æ	uæ	uæ、æ	æ	yɛ	yɛ	uæ	yɛ	yɛ

平鲁方言	æ	uæ	uæ	uæ	uæ	æ	yE	yE	uæ	yE	yE
山阴方言	æ	uæ	uæ	uæ	uæ	æ	yE	yE	uæ	yE	yE
应县方言	ɛ̃	uɛ̃	uɛ̃、ɛ̃	uɛ̃	uɛ̃、ɛ̃	ɛ̃	yɛ̃	yɛ̃	uɛ̃	yɛ̃	yɛ̃
右玉方言	æ	uæ	uæ、æ	uæ	uæ、æ	æ	yɛ	yɛ	uæ	yɛ	yɛ
怀仁方言	æ	uæ	uæ、æ	uæ	uæ、æ	æ	yæ	yæ	uæ	yæ	yæ

上表显示，咸摄开口一二三四等多读开口呼和齐齿呼，合口三等读作开口呼。山摄开口一二三四等读开口呼和齐齿呼，合口一等读开口呼和合口呼，合口二三等读开口呼、合口呼和撮口呼，合口四等均读撮口呼。山摄开口、部分合口与咸摄开合口读音相同，已产生合流。

（2）中古时期，咸摄舒声韵收[-m]鼻音韵尾，山摄舒声韵收[-n]鼻音韵尾。演变至朔州各方言点，[-m]、[-n]鼻音韵尾均已消失。其中只有应县方言的咸山二摄读作鼻化音，因此，应县方言咸山二摄的读音要比朔州其他方言点演变得慢一些。

（3）朔城区、平鲁、山阴、右玉方言中，咸摄开口二三四等、山摄二三四等字和假摄开口三等精组、知母、以母及蟹摄开口二等部分见系字韵母读音相同，即“减咸摄开口二等咸韵=捡山摄开口二等山韵=姐假摄开口三等麻韵=解讲解，解开蟹摄开口二等佳韵”“陷咸摄开口二等咸韵=线山摄开口三等仙韵=谢假摄开口三等麻韵=蟹蟹摄开口二等佳韵”“厌咸摄开口二等咸韵=雁山摄开口二等删韵=夜假摄开口三等麻韵”“嫌咸摄开口四等咸韵=贤山摄开口四等先韵=斜假摄开口三等麻韵=谐蟹摄开口二等皆韵”；山摄合口三四等精组、见系字，和果摄合口三等见系字韵母读音相同，即“权山摄合口三等仙韵=犬山摄合口四等先韵=瘸果摄合口三等戈韵”。

（4）应县和怀仁方言中，咸山二摄都已发生混读，但与假摄开口三等精组、知母、以母及蟹摄开口二等部分见系字韵母读音不同，即“减=捡≠姐=解讲解，解开”“陷=线≠谢=蟹”“厌=雁≠夜”“嫌=贤≠斜=谐”；山摄合口三四等精组、见系字，和果摄合口三等见系字韵母读音不同，即“权=犬≠瘸”。应县方言以上例字读音不同主要是因为“姐解讲解，解开谢蟹夜斜谐瘸”的主要元音为开音节元音，而“减捡陷线厌雁权犬”的主要元音为鼻化音。怀仁方言以上例字虽然都读作开音节元音，但是“姐解讲解，解开谢蟹夜斜谐瘸”主要元音的开口度要比“减捡陷线厌雁权犬”的略小一些。

2.宕江摄的演变

（1）中古时期，宕江两摄舒声韵收[-ŋ]鼻音韵尾。演变至朔州各方言点中，宕江两摄的语音演变不平衡。平鲁、山阴、右玉和怀仁方言中，宕江两摄的鼻音韵尾已完全脱落，主要元音均读[ɒ]；朔城区方言宕江两摄的鼻音韵尾已经演变为鼻化音[ɑ̃]；应县方言宕江两摄则保留了鼻音韵尾[-ŋ]。朔州各方言点的三种读音也恰好反映了宕江两摄语音变化的三个不同阶段。即：[aŋ]→[ɑ̃]→[ɒ]。平鲁、山阴、右玉和怀仁方言鼻音韵尾完全丢失，演变得最快，应县方言完整地保留了鼻音韵尾，演变得最慢，朔城区方言读作鼻化音，介于其间。

（2）怀仁方言中，宕摄开口三等阳韵庄组、合口一等唐韵和合口三等阳韵见系字及江摄开口二等知组和庄组字韵母均读作开口呼，而不读作合口呼。即：壮=葬；光=刚；黄=行$_{银行}$；筐=康；窗=仓。这一语音特点还分布在山西北区方言的天镇、浑源、五寨、岢岚、保德、偏关、河曲等地。

朔州其他方言点只有一些零星的记录。例如：

朔城区方言“双生生$_{双胞胎}$”一词中，“双”读作[sɑ̃^{53}]，韵母部分读作开口呼，而不读作合口呼。

应县方言地名“罗庄”一词中，“庄”读作[tsaŋ^{43}]，韵母部分读作开口呼，而不读作合口呼。究其原因，主要是因为“罗庄”虽属应县大临河乡，但地理位置上与大同市浑源县比较接近，而浑源方言韵母与怀仁方言一样，都具有“黄=行$_{银行}$”的语音特点，因此，在方言互相接触与影响之下，应县方言地名中的“庄”读如此。

除此之外，未曾发现朔州其他方言点有这一语音特点。

3.深臻曾梗通五摄的演变

中古时期，深摄收鼻音韵尾[-m]，臻摄收鼻音韵尾[-n]，曾梗通三摄收鼻音韵尾[-ŋ]。朔州各方言点中的深臻曾梗通五摄在语音的演变过程中发展并不平衡，但有一点是肯定的，即深摄的[-m]与臻摄的[-n]鼻音韵尾均已消失，并与曾梗通三摄产生合流。

（1）深臻曾梗通五摄同韵

朔州各方言点中，深臻曾梗通五摄同韵。虽各方言点读音不尽相同，但五摄的开齐合撮均同韵。详见表3-12。

表 3-12

	臻摄	梗摄	深摄	臻摄	梗摄	臻摄	通摄	臻摄	通摄
	根	庚	心	新	星	魂	红	群	穷
朔城区方言	ə̃		iə̃			uə̃		yə̃	
平鲁方言	əɯ		iəɯ			uəɯ		yəɯ	

山阴方言	ə̃	iə̃	uə̃	yə̃
应县方言	əŋ	iəŋ	uəŋ	yəŋ
右玉方言	ə̃ɣ	iə̃ɣ	uə̃ɣ	yə̃ɣ
怀仁方言	əŋ	iəŋ	uəŋ	yəŋ

从实际读音来看，朔州各方言点深臻曾梗通摄的读音有四种类型。

①鼻音韵尾完全脱落，平鲁方言属于这一类型。

②主要元音发生鼻化，朔城区和山阴方言属于这一类型。

③主要元音发生鼻化、并带舌根浊擦音-ɣ，右玉方言属于这一类型。

④主要元音带鼻音韵尾-ŋ，应县和怀仁方言属于这一类型。

这四种类型的读音分别代表了朔州各方言点五摄同韵的不同发展阶段，即：əŋ→ə̃ɣ→ə̃→əɯ。其中保留后鼻音韵尾的应县和怀仁方言演变得最慢，平鲁方言丢失鼻音韵尾，演变得最快。朔城区、山阴和右玉方言处于其间。

朔州部分方言点的诗歌文献中可以找到部分韵摄同韵的现象。

徙倚松阴暂避蒸，绵蛮幽鸟隔林声。
风停高树喧逾静，响落空山凄复清。
客坐乍闻如有意，僧家惯见不知名。
绿窗鹦鹉应惭汝，学得能言惧此生。

这首题为《瑞云寺闻幽禽》的诗是明朝山阴籍王家屏所作。全诗的韵脚字为：蒸声静清名生。其中“蒸”为蒸韵字，“声静清名”为清韵字，“生”为庚韵。

风吹玉叶掩冰轮，六出平铺大地春。
舞絮乍惊时序改，烹茶偏觉物华新。
蓝关撤马忠还笃，瀚海吞裘节更真。
黍谷幸逢邹子律，敢云难和负良辰。

这首题为《新春喜雪》的诗是明朝朔州籍霍瑛所作。全诗的韵脚字为：轮春新真辰。其中“轮春”为谆韵字，“新真辰”为真韵字。

山水自饶清，蒙泉更吐精。
乾龙来脉耸，野马逐波行。
幽窅偏宜啸，登临最喜晴。
阳春况有脚，早已布边城。

这首题为《洪涛眺望》的诗也是霍瑛所作。全诗的韵脚字为：清精耸行晴城。其中“清精晴城”为清韵字，“行”为庚韵字，“耸”为钟韵字。

入得鹅毛口，悠然心目开：环村溪水隔，劈面土山陪。

小涨人呼渡，前滩雁叫回。临崖几茅屋，夕照似楼台。

枕流兼漱石，并养不须欣。人语滩声杂，天光水面分。

春来千树锦，雨后一溪云。叹息幽栖好，无言对夕曛。

这首题为《过鹅毛口》的诗是清朝怀仁籍石声扬所作。全诗后半部分的韵脚字为：欣分锦云曛。其中“分云曛”为文韵字，“锦”为侵韵字，“欣”为殷韵字。

《朔州民歌》一书中收集了朔州地区的民歌，民歌中更多地反映了方言五摄同韵的现象。以下是一首题为《昭君出塞》的民歌：

匈奴和汉常来往，单于亲临西安城。

呼韩邪求联姻，汉元帝下诏宫女中。

昭君主动出汉宫，远赴北境去和亲。

渡过滔滔黄河水，翻越巍巍群山岭。

身负重任出雁门，来到莽莽草原中。

与匈奴首领结伴侣，汉女在北国当阏氏。

王昭君爱人民，常常下野抚群众。

她教胡女学纺织，她教胡男学耕耘。

匈奴人民爱戴她，胡汉两家成睦邻。

万里长城烽火熄，塞内塞外欢笑声。

民族团结无边事，宁国安邦传美名。

千秋自有昭君在，百世流芳永传颂。

这一民歌中韵脚字为：城亲岭中众耘邻声名颂。其中“城岭声名”为清韵字，“亲邻”为真韵字，“中众”为东韵字，“耘”为文韵字，“颂”为钟韵字。

又如《祭风》中一部分：

东西南北风全止，黄花灯场亮荧荧，五谷丰登好年景，国泰民安真太平。

九曲黄河花灯明，预兆今年好收成，国正官清民心顺，民乐盛世一条心。

太阳上来一片红，照见神州清无尘，元宵之夜同欢乐，官民一起观花灯。

这一民歌中韵脚字为：荧景平明成顺心红尘灯。其中“荧”为青韵字，“景平明”为庚韵字，“成”为清韵字，“顺”为谆韵字，“心”为侵韵字，“红”为东韵字，“尘”为真韵字，“灯”为登韵字。

据乔全生先生引清乾隆三十八年（1774）镂印的《杂字》，距今已有 230 年的历史。从这本书的直音注音中可以看出[ən]、[əŋ]已经同韵。如：风$_{\text{分}}$、唇$_{\text{崇}}$、春$_{\text{冲}}$、孙$_{\text{松}}$、锦$_{\text{景}}$、津$_{\text{精}}$、空$_{\text{困}}$……又引方本恭在《等子述》卷首也记载：有呼通摄如臻摄者，山西人以‘同’为‘屯’，以‘聪’为‘村’，以‘红’为

‘魂’，以‘东’为‘敦’，无东字韵。①朔州各方言点均保留了这些音韵现象，这也说明朔州各方言点的三个阳声韵尾在明时均已合流，合流后表现出不同的读音类型。

（1）梗摄合口三等庚韵云母字“荣”、通摄合口三等东韵和钟韵以母字“融容蓉$_{\text{芙蓉}}$”演变至朔州各方言点均读作撮口呼，声母读作零声母。

表 3-13

	荣	融	容	蓉$_{\text{芙蓉}}$	云	永	庸
朔城区方言	yə̃	yə̃	yə̃	yə̃	yə̃	yə̃	yə̃
平鲁方言	yəɯ	yəɯ	yəɯ	yəɯ	yəɯ	yəɯ	yəɯ
山阴方言	yə̃	yə̃	yə̃	yə̃	yə̃	yə̃	yə̃
应县方言	yəŋ	yəŋ	yəŋ	yəŋ	yəŋ	yəŋ	yəŋ
右玉方言	yə̃ɣ	yə̃ɣ	yə̃ɣ	yə̃ɣ	yə̃ɣ	yə̃ɣ	yə̃ɣ
怀仁方言	yəŋ	yəŋ	yəŋ	yəŋ	yəŋ	yəŋ	yəŋ

在普通话中，上表中的“荣融容蓉$_{\text{芙蓉}}$”四字韵母读合口呼，“云永庸”三字韵母读撮口呼。而演变至朔州各方言点中，“荣融容蓉$_{\text{芙蓉}}$”四字韵母均读作撮口呼，与“云永庸”三字韵母读音相同，这也反映了五摄同韵的音韵特征。

（2）曾摄开口一等韵“楞”字读音

“楞”属曾摄开口一等登韵来母字，演变至朔城区方言中，“楞”单字音韵母读作[ə̃]。但在朔城区地名“沙楞河”中，“楞”字韵母读作[əu]。在地名中，“楞”韵母鼻化音脱落，读作复合元音əu。

（3）通摄合口一等韵“笼”字读音

“笼”属通摄合口三等东韵来母字，演变至朔州各方言点中，“笼”在“笼子”或“笼罩”等词中读作合口呼，与普通话保持一致。

而在“灯笼”一词中，朔州各方言点内部保持高度一致，“笼”韵母部分不读合口呼，而是读开口呼，而且原来的韵尾全部脱落，韵尾由阳声韵变为阴声韵，读作əu/ɤu。

表 3-14

	笼
朔城区方言	ləu^{35}
平鲁方言	ləu^{44}
山阴方言	ləu^{335}

① 乔全生. 晋方言语音史研究[M]. 北京：中华书局，2008：217.

应县方言	ləu^{31}
右玉方言	ləu^{24}
怀仁方言	lɤu^{312}

（4）通摄合口三等韵“龙”字读音

“龙”属通摄合口三等钟韵来母平声字，在山阴方言其他场合中，读作合口呼[luə̃^{313}]，而在地名“黑龙池”中读作细音齐齿呼[liə̃^{313}]。

在晋方言中，只有文水、隰县、汾西、五台、长治、平顺、晋城、陵川、高平这 9 个方言点通摄合口三等字“龙”韵母读细音。

除了晋方言少数通摄合口三等字“龙”韵母读细音，还有闽方言和客家方言少数方言读撮口呼。

“通摄合口三等韵字‘龙’的韵母读细音，说明保留的是《切韵》以前的读音。仅在闽方言和客家方言中保存，不在粤方言其他大方言中出现，似可证明，闽方言、客家方言的这个读音比粤方言等还要古老。照此看来，晋方言保存的这个读音一样的古老”。①

在朔州各方言点中，仅在山阴方言地名中保存了这一古老的语音特征，其他方言点到目前为止均未发现这一语音特点。山阴方言地名中通摄合口三等字“龙”的读音为晋方言保存这一古老的音韵特征再次提供了有力的证据。

三、入声韵

入声是晋方言重要的音韵特征之一。在朔州各方言点中，中古入声韵保留得较为完整，中古时期的[-p][-t][-k]入声韵尾在语音历史演变过程中经历了合并、弱化后，现合并为一个喉塞韵尾[-ʔ]。“从语音发展史来看，晋方言逐步由塞音韵尾弱化变到喉塞韵尾的时代可以追溯到唐五代西北方音，至今无大变化”。②

朔州各方言点的入声韵不分阴阳，只有一个入声调，大部分声调比较短促。如，山阴和怀仁方言入声的调值均为 4。个别方言点的入声调调值与舒声调调值一致。如，朔城区和应县方言。朔城区方言入声调的调值与阳平调的调值相同，调值均为 35，应县方言入声调的调值与阴平调的调值相同，调值均为 43。

从入声韵的类型上看，朔城区、平鲁、山阴、右玉和怀仁方言的入声韵均属同一类型，都只有两组入声韵母；而应县方言的入声韵比较特殊，除了低元音 aʔ构成的一组入声韵之外，还有由əʔ、uəʔ与 iɛʔ、yɛʔ互补共同构成的一组入

①乔全生. 晋方言语音史研究[M]. 北京：中华书局，2008：233.
②乔全生. 晋方言语音史研究[M]. 北京：中华书局，2008：290.

声韵。因此，从朔州各方言点整体来看，入声韵主要有两组。一组由低或半低元音构成（aʔ、iaʔ、uaʔ、yaʔ/ᴀʔ、iᴀʔ、uᴀʔ、yᴀʔ/ʌʔ、iʌʔ、uʌʔ、yʌʔ），一组由央元音或央元音与半低元音构成（əʔ、iəʔ、uəʔ、yəʔ/iɛʔ、yɛʔ）。

从入声韵的来源来看，aʔ/ʌʔ这一组主要来源于咸摄、山摄、宕摄、曾摄开口一等德韵精母、曾摄合口一等德韵见母和匣母、梗摄开口二等陌韵和麦韵、梗摄合口二等麦韵、通摄合口一等沃韵影母；əʔ/i（y）ɛʔ这一组主要来源于深摄、臻摄、曾摄开口一等德韵帮组、端组、见组字、曾摄开合口三等脂韵、梗摄开口三等陌韵、梗摄开口三等昔韵、梗摄开口四等锡韵、通摄合口一等屋韵、通摄合口一等沃韵端系和溪母、通摄合口三等屋韵和烛韵。

从目前语音演变规律来看，朔州各方言点入声韵的演变处于不同的层次。一部分入声韵保留了下来；一部分正在发生舒化，处于舒入两读的阶段；另一部分已完全舒化，喉塞韵尾消失。还有一部分发生了舒声促化的现象。

1.入声的保留

入声韵尾受普通话及方言内部语音演变机制的影响，部分入声字发生了舒化现象。但从总体来看，朔州各方言点中所保留的入声仍占较大比例。我们从《方言调查字表》抽取了438个常用入声字，并对其进行了统计，发现保留入声读音的字仍占很大的比例。详见表3-15。

表3-15

朔州各方言点入声保留数量及比例（%）											
朔城区方言		平鲁方言		山阴方言		应县方言		右玉方言		怀仁方言	
350	79.9	331	75.6	336	76.7	331	75.6	346	79.0	321	73.3

说明：表3-15中，前一数字为各方言点保留入声字的数量，后一数字为各方言点保留入声字所占比例，以上数据不包含舒入两读字的数量。

表3-15显示：朔城区方言入声保留的数量最多，右玉方言仅次于朔城区方言，怀仁方言入声保留的数量最少。这些数据也可以证实，在朔州各方言点中，朔城区方言的入声保留得最好，怀仁方言入声舒化或舒入两读的字较多。

朔城区方言中，个别入声字已经发生舒化，但是在地名或人名中仍然保留了入声韵的残迹。如“木穆”二字。“木”属《广韵》通摄合口一等明母屋韵入声字，演变至今，大多数语音场合中不再读作入声，都已发生舒化，读作[mu^{53}]。但在地名“下木角”中，“木”仍保留入声韵，读作[$\mathrm{mə ʔ}^{35}$]。

乔全生先生关于“木”的语音演变过程曾作了相关的推演，“木”演变至今普通方言的整个语音演变历程是这样的：mɔk→mbɔk→mɔk→muk→muʔ→mu。①朔州各方言点中“木”韵母部分都已完

①乔全生.晋方言语音史研究[M].北京：中华书局，2008：65.

成了整个语音演变的过程，即均已舒化，其韵母均读作[u]。而朔城区方言地名“下木角”中“木”韵母未发生舒化，仍处于语音演变的入声韵阶段。

通摄合口三等屋韵明母字“穆”也保留了入声韵，朔城区方言称读“穆桂英”时，“穆”读作[məʔ^{35}]。与“穆”音韵地位相同的“目”，在“目的”一词中，朔城区、平鲁、山阴和应县方言中其韵母均保留了入声。

2.入声舒化

朔州各方言点有不少中古入声字已完全舒化，或正处于舒入两读的阶段。我们对其分别进行了统计。表 3-16 为朔州各方言点入声舒化和舒入两读的具体数据及其所占总量的比例。

表 3-16

	入声舒化		舒入两读	
朔城区方言	72	16.4%	16	3.7%
平鲁方言	70	16.0%	37	8.4%
山阴方言	75	17.1%	27	6.2%
应县方言	82	18.7%	25	5.7%
右玉方言	84	19.2%	8	1.8%
怀仁方言	96	21.9%	21	4.8%

表 3-16 显示：平鲁方言中入声舒化的字所占比例最低，但是舒入两读的字却是最多的，也就是说，平鲁方言中除了部分已经完全舒化的字之外，还有较多的入声字正朝着舒声的方向演变。怀仁方言中入声舒化的字所占比例最高，高达到 21.9%，但仍有较多的入声字处于舒入两读的阶段，即怀仁方言中入声舒化的程度在朔州 6 个方言点中是最高的。平鲁和应县方言入声舒化和舒入两读字所占的比例略低于怀仁方言，均已达 24.4%。右玉方言舒入两读的字所占比例最小，其入声韵保留相对较好些。

朔州各方言点中，部分中古入声字已经产生舒化。入声舒化的过程大多是塞音韵尾脱落，与某个舒声韵合流。这类字比较多，所占的比例较高。例如：拉 lᴀ^{312}（朔城区）lɑ^{213}（平鲁）lᴀ^{313}（山阴）la^{43}（应县）la^{31}（右玉）la^{42}（怀仁）/杂 tsᴀ^{35}（朔城区）tsɑ^{44}（平鲁）tsᴀ^{313}（山阴）tsa^{31}（应县）tsa^{31}（右玉）tsa^{312}（怀仁）/猾 xuᴀ^{35}（朔城区）xuɑ^{44}（平鲁）xuᴀ^{313}（山阴）xua^{31}（应县）xua^{212}（右玉）xua^{312}（怀仁）这些字韵母读音与朔州各方言点假摄今韵母读音相同；镯 tsuə^{35}（朔城区）tsuə^{44}（平鲁）tʂuə^{313}（山阴）tsuɤ^{31}（应县）tʂuo^{31}（右玉）tsuɤ^{312}（怀仁）这一字韵母的读音与朔州各方言点的果摄今韵母读音相同；贼 tsɛi^{35}（朔城区）tsɛi^{44}（平鲁）tsɛe^{313}（山阴）tsɛi^{31}（应县）tsɛe^{212}（右

玉）tsɛe^{312}（怀仁）/白 pɛi^{35}（朔城区）pɛi^{44}（平鲁）pɛe^{313}（山阴）pɛi^{31}（应县）pɛe^{212}（右玉）pɛe^{312}（怀仁）这二字韵母的读音与朔州各方言点蟹摄开口一二等韵今韵母读音相同；粥 tsəu^{312}（朔城区）tsəu^{213}（平鲁）tʂəu^{313}（山阴）tsəu^{43}（应县）tʂəu^{31}（右玉）tsɤu^{42}（怀仁）/轴 tsəu^{35}（朔城区）tsəu^{44}（平鲁）tʂəu^{313}（山阴）tsəu^{31}（应县）tʂəu^{24}（右玉）tsɤu^{312}（怀仁）这二字与朔州各方言点的流摄开口一三等今韵母读音相同；勺芍 sɔo^{35}（朔城区）sɔ^{44}（平鲁）ʂɔo^{313}（山阴）sau^{31}（应县）ʂɐo^{212}（右玉）sɔu^{312}（怀仁）/钥 iɔo^{53}（朔城区）iɔ^{52}（平鲁）iɔo^{335}（山阴）iau^{24}（应县）iɐo^{24}（右玉）iɔu^{24}（怀仁）/雹 pɔo^{35}（朔城区）pɔ^{213}（平鲁）pɔo^{313}（山阴）pau^{24}（应县）pɐo^{24}（右玉）pɔu^{24}（怀仁）这四字韵母的读音与朔州各方言点效摄今韵母读音相同。

山阴方言中有一种现象比较特殊，即部分觉韵、药韵字有舒入两读现象，读作舒声时，与效摄韵母读音相同。“岳”属江摄开口三等觉韵疑母入声字，演变至今，在山阴方言中通常读作入声[iʌʔ^{4}]，如五岳。而在地名“岱岳”一词，“岳”却读作舒声[iɔo^{52}]。

王力先生构拟了觉药两韵喉音字、精系字和来母字演变至普通话的历程，这些字都经历了齐齿呼这一阶段。其中“岳”的演变过程是这样的：ŋɔk→ŋak→ŋiak→iɔ→ye，[①]在山阴方言中，结合王力先生所构拟的语音演变历程，我们可以看出，山阴方言地名中“岳”的读音处于 iɔ这个阶段。

乔全生先生在关于入声韵的演变中就提及了这一特殊现象，在金末山西怀仁人高道宽的词中有入声药、觉韵与效摄押韵的例字。如：《苏幕遮》1192叶：药妙捉觉灼勺约脚。‘妙’是效摄字，余为药觉韵。乔全生先生还对此现象作出了相关的解释——这种现象有两种可能：一是入声字舒化后与效摄合流，一是舒声促化后与药觉韵同韵。[②]

山阴方言中还有如似的语音现象。例如：

觉：知觉[tɕyʌʔ^{4}]	睡觉[tɕiɔo^{335}]
学：学[ɕyʌʔ^{4}]校	上学[ɕiɔo^{313}]
角：角[tɕyʌʔ^{4}]色	角[tɕiɔo^{52}]铁
鹊：喜鹊$_{读书音}$[tɕhyʌʔ^{4}]	鲜鹊鹊$_{口语音}$[tɕhiɔo^{313}]

四、介音的发展演变

朔州各方言点部分介音的发展演变与普通话的不一致。普通话部分开口呼字在朔州各方言点中读齐齿呼；普通话部分齐齿呼字在朔州部分方言点中读开

① 王力.汉语史稿[M].北京：中华书局，2002：142.

② 乔全生.晋方言语音史研究[M].北京：中华书局，2008：242.

口呼；普通话部分开口呼字在朔州各方言点中读合口呼；普通话部分今合口呼字在朔州各方言点中读开口呼；普通话部分今齐齿呼字在朔州各方言点中读撮口呼；普通话部分今合口呼字在朔州各方言点中读撮口呼。

1.普通话读开口呼在朔州各方言点中读齐齿呼

（1）中古部分见系开口二等字普通话今读洪音，未腭化。朔州各方言点今读细音，已腭化。例如：

揩 tɕhiᴇ^{213}（平鲁）tɕhiᴇ^{313}（山阴）tɕhiɛ^{31}（右玉）

耕 tɕiə̃^{312}（朔城区）tɕiə̃^{313}（山阴）tɕiəŋ^{43}（应县）tɕiəŋ^{42}（怀仁）

隔 tɕiʌʔ^{34}（平鲁）tɕiᴀʔ^{4}（山阴）

（2）应县和怀仁方言流摄开口一等见系字（除疑母、影母外）韵母实际读音接近[iəu]/[iɤu]。和普通话相比，多了一个介音 i。例如：

应县方言：勾沟钩 kiəu^{43}/狗苟 kiəu^{54}/构购 kiəu^{24}

抠 khiəu^{43}/口 khiəu^{54}/叩$_{\text{叩头}}$扣$_{\text{扣住}}$寇 khiəu^{24}

侯喉猴瘊$_{\text{瘊子}}$xiəu^{31}/后厚候 xiəu^{24}

怀仁方言：勾沟钩 kiɤu^{42}/狗苟 kiɤu^{53}/构购 kiɤu^{24}

抠 khiɤu^{42}/口 khiɤu^{53}/叩$_{\text{叩头}}$扣$_{\text{扣住}}$寇 kiɤu^{24}

侯喉猴瘊$_{\text{瘊子}}$xiɤu^{312}/后厚候 xiɤu^{24}

（3）曾摄开口一等端组、帮组和泥组入声字与梗摄开口二等帮组入声字普通话今读开口呼，朔州各方言点今读齐齿呼。例如：

曾摄：北 piəʔ^{35}（朔城区）piəʔ^{34}（平鲁）piəʔ^{4}（山阴）piɛʔ^{43}（应县）piəʔ^{44}（右玉）piəʔ^{4}（怀仁）

墨$_{\text{墨水}}$miəʔ^{35}（朔城区）miəʔ^{34}（平鲁）miəʔ^{4}（山阴）miɛʔ^{43}（应县）miəʔ^{44}（右玉）miəʔ^{4}（怀仁）

得德 tiəʔ^{35}（朔城区）tiəʔ^{34}（平鲁）tiəʔ^{4}（山阴）tiɛʔ^{43}（应县）tiəʔ^{44}（右玉）tiəʔ^{4}（怀仁）

肋 li^{53}（朔城区）

梗摄：百 piᴀʔ^{35}（朔城区）piʌʔ^{34}（平鲁）piᴀʔ^{4}（山阴）piaʔ^{43}（应县）piaʔ^{44}（右玉）piaʔ^{4}（怀仁）

魄 phiᴀʔ^{35}（朔城区）phiʌʔ^{34}（平鲁）phiᴀʔ^{4}（山阴）phiaʔ^{44}（右玉）

拍 phiᴀʔ^{35}（朔城区）phiʌʔ^{34}（平鲁）phiᴀʔ^{4}（山阴）phiaʔ^{43}（应县）phiaʔ^{44}（右玉）phiaʔ^{4}（怀仁）

脉 miᴀʔ^{35}（人脉，朔城区）miʌʔ^{34}（平鲁）miᴀʔ^{4}（山阴）miaʔ^{43}（应县）miaʔ^{44}（右玉）miaʔ^{4}（怀仁）

麦 miʌʔ^{34}（麦子，平鲁）miaʔ^{43}（应县）miaʔ^{44}（右玉）miaʔ^{4}（大麦，怀仁）

曾摄、梗摄部分入声字读作齐齿呼，是晋方言入声韵演变的一条重要规律，也是朔州各方言点入声韵演变的一个重要特点。

（3）蟹摄合口一等灰韵泥组字、止摄合口三等支脂韵来母字普通话今读开口呼，朔城区方言读齐齿呼。例如：

雷 li^{35}/内 ni^{53}/垒累$_{积累}$li^{312}/累$_{连累}$泪类 li^{53}

2.普通话部分齐齿呼字在朔州部分方言中读开口呼

灭$_{火灭了}$mei^{312}（朔城区）mei^{52}（山阴）mɛi^{54}（应县）mɛe^{53}（怀仁），“灭”属中古山摄开口三等薛韵入声明母字，普通话今读作齐齿呼，朔城区、山阴、应县和怀仁方言在“火灭了”一词中“灭”演变为舒声，读作开口呼。这也是朔州部分方言入声舒化的一条途径。

3.普通话部分开口呼字在朔州各方言点中读合口呼

（1）果摄开合口一等帮组、见系部分字，演变至普通话，今读开口呼；朔城区、平鲁和山阴方言今读合口呼。例如：

帮组：波菠$_{菠菜}$puə^{312}（朔城区）puə^{213}（平鲁）puə^{313}（山阴）

坡 phuə^{312}（朔城区）phuə^{213}（平鲁）phuə^{313}（山阴）

魔 muə^{35}（朔城区）muə^{44}（平鲁）muə^{313}（山阴）

见系：鹅俄讹 nuə^{35}（朔城区）nuə^{44}（平鲁）nuə^{313}（山阴）

科 khuə^{312}（朔城区）khuə^{213}（平鲁）khuə^{313}（山阴）

课 khuə^{53}（朔城区）khuə^{52}（平鲁）khuə^{335}（山阴）

中古果摄合口一等帮组字普通话读作开口呼，果摄合口一等端系字普通话读作合口呼。而朔城区、平鲁和山阴方言中果摄开口一等与合口一等部分字已合流，均读合口呼。

应县方言中只有果摄开口一等疑母、果摄合口一等帮组字今读合口呼。例如：

疑母：俄鹅 nuɤ^{31}

帮组：波菠$_{菠菜}$puɤ^{43}/坡 phuɤ^{43}/魔 muɤ^{31}

应县方言中果摄开口一等见系字与合口一等见系部分字已合流，均读作开口呼，如“河贺”等字韵母为ɤ。

（2）中古臻摄开口一等痕韵溪母上声字“啃”普通话读作开口呼，朔城区、平鲁、山阴和应县方言读作合口呼。啃：khuə̃^{312}（朔城区）khuəɯ^{213}（平鲁）khuə̃^{52}（山阴）khuəŋ^{54}（应县）

（3）中古曾摄开口三等蒸韵平声日母字“仍”普通话读作开口呼，朔城区方言读作合口呼，读作[ʐuə̃^{35}]。

4.普通话部分今合口呼字在朔州各方言点中读开口呼

（1）中古通摄合口一等冬韵泥母平声字“脓”普通话读作合口呼，朔州各方言点均读作开口呼。脓：nə̃^{35}（朔城区）nəɯ^{44}（平鲁）nə̃^{313}（山阴）nəŋ^{31}（应县）nə̃ɣ^{212}（右玉）nəŋ^{312}（怀仁）

（2）中古臻摄开口一等痕韵透母平声字“吞”普通话读作合口呼，朔州各方言点仍读作开口呼。吞：thə̃^{312}（朔城区）thəɯ^{213}（平鲁）thə̃^{313}（山阴）thəŋ^{43}（应县）thə̃ɣ^{31}（右玉）thəŋ^{42}（怀仁）

（3）中古山摄合口一等桓韵端母、泥母、来母字普通话读作合口呼，朔州各方言点读开口呼。例如：

端～午：tæ^{312}（朔城区）tæ^{313}（山阴）tɛ̃^{43}（应县）tæ^{31}（右玉）tæ^{42}（怀仁）

暖：næ^{312}（朔城区）næ^{213}（平鲁）næ^{52}（山阴）nɛ̃^{54}（应县）næ^{53}（右玉）næ^{53}（怀仁）

乱：læ^{53}（朔城区）læ^{52}（平鲁）læ^{335}（山阴）lɛ̃^{24}（应县）læ^{24}（右玉）læ^{24}（怀仁）

銮：læ^{35}（朔城区）læ^{44}（平鲁）læ^{313}（山阴）lɛ̃^{31}（应县）

卵：læ^{312}（朔城区）læ^{213}（平鲁）lɛ̃^{54}（应县）læ^{53}（右玉）

（4）中古宕摄开口三等庄组、合口一等见组和晓组及江摄开口二等知组和庄组字普通话读作合口呼，怀仁方言读开口呼，如：“装霜创壮窗狂筐光黄”等字韵母均读作[ɒ]。

5.普通话部分今齐齿呼字在朔州各方言点中读撮口呼

（1）中古山摄开口四等先韵去声来母字“练炼”和山摄合口三等仙韵去声来母字“恋”普通话读作齐齿呼，朔州各方言点中均读作撮口呼。例如：

练炼 lyɛ^{53}（朔城区）lyᴇ^{52}（平鲁）lyᴇ^{335}（山阴）lyɛ̃^{24}（应县）lyɛ^{24}（右玉）lyæ^{24}（怀仁）

恋 lyᴇ^{335}（山阴）lyɛ̃^{24}（应县）lyɛ^{24}（右玉）lyæ^{24}（怀仁）

6.普通话部分今合口呼字在朔州各方言点中读撮口呼

中古梗摄合口三等庚韵平声云母字“荣”、通摄合口三等东钟韵平声以母字“融容蓉芙蓉”普通话读作合口呼，朔州各方言点中大多读作撮口呼。例如：

荣容蓉芙蓉：yə̃^{35}（朔城区）yəɯ^{44}（平鲁）yə̃^{313}（山阴）yəŋ^{31}（应县）yə̃ɣ^{212}（右玉）yəŋ^{312}（怀仁）

融：yə̃^{35}（朔城区）yəɯ^{44}（平鲁）yə̃^{313}（山阴）

中古通摄合口三等屋韵入声心母字“肃宿”、通摄合口三等烛韵入声精母、邪母字“足俗”普通话读作合口呼，朔州各方言点中读作撮口呼。例如：

肃宿宿舍：ɕyəʔ^{35}（朔城区）ɕyəʔ^{34}（平鲁）ɕyəʔ^{4}（山阴）ɕyɛʔ^{43}（应县）ɕyəʔ^{44}（右玉）

俗：ɕyəʔ^{35}（朔城区）ɕyəʔ^{34}（平鲁）ɕyəʔ^{4}（山阴）ɕyɛʔ^{43}（应县）ɕyəʔ^{44}（右玉）ɕyəʔ^{4}（怀仁）

足：tɕyəʔ[34]（平鲁）tɕyəʔ[4]（山阴）tɕyɛʔ[43]（应县）tɕyəʔ[44]（右玉）tɕyəʔ[4]（怀仁）

第三节 朔州方言声调的演变

朔州各方言点声调数量较少，但调型上多有一致之处。朔城区方言和平鲁方言同属晋方言五台片，二者古清平和古清上、次浊上合并为阴平上，调型均为曲折调；山阴方言属晋方言大包片，阴平、阳平不分，合二为一；应县方言、右玉方言和怀仁方言中的阴平、上声、去声调型基本一致，阴平和上声为降调、去声为中升调，应县方言的阳平为低降调，右玉和怀仁方言的阳平均为曲折调。6个方言点的入声，上一节入声的演变中已作论述，这里不再赘述。

晋方言平声不分阴阳的方言可分为两种类型：1）是平声包括古全浊、次浊及清声母平声字；2）是平声只包括古次浊、全浊声母平声字，古清声母平声字与清、次浊上声字合流，这种类型的方言，主要分布在晋方言五台片，如：宁武、神池、五寨、岢岚、保德、偏关、河曲、忻州、定襄、原平、五台、代县、朔州、平鲁、浑源（以上五台片）、阳曲（并州片）。[①]

根据乔全生先生的观点，朔州6个方言点中，山阴方言中，平声不分阴阳，属于晋方言平声不分阴阳的第一种类型；朔城区和平鲁方言清平和清上、次浊上合并，属于晋方言平声不分阴阳的第二种类型。

一、平声不分阴阳

山阴方言平声不分阴阳，即“天”与“田”、“诗”与“时”、“梯”与“题”、“方”与“房”声调相同，均读313调。

“从文献可知，晋方言早在16、17世纪平声就是一个，没有阴阳之分。这只是发现有记载的文献，而在实际方言中平声不分阴阳的时代还可能更早”。[②]山阴方言平声不分阴阳的历史应是与晋方言保持同步的。

晋方言的平声不分阴阳，学界大致有两种观点，其中何大安先生认为“山西方言单字调阴、阳平不分而变调二分的现象，综合不同的类型，推论单字调的不分，乃是阴、阳平二分以后的再合流。”[③]王临惠先生认为“第一，平分阴阳的条件是声母的清浊，合并的条件是什么很难说得清。第二，连调中区分阴、阳平的现象在方言中大多是零散的、不系统的，这不是平声曾经分阴阳的

[①]乔全生.晋方言语音史研究[M].北京：中华书局，2008：248.
[②]乔全生.晋方言语音史研究[M].北京：中华书局，2008：250.
[③]何大安.声调的完全回头演变是否可能[J].《史语所集刊》第六十五本第一分.

残留，而是声母的清浊对调值影响的痕迹”。[①]乔全生先生认为“清浊音的细微差别可以是导致今方言平分阴阳的源头，也可以是忽略细微差别、导致今方言平声不分阴阳的原因。这就是，声调在分化前，清浊声母对调值、调型就有影响，就有‘细微差别’……如果这种‘细微差别’没有继续加大，随着浊声母的消失，就可能趋于相同，仅有的‘细微差别’也消失了，从而演变为一个声调”。[②]

山阴方言中平声连读时，有以下两种连读变调的类型：

平声和平声相连，前字变13，后字变31。例如：

花红 xuᴀ$^{313/13}$xuə̃$^{313/31}$　　头干 thəu$^{313/13}$kæ$^{313/31}$

年轻 niᴇ$^{313/13}$tɕhiə̃$^{313/31}$　　梳头 ʂu$^{313/13}$thəu$^{313/31}$

开门 khɛe$^{313/13}$mə̃$^{313/31}$　　猪油 tʂu$^{313/13}$iəu$^{313/31}$

丝棉 sɿ$^{313/13}$miᴇ$^{313/31}$　　皮衣 phi$^{313/13}$i$^{313/31}$

平声和平声相连，前字不变，后字变为轻声。例如：

开除 khɛe^{313}tʂu$^{313/0}$　　伤寒 ʂɒ^{313}xæ$^{313/0}$

皮球 phi^{313}tɕhiəu$^{313/0}$　　清明 tɕhiə̃^{313}miə̃$^{313/0}$

从山阴方言平声连读变调的读音来看，普通话中的阴平和阳平字在山阴方言中无论做前字还是做后字，前字都声调都由313变为13，后字声调都由313变为31；或是前字不发生变化，后字变为轻声。

在声母的清浊对声调的调值影响还未达到形成不同调类的程度时，这种影响就因全浊声母的清化而中断了，目前晋方言里这些零散的、不系统的区分阴阳平的形式正是这种中断形式的具体体现。[③]从整体来看，山阴方言中平声连调现象不成系统，因此，从平声字连读变调，我们也无法区分阴平和阳平。

从五台的情形看来，除去‘浊上归去’这一点代表相当早期的演变之外，要说这4个调是从7个或8个调两两合并而来，可能有解释上的困难。[④]山阴方言和五台方言一样，也只有平上去入4个调，结合山阴方言平声字连读的情况来看，山阴方言中的平声应该不是中古分化后又合而为一的。丁邦新先生认为，因为要说一个声调分而为二，后来又原封回头合而为一，在语音学的理论上应该尽量避免。如果没有分化的证据，宁可认为是保存了古音系统。[⑤]

山阴方言平声的演变，一方面与晋方言其他方言片平声演变在一定程度上可能保持同步性，另一方面也有其自身演变的特点，并未受其他方言平声演变

[①]王临惠. 汾河流域方言平声调的类型及其成因[J]. 方言，2001（1）.
[②]乔全生. 晋方言语音史研究[M]. 北京：中华书局，2008：252.
[③]王临惠. 汾河流域方言平声调的类型及其成因[J]. 方言，2001（1）.
[④]丁邦新. 丁邦新语言学论文集[M]. 北京：商务印书馆，1998：237.
[⑤]丁邦新. 丁邦新语言学论文集[M]. 北京：商务印书馆，1998：123-124.

的影响，或并未参与其他方言平声分化的演变。我们将进一步加强山阴方言与周边方言的对照和比较，结合自身声调的历史演变情况来考虑并认清山阴方言平声调的演变。

二、清平、清上合流

朔州方言点中的朔城区和平鲁方言属五台片，这两个方言点的清平与清上合流，称为阴平上。朔城区方言阴平上的调值为312，平鲁方言阴平上的调值为213。

乔全生先生在《晋方言语音史研究》一书中列举了敦煌文献《字宝》的注音、《开蒙要训》和《千字文》的五例别字异文都反映了清上与清平相混的历史。

根据唐五代西北方音有关的记录，结合晋方言陕北的府谷、神木、靖边、米脂、子洲、绥德方言，五台片的18个方言点及与此片相连的内蒙古晋方言杭锦后旗、临河、磴口、乌海等各方言点清上与清平合流这一语音事实，我们有理由认为唐五代西北方音的一支应该是清平与清上同调的。晋方言中所保留的这种现象正是唐五代西北地区那支方音的遗存。[①]

因此，朔城区、平鲁这两个方言点清平与清上合流的历史也可上推至唐五代时期。

[①]乔全生. 晋方言语音史研究[M]. 北京：中华书局，2008：258.

第二部分　词汇篇

第四章

附加式构词形式、意义及语法功能[①]

第一节 附加式构词形式

附加式构词法是晋方言中使用范围最广最丰富的构词方式之一。朔州各方言点也常常用此方法来完成构词，一般主要有三种构词方式：前缀、中缀和后缀。

一、前缀

朔州6个方言点中共有“圪、忽、日、不”四个前缀。这四个前缀的使用范围和频率在朔州各方言点分布并不均衡。

（一）“圪”

朔州各方言点中普遍有“圪”为前缀这一构词形式。“圪”作为前缀，在朔州各方言点中声母和韵母几乎完全一致，均读[kəʔ]，只是在声调上略有差异。

“圪”作前缀，与其他语素结合，可以构成名词、动词、形容词、量词、象声词。构词方式主要有：圪A、圪AA、圪A圪A、圪A圪B、圪ABC、A圪BB、AB圪C等。

1.圪A

“圪A”式可以是名词、动词、形容词、量词、象声词。例如：

名词：圪针、圪蛋、圪台、圪膝、圪梁、圪棱、圪桩、圪都拳头、圪渣

动词：圪蹴蹲、圪躺、圪拐、圪缩、圪捣、圪搅、圪团、圪挪、圪夹

形容词：圪腻腻、圪蔫形容花草树木枯萎、人没有精神、圪扭、圪溜不直、圪间不好意思、难为情、圪料形容人不合群、圪绌不平整、圪奓不安分、显摆、圪谄撒娇

---

①下文所选各例大多引自《山西方言研究重点丛书》的《朔州方言研究（朔城区卷）》《平鲁方言研究》《山阴方言研究》《应县方言研究》和《朔州方言研究（右玉卷）》及实地田野调查。没有特别注明的是各方言点都有的用法。

量词：圪截、圪绺、圪堆、圪撮、圪嘟一圪嘟蒜：一头蒜

象声词：圪嘣吃豆子的声音、圪噌咬黄瓜、甘蔗等发出的声音、圪吱开门时发出的声音、圪叭东西被弄坏时发出的声音、圪噔走路时发出的声音

2.圪 AA

“圪 AA”多是名词、形容词。例如：

名词：圪台台、圪堆堆、圪渣渣、圪毛毛、圪刷刷、圪绌绌脸上长出的细密皱纹；端午节缝的辟邪用的香包、圪尖尖、圪梁梁

形容词：圪铮铮形容词穿得很整齐、很讲究、圪腻腻形容很腻、圪能能形容人和物居高，比较危险、圪太太形容水开时的程度、圪摇摇形容东西放得不稳或人走路不稳

“圪 AA”是名词时，在朔州各方言点中还可以儿化，构成“圪 AA 儿”式。“圪 AA”是形容词时，各方言点使用时，“圪 AA”后面经常要加“的”或“哩”，构成“圪 AA 的（哩）”。朔州各方言点“圪 A”式动词词根不能重叠为“圪 AA”式。如上例中的“圪挪”不可以说“圪挪挪”。

3.圪 A 圪 A

“圪 A 圪 A”多是形容词、动词。例如：

形容词：圪拐圪拐形容人或动物走路一瘸一拐的样子、圪筋圪筋形容东西吃起来很有嚼劲

动词：圪搅圪搅、圪涮圪涮、圪挪圪挪、圪蹴圪蹴、圪捣圪捣、圪团圪团

4.圪 A 圪 B

“圪 A 圪 B”中，A 和 B 有时可以是意义相近或相关的词，也可以是意义相反的词，也可以是意义无关的词。例如：

圪抽圪扯形容行动不协调的样子

圪摇圪摆形容摇摇摆摆的样子

圪低圪八形容坑坑洼洼的样子

圪低圪老每个角落

圪几圪蛋形容不平整的样子

5.圪 ABC

圪柳把弯形容物体弯曲，不直

圪绌把蛋山阴、平鲁方言/圪绌马蛋右玉方言：形容物体不平展；人没出息

圪腥烂气形容鱼或肉等的腥气味很重

圪蹴马爬形容人姿态不端正

6.A 圪 BB

朔城区和平鲁方言多使用这类构词方式构成的四字格。例如：

乱圪捣捣形容乱七八糟，不整齐

灰圪处处形容颜色灰暗

瓷圪性性形容人反应比较慢、迟钝

硬圪梆梆很硬

（上例取自朔城区方言）

肉圪墩墩形容小孩子胖，含有喜爱的感情色彩

小圪丢丢形容事物小，很可爱，含有喜爱的感情色彩

红圪莹莹略微红

冷圪森森形容天气很冷

新圪崭崭形容衣物或东西很新

笑圪嘻嘻形容人眉开眼笑

（上例取自平鲁方言）

蓝圪莹莹

圆圪辘辘

白圪丝丝

红圪丢丢

慢圪悠悠

干圪嘣嘣

凉圪哇哇

（上例取自右玉方言）

7.AB 圪 C

平鲁和山阴方言多使用这类构词方式构成四字格。例如：

红紫圪粘形容双方因矛盾纠纷而引起的不理智行为

冷麻圪森形容感冒、发烧时人感觉到很冷

死母圪绌不灵活、窝囊

牙茬圪都形容东西多而乱

少妖圪敛不礼貌、不稳重

（以上例子取自平鲁方言）

棍枪圪榄棍棒杂乱

窝叽圪囊形容人很窝囊

朽毛圪绌毛身不展豁

（以上例子取自山阴方言）

（二）“忽”

“忽”在朔州各方言点中使用频率较高，读入声。“忽”作为词缀，可以构成动词、形容词、象声词和量词。但所构成的数量要比“圪”词缀构成的要少一些。构词方式主要有：忽 A、忽 AA、忽 A 忽 A、A 忽 BB、忽 ABC 等。

1.忽 A

“忽 A”可以是动词、象声词。其中构成象声词数量较少。例如：

动词：忽眨眨眼、忽摇、忽搅、忽闪、忽撩、忽绕、忽抖

象声词：忽通、忽处

朔城区方言当中“忽 A”还可以构成量词，但此类词数量较少。例如：

忽栏：一忽栏地　　　　　　　　忽片：一忽片水

2.忽 AA

“忽 AA”多为形容词，用来形容某种状态。例如：

忽摇摇、忽扇扇、忽令令、忽闪闪、忽颤颤、忽抖抖、忽塌塌

3.忽 A 忽 A

“忽 A 忽 A”可以是动词、形容词、象声词。其中山阴、右玉方言中“忽 A 忽 A”多是动词、象声词；平鲁方言中“忽 A 忽 A”可以是动词、形容词、象声词。例如：

动词：忽摇忽摇、忽抖忽抖、忽搅忽搅、忽绕忽绕

形容词：忽眨忽眨、忽颠忽颠、忽闪忽闪

象声词：忽通忽通

4.A 忽 BB

右玉方言中常使用这一方式构成四字格。其中“A”表性质，BB 为叠音式后缀，整个词语带有贬义色彩。例如：

血忽淋淋　　　　甜忽喃喃　　　　软忽溜溜　　　　粘忽叽叽

绵忽呐呐

5.忽 ABC

朔城区方言中常使用这一方式构成四字格。例如：

忽摇打旦形容东西放得不稳

忽心二意形容犹豫不决，拿不定主意

忽三点四形容变化无常

（三）“日”

“日”在朔州各方言点做词缀时，多读入声，多构成动词和形容词，构成形式比较单一，主要就是“日 A”式，一般不能构成“日 A 日 A”式或“日日 AA”式。个别方言中“日 A”式重叠后可构成“日 AA”式。例如：

动词：日鬼捣鬼　　　日哄欺骗　　　日显逞能　　　日瞎瞎说　　　日粗吹牛

形容词：日能能干　　日脏脏，程度较深　　日怪奇怪

平鲁和山阴方言中，“日显”可以重叠为“日显显”。

（四）“不”

“不”不像其他词缀在朔州各方言点中构词能力强、使用范围广。朔城区、平鲁、山阴和应县方言中“不”可以构成名词、动词和量词。其中朔城区方言“不”与其他语素结合构成的量词多要儿化。例如：

名词：不篮浅筐　　不笋笋　　不浪棒子

动词：不来摆　　不楞蹦　　不咂咂嘴

量词：不串（儿）串：一不串（儿）葡萄　　不溜（儿）排：一不溜（儿）平房

其中部分名词可以重叠为“不AA”，如：“不篮篮”“不浪浪”。

二、中缀

朔城区、平鲁、山阴和应县方言中，“不”还可以做中缀，构成名词、形容词、副词。其中构成形容词时，多为四字格，含有贬义。例如：

名词：

瞎不浪文盲　　肚不脐肚脐　　鬼不袋诡计多端的人　　犟不浪脾气很倔的人

形容词：

花不楞腾形容词穿着艳丽　　愣不悻悻形容人呆头呆脑　　中不溜溜不大不小

副词：

一不气一下子、一口气

三、后缀

朔州各方言点中有“货”“猴”“鬼”“贼”“八”和“达”等后缀。不同的语素或词与不同的后缀组合构成新词。不是所有的方言点全部都有这些后缀。

（一）“货”

“货”作为一个后缀，常常附着在单音节名词、形容词、双音节动宾式、主谓式、动补式词后构成名词，构成方式主要有A货、AB货和ABC货三种，朔州各方言点中普遍都有这类用法。例如：

A货：灰货品行不好、做坏事的人　　愣货做事愣头愣脑的人　　鬼货做事鬼鬼祟祟的人
　　铜货不知好歹的人

AB货：妨主货损害祖宗德望的人　　爬长货好吃懒做、生活穷困潦倒的人　　枪崩货做尽坏事的人

ABC货：不要脸货不知羞耻的人

（二）“猴”

后缀“猴”用于单音节词、双音节词后构成名词。构成方式主要有A猴和AB猴两种。例如：

A猴：灰猴品行不好、做坏事的人

AB猴：抹脱猴言行冒失、惹是生非的人　　讨吃猴生活穷困潦倒的人

（三）“鬼”

后缀“鬼”多附着在双音节词后构成名词。右玉方言中很少用“鬼”做后缀。例如：

吊死鬼面目可憎的人　　　　饿死鬼吃得多、饿得快的人

“货”“猴”“鬼”这三后缀中，“货”在朔州各方言点使用范围最广，还经常可以和指示代词“这”“那”结合，构成“这货”“那货”，用来指称某人。“猴”和“鬼”没有这一用法。

朔州大多数方言点中“货”和“猴”可以互换而意义不变，平鲁方言中“猴”和“鬼”均能与“货”互用，意义相同。

（四）“贼”

“贼”作后缀，使用的范围很有限、使用的数量较少。目前只发现山阴方言有这一用法。在山阴方言中，“贼”与双音节词组合构成名词。例如：

揉眉贼只向别人索取却不给予之人　　　　吃骨贼不劳而获的人

（五）“八”

右玉方言中，后缀“八”读[paʔ44]，常附在单音节颜色形容词后，主要的构成方式是“A 八”式。“A 八”式用来指称其颜色深重，均带有贬义，表示状态。例如：

白八　　黑八　　绿八　　红八　　黄八

（六）“达”

“达”主要附着在动词的后面，构成方式以“A 达”为最多，主要构成动词。例如：

读达指点　　蹦达　　逛达闲逛　　试达试一试　　踢达

谝达闲聊　　摇达　　吹达　　问达　　逗达

“A 达”还可构成副词。例如：

碰达有时候、也许、说不好

有些词带有贬义色彩，例如：“谝达”指不着边际瞎说，“吹达”指吹牛。

在朔州各方言点中，“A 达”可以重叠为“A 达 A 达”。例如：

试达试达　　蹦达蹦达　　逛达逛达　　问达问达　　谝达谝达

在右玉方言中，“A 达”还可以构成“AA 达达”。例如：

拍拍达达　　跌跌达达　　跑跑达达　　踢踢达达

山阴方言中，只有少量的“A 达”可以重叠为“AA 达达”。例如：

读读达达　　踢踢达达

另外，山阴方言中，“A 达”所构成的副词也可以重叠为“AA 达达”。如：碰碰达达

第二节　附加式构成的意义和语法功能

一、“圪缀词”的意义和语法功能

（一）“圪缀词”的意义

在构词过程中，“圪”起到了以下四方面的作用。

（1）“圪”与成词语素结合，构成不同的意义。如“针”可用来指缝织衣物引线用的一种细长的工具，“圪针”用来指沙棘或一些草木上的刺。“蛋”可用来指鸡、鸭、鸟、龟、蛇等生的带有硬壳的卵；“圪蛋”则用来指圆形或球形状体积偏小的物体。

（2）“圪”与成词语素结合，构成相同的意义。如“挤”可用来指许多人或物紧紧挨着，与“圪”组合成“圪挤”一词后意义未发生变化。“搅”的意义是“拌”，可以与“圪”组合成“圪搅”一词后意义未发生变化。

（3）“圪”与不成词语素结合，如“圪都”“圪蹴”，“都”和“蹴”是不成词语素，只能与“圪”组合之后才能用来表示“拳头”“蹲”的意义。

（4）“圪”与其他语素组合成四字格时，位置灵活，除了构词的作用之外，大多起到了音节和谐的作用。如朔城区方言“乱圪捣捣”“窝叽圪囊”这两个四字格中，“圪”没有实际意义，只起到了调整音节的作用。

（二）“圪缀词”的语法功能

部分“圪A”式名词可以加子尾，可以儿化，可以重叠，还可以重叠之后儿化。例如：

圪台——圪台子——圪台儿——圪台台——圪台台儿

圪梁——圪梁子——圪梁儿——圪梁梁——圪梁梁儿

圪墩——圪墩子——圪墩儿——圪墩墩——圪墩墩儿

圪棱——圪棱子——圪棱儿——圪棱棱——圪棱棱儿

“圪A”式名词重叠或儿化都附加了“小”的意义，并带有喜爱、亲昵的感情色彩。“圪A”式重叠之后再儿化更加突出所附着的“小”的意义。

部分“圪A”式动词可以重叠。重叠之后多表示“稍微”或“随便”的意思。如“圪转圪转”指随便转一转；“圪卷圪卷”指稍微卷一卷。

“圪AA”式构成的形容词多用来表示程度加深。在口语中，“的（平鲁、山阴、应县、右玉和怀仁方言）/哩（朔城区方言）”还经常附着在“圪AA”式后面，构成“圪AA的/哩”，例如：圪腻腻的/哩、圪铮铮的/哩。

“圪A”组合成各种词性的词在语法功能上有一些变化，特别是动词。动词“圪A”式不能带宾语，如：圪绕、圪转。部分形容词“圪A”式重叠为“圪AA”式，词性发生了变化，变为名词。如“圪绌皱”，重叠之后，“圪绌绌”可用来指皱纹。量词“圪A”式，重叠儿化之后，变成“圪AA儿”式，不表“每一”的意思，表“小”、表“少”。如“圪堆”，重叠儿化之后，“圪堆堆儿”表示“小”而且“少”。

二、“忽缀词”的意义和语法功能

（一）“忽缀词”的意义

“忽”本身没有实际意义，附着在词根前，构成“忽 A”式动词。“忽 A”式含动作幅度小、时间短的意义，可重叠成“忽 A 忽 A”式，重叠之后，词性不发生变化，表示动作的连续性和重复性，具有描写的作用。如“忽摇”，可重叠为“忽摇忽摇”表示不停地摇。“忽 A”还可以重叠成“忽 AA”式，如“忽摇”，可重叠为“忽摇摇”式，词性由原来的动词变为形容词，具有很强的描写性。

右玉方言的“A 忽 BB”式中的“忽”起到了补足音节的作用。“A 忽 BB”中的“忽”大多情况下可以省略，省略为“ABB”，如“绵忽呐呐”可以省略为“绵呐呐”。“ABB”与“A 忽 BB”意义上略有差异，即“A 忽 BB”的贬义色彩更强烈些。

（二）“忽缀词”的语法功能

“忽”附着在词根前，构成“忽 A”式动词，“忽 A”式具备了动词的一般语法功能，可以做谓语，其后可带宾语、补语。山阴方言“忽摇”一词，如“你忽摇一下那个瓶了”。句中“忽摇”做谓语，“一下”置于动词谓语之后充当补语，“那个瓶子”作宾语。

“忽 A”式主要有两种重叠形式“忽 A 忽 A”式和“忽 AA”式。其中“忽 A 忽 A”式仍是动词，做谓语，部分能带宾语，如山阴方言“你忽眨忽眨眼睛”，部分“忽 A 忽 A”具有描述性，在句中作谓语，不带宾语，朔州部分方言点，“忽 A 忽 A”式还可以说成“一忽 A 一忽 A”。如山阴方言“灯忽闪忽闪的”，这句话还可以说成“灯一忽闪一忽闪的”，强调“灯”的状态。“忽 AA”式主要做谓语、补语，作用相当于状态形容词，不能受程度副词的修饰。如山阴方言“这张纸薄得忽领领的”“那个凳子忽摇摇的，散架呀”。

三、“日缀词”的意义和语法功能

（一）“日缀词”的意义

“日”做词缀时读入声，多用于口语。在构词过程中，“日”起到了以下三方面的作用。

（1）“日”与成词语素组合，构成不同的意义。如“能”是能愿动词，“日能”用于褒义，指有本事；有时也用于贬义，讥讽别人。如，你不是可日能哩，连这道题也不会做。如“粗”是形容词，“日粗”则是动词，表示吹牛的意思。

（2）“日”与成词语素组合，构成相同的意义，意义和词性均不发生变化。如“哄”用于哄骗、欺骗，与“日”组合后“日哄”，意义和词性仍与“哄”

保持一致。

（3）“日”与不成词语素组合，如“日显”，“显”是不成词语素，只能和“日”组合之后才能用来表示“逞能”的意义。

（二）“日缀词”的语法功能

“日缀词”主要构成动词和形容词。动词做谓语，部分动词后面可带补语，或带宾语。个别动词还可以插入其他成分，类似于离合词，如“日粗吹牛”一词，朔城区、平鲁和山阴方言日常口头交际中这样说——“我给咱日上会儿粗再回！”

“日缀词”构成的形容词主要做谓语。做谓语时，后面一般不带宾语。

“日缀词”构成的动词或形容词一般不能重叠，即朔州各方言点大多没有“日AA”式、“日A日A”式或“日日AA”式，只有个别词可以重叠为“日AA”式，如“日显”，可以重叠为“日显显”，词性发生了变化，由原来的动词变成了形容词。

“日缀词”数量很有限，再加之不能重叠，这就使“日”作为词缀时，它的构词能力是有限的，无法产生更多的新词或短语，形成了一个封闭的类。在这个封闭的类当中，部分“日缀词”已处于衰退过程中。

四、“不缀词”的意义和语法功能

（一）“不缀词”的意义

“不”既可以做前缀，也可以做中缀。做前缀时，常常与其他语素组合，可构成名词、动词、量词，如“不篮篮子”、“不来摆”、“不串”，这些词都只有理性意义；做中缀时，连接两个语素组合词，部分由此构成的词没有其他附加意义，如“肚不脐”，仅指肚脐眼儿。部分词含有贬义色彩，如“鬼不袋”，常常用来指诡计多端的人。平鲁方言中还可以构成含“不”的四字格，这类词也多含贬义色彩，如“愣不悖悖”“花不楞腾”。

（二）“不缀词”的语法功能

“不”做前缀时，与其他语素组合构成的名词、动词和量词，具备了名词、动词和量词的一般功能。其中一部分词还可以重叠，如“不篮篮”可以重叠为“不篮篮”，重叠之后主要用来表小。量词重叠时，一般不能直接重叠，而是要与数词组合之后一起重叠，数词通常为“一”，如“不串串”“不溜排”，一般不直接重叠为“不串不串”“不溜不溜”，而是与数词组合之后重叠为“一不串一不串”“一不溜一不溜”。

五、“达”的意义和语法功能

（一）“达”的意义

“达”作为后缀，与其他语素组合，大多构成动词。构成动词之后，部分词附加了随意、随便的意义，如“拍达”“逛达”，部分附加了动作反复的意义，如“摇达”“蹦达”。

（二）“达”的语法功能

“A达”构成的动词具备动词的一般功能，能做谓语。做谓语时，后面一般不带宾语，可带补语。如山阴方言“我出去逛达会儿”。

朔州各方言点中，“A达”均有不同的重叠方式，其中“A达A达”式居多，部分方言中还有“AA达达”式。

六、“货、鬼、猴”的意义和语法功能

（一）“货、鬼、猴”的意义

朔州各方言点中“货、鬼、猴”多用来构成口语詈词，这些詈词都含有贬斥、厌恶的感情色彩。从使用频率和通行范围来看，“货”比“鬼”、“猴”要高、要广。这三个后缀还可以交叉互用。

“货”与“这”“那”结合后构成“这货”“那货”，用来指称人。在方言口语交际过程中，“这货/那货”指称人时，有时不再含有贬斥、厌恶的感情色彩，而是具有了亲密、亲近的感情色彩。如朔城区方言：这货你咋买咾这些些东西？

（二）“货、鬼、猴”的语法功能

“货、鬼、猴”与其他语素或词组合构成名词，具备了名词的功能，主要做主语和宾语。如山阴方言：那货可是个鬼货，一天鬼眉溜眼的，做啥也怕人知道哩！

第五章

重叠式

在朔州各方言点中，重叠是一种重要的构词手段。朔州各方言点的重叠式很丰富，构词形式多样化，语法功能比较复杂，表义特征鲜明。

朔州各方言的重叠式主要从四个方面考察。第一，从构成成分上看，有非词重叠，即音节重叠，如：蛛蛛、星星；语素的重叠，如：包包，圈圈；词的重叠，如：齐齐楚楚，商量商量。第二，从音节上看，有单音节重叠、双音节重叠。第三，从重叠形式上看，有完全重叠，如：尖尖；不完全重叠，如：扣门——扣门门；还有衬音重叠，如：糊涂——糊里糊涂。第四，从词类上看，名词、动词、形容词、副词、量词和数词都能够重叠。

“重叠式”和“基式”均采用朱德熙先生的提法，“吹吹”是由“吹”重叠而成，“吹”是“吹吹”的基式，“吹吹”是“吹”的重叠式。

重叠式所使用的“A、B”表示实词语素；“X、Y”表示词缀、词尾和衬音成分。如：“钩钩”是 AA，“麦芒芒”是 ABB，“流里流气”是 AXAB，“软忽溜溜”是 AXYY。

第一节 名词重叠式

普通话中，名词重叠式数量有限，所表示的意义也比较单纯，只限于亲属称谓和少数专指动物、事物的名称。比如“爸爸、妈妈、哥哥、姐姐、弟弟、妹妹、猩猩、狒狒”等。而在朔州各方言点中，名词重叠的现象很普遍，数量多、形式多，而且其表义特征也很鲜明、复杂。

一、重叠形式

名词重叠形式主要有 AA/AA~儿~、ABB、AAB、AABB、ABAC、ABCC、ABBC 等七种。在朔州各方言点中，AA/AA~儿~、ABB、AAB、AABB 式这四种形式比较普遍，词条也较多，部分词条还有较强的一致性。

（一）AA/AA儿式

朔州部分方言点中单音节名词重叠后多要儿化，但朔州各方言点表示亲属称谓的词是不可以儿化的。

1.基式是名词性语素，重叠式是名词

朔城区	牌牌儿	瓶瓶儿
	兜兜儿	皮皮儿
平鲁	盆盆	钵钵
	盔盔瓷质的盆	翅翅翅膀
山阴	枝枝儿	袋袋儿
	罐罐儿	板板儿
应县	坛坛儿	栅栅儿：栅栏
	镯镯儿	盘盘儿
右玉	珠珠	虫虫爬行的虫子
	籽籽种子	面面粉末状
怀仁	车车儿	碗碗儿
	绳绳儿	馍馍圆馒头

2.基式是动词性语素，重叠式名词

朔城区	钩钩儿	管管儿
	卡卡儿	扣扣儿
平鲁	垫垫	刷刷
	钉钉	盖盖
山阴	镊镊儿	铲铲儿：一种挖野菜的小铲儿
	扇扇儿	顶顶儿
应县	架架儿	锤锤儿
	混混儿：小混混、流氓、无赖	梳梳儿
右玉	擦擦黑板擦	剪剪剪刀
	拍拍用高粱秆编织的盖子	旋旋铅笔刀
怀仁	戳戳儿：图章	筛筛儿
	锁锁儿	豁豁儿：缺口

3.基式是形容词性语素，重叠式是名词

这类方式构成的词较少，这类重叠式构成的词语形象地说明了事物所具有的性状特征。如朔城区方言：尖尖；右玉方言：弯弯拐弯处、糊糊糊状物。

4.基式是量词性语素，重叠式是名词

通过这种方法构成的名词具有该量词所表现出的形状，并附有细小、繁多等含义，扩大了名词的概念义，也丰富了名词的色彩义。例如：

朔城区方言：条条儿，说明名词具有条状的特点，并附有细小的含义，还可以与其他名词组合，如：纸条条儿。

山阴方言：颗颗儿，说明名词具有圆形的特点，并附有细小、繁多的含义，还可以与其他名词、形容词组合，如："粉刺颗颗儿""红颗颗儿"。

右玉方言：片片，说明名词具有片状的特点，并附有较小的含义，还可以与其他名词组合，如：玉米片片。

（二）ABB 式

普通话中没有 ABB 式重叠构成的名词，而朔州各方言均有大量的 ABB 式的重叠名词。根据 A 与 BB 的组合关系，ABB 式重叠名词可分为以下三种类型。

1.ABB 是一个整体，AB 不成词，BB 不单用，没有基式。例如：

朔城区方言：酸刺刺沙棘　　毛荠荠狗尾巴草　　麦芒芒

山阴方言：藏梅梅捉迷藏

右玉方言：屋燕燕燕子　　酸溜溜沙棘果

2.ABB 是一个整体，BB 可以单说，但是与 ABB 的表义不同。BB 单独使用时多表泛指，但在 ABB 式中，A 一般修饰限制 BB，表达更小的语义范围，有专指的意味。例如：

朔城区方言：扣门门　垫窝窝老幺

平鲁方言：扑穗穗　茭棒棒

山阴方言：花儿馍馍　药片片儿

应县方言：书箱箱　针尖尖

右玉方言：刀刃刃　门环环

怀仁方言：菜汤汤儿　鞋带带儿

3.ABB 式是一个整体，AB 是词，可单说，与 ABB 并用，BB 有的能成为 AA 式名词，有的不能成词，AB 是 ABB 的基式。例如：

朔城区方言：浸片片　扑箩箩

平鲁方言：土果果　水壶壶

山阴方言：洋码码　背锅锅儿：罗锅

应县方言：木匣匣　鸡冠冠

右玉方言：旮旯旯　轱辘辘圆轴类的东西

怀仁方言：鸡冠冠　榆钱钱

以上部分 ABB 式还有相应的"子"尾式。例如：

朔城区方言：油钵钵——油钵子　　水缸缸——水缸子

山阴方言：树枝枝儿——树枝子　　猪蹄蹄——猪蹄子

应县方言：布袋袋——布袋子　　面盆盆——面盆子

怀仁方言：菜汤汤儿——菜汤子　　鞋带带儿——鞋带子

（三）AAB 式

AAB 式这类词没有基式。这类名词多为偏正结构，它们的中心语为名词，AA 多为修饰性或限制性的语素。AAB 式中的 AB 均不能单独成词。有的 AA 可以单独使用，有的则不可以。朔州部分方言点的 AA 要儿化，形成 AA 儿 B 式。例如：

朔城区方言：毛毛儿雨　毛毛儿匠　窄窄儿巷　奔奔儿头奔儿头

山阴方言：衩衩裤　　温温儿水　裆裆裤　迷迷眼细长眼

应县方言：衩衩裤　　格格纸　裆裆裤

右玉方言：毛毛钱　　谷谷英蒲公英　　奶奶庙观音庙　　毛毛片大雪片

怀仁方言：格格儿纸　　温温儿水　衩衩裤

AAB 式中，有的 AA 可以单独使用，如应县方言中的“格格纸”，“格格”就可以单独使用，表示意义；有的则不可以，如山阴方言中的“衩衩裤”，“衩衩”不可以单独使用。

（四）AABB 式

AABB 重叠式是由 AA 和 BB 两个重叠式构成的，不是 AB 的重叠。AA 和 BB 是并列关系，多用来表示泛指或统称。有的 AA 和 BB 可以分别单独使用。例如：

朔城区方言：猫猫狗狗　　汤汤水水　　瓶瓶罐罐

平鲁方言：人人马马　棍棍棒棒　　花花草草

山阴方言：眉眉眼眼　刀刀板板　　虱虱虮虮

应县方言：子子孙孙　坛坛罐罐　　眉眉眼眼

右玉方言：方方面面　家家户户　　蹄蹄爪爪

怀仁方言：坛坛罐罐　花花草草　　里里外外

（五）ABAC 式

ABAC 式中的 A 用来修饰限制 B 和 C，B 和 C 属同类事物或相关事物。B 和 C 有时可以组合为词。这种形式具有总括某类事物的作用。例如：

平鲁方言：白胡白鬓　　鼠眉鼠眼　　口里口外　　关南关北

应县方言：风言风语　　黑里黑拉隐蔽的地方

（六）ABCC 式

ABCC 式中的 AB 是双音节名词，CC 是单音节名词重叠，可以单说，可以儿化，也可以不儿化。AB 修饰限制 CC，共同构成一种事物的名称。例如：

朔城区方言：莜面窝窝　　豆面糊糊　　玻璃钵钵　　莜面鱼鱼

右玉方言：塑料袋袋　花生仁仁　　杨树毛毛　　调料面面

（七）ABBC 式

ABBC 式构成的名词很少，ABB 修饰 C，但 ABB 不可以单独说，BB 可以单说，ABB 不是 AB 的重叠形式。如朔城区方言：打碗碗花。

二、语法功能

（一）名词重叠式具有名词的语法功能，大多可在句中充当主语、宾语、定语。如山阴方言：

AA儿式：

这小手手嫩灵灵的。（做主语）

车车儿推进去啦没？（做主语）

牛牛儿爬的你身上了。（做主语）

咱拿上那个铲铲挖点儿苦菜去。（做宾语）

把架架儿立那儿哇。（做宾语）

你抓住刀刀儿的把儿。（做定语）

钉钉儿的尖儿秃了，钉不进去。（做定语）

ABB 式：

北山上的醋溜溜沙棘好吃。（做主语）

我认不得你这洋码码。（做宾语）

背锅锅罗锅的笼床蒸饭用的笼做得可好哩。（做定语）

AAB 式：

温温儿水我给你凉好啦。（做主语）

那人长嘞双迷迷眼。（做宾语）

裆裆裤的针脚开啦，您儿给缝缝哇。（做定语）

AABB 式：

这个小女儿小姑娘那眉眉眼眼长得真吸人哩。（做主语）

你把那盘盘碗碗给咱先拾掇下来，我立刻儿再洗。（做宾语）

条条框框的规定咋就这些些哩！（做定语）

（二）名词重叠式中，有修饰限制关系的不再受形容词修饰，而能受量词修饰。如朔城区方言：

AAB 式——窄窄巷——一条窄窄巷——*大窄窄巷

ABCC 式——豆面糊糊——一碗豆面糊糊——*好豆面糊糊

（三）名词重叠式中，AA 式、ABB 式、AAB 式、ABCC 式大多可以受数量词或数量结构修饰，而 AABB 式、ABAC 式大多只受不定量词“些”“点”“些些”修饰。如：

右玉方言：

来了一家亲亲亲戚。

给咱蒸上一笼馍馍哇。

快看那几只野楼楼鸽子。

给我倒杯温温水哇。

快把那个鸡蛋黄黄吃了。

种些个花花草草也好看。

那会儿让孩子喝点汤汤水水。

应县方言：

从哪听了这些风言风语？

山阴方言：

你把你那些棍棍棒棒给咱往转挪挪哇。

三、语音特征

朔州各方言点连读变调较为简单，其重叠式的语音特点更为简单。大多数方言点中重叠形式的变音多是前字音节不发生变化，后字读作轻声。这里列出部分方言 AA 式、AA 儿的连读变调情况。

（一）右玉方言叠字连读变调

右玉方言共有 5 个单字调，即阴平、阳平、上声、去声和入声。这 5 个调重叠连读时，变调情况如下：

阴平与阴平相拼，前后字都不变调。例如：蛛蛛 $tʂu^{31}tʂu^{31}$、刀刀 $tɐo^{31}tɐo^{31}$。

阳平与阳平相拼，前字不变调，后字变为轻声。例如：牛牛 $niəu^{212}niəu^{212/0}$、娘娘 $niɒ^{212}niɒ^{212/0}$。

上声与上声相拼，前字不变调，后字变为阴平。例如：姐姐 $tɕiɛ^{53}tɕiɛ^{53/31}$、女女 $ny^{53}ny^{53/31}$。

去声与去声相拼，前后字都不变调。例如：肉肉 $ʐəu^{24}ʐəu^{24}$、舅舅 $tɕiəu^{24}tɕiəu^{24}$。

入声与入声相拼，前后两字仍读入声。例如：桌桌 $tʂuaʔ^{44}tsuaʔ^{44}$、刷刷 $ʂuaʔ^{44}ʂuaʔ^{44}$。

（二）山阴方言叠字连读变调

山阴方言共有 4 个单字调，即平声、上声、去声和入声。这 4 个调重叠连读时，变调情况如下：

平声与平声相拼，有两种情况。一是前字不变调，后字变轻声。例如：家家 $tɕiᴀ^{313}tɕiᴀ^{313/0}$、人人 $zə̃^{313}zə̃^{313/0}$。二是前字变 31，后字变 13。例如：篮篮 $læ^{313/31}læ^{313/13}$、娃娃 $uᴀ^{313/31}uᴀ^{313/13}$。

上声与上声相拼，前字不变调，后字读轻声。例如：碗碗 $uæ^{52}uæ^{52/0}$、姐姐 $tɕiᴇ^{52}tɕiᴇ^{52/0}$。

去声与去声相拼，前字变 35，后字变轻声。例如：穗穗 $suei^{335/35}suei^{335/0}$。

入声与入声相拼，前字不变调，后字变轻声。例如：格格 $k\text{ʌ}ʔ^{4}k\text{ʌ}ʔ^{4/0}$、鼻鼻 $piəʔ^{4}piəʔ^{4/0}$。

山阴方言中重叠式经常儿化，构成 AA 儿式。这一形式的叠字连读变调情况如下：

平声与平声相拼，前字变 31，后字变 14。例如：锅锅儿 $kuə^{313/31}kuər^{313/14}$、环环儿 $xuæ^{313/31}xu\text{ʌ}r^{313/14}$。

上声与上声相拼，前字不变调，后字变 312（也可以变为轻声，自由变读）。例如：腿腿 $thuei^{52}thu\text{ʌ}r^{52/312}$（$thu\text{ʌ}r^{52/0}$）、板板儿 $pæ^{52}p\text{ʌ}r^{52/312}$（$p\text{ʌ}r^{52/0}$）

去声与去声相拼，前字变 35，后字变 52。例如：棒棒儿 $p\text{ɒ}^{335/35}p\text{ʌ}r^{52}$、带带儿 $t\text{ɛ}e^{335/35}t\text{ʌ}r^{335/52}$

入声与入声相拼，前字不变调，后字变 52。例如：钵钵儿 $p\text{ʌ}ʔ^{4}p\text{ʌ}r^{4/52}$、尺尺儿 $tʂhəʔ^{4}tʂh\text{ʌ}r^{4/52}$。

四、表义特征

（一）语义范围

根据语义范围，名词重叠式可分为专指和泛指两类。

1.朔州各方言点中的名词重叠式中，AA、AAB、ABB 和 ABCC 这四类重叠式都有专指的意义。

AA 式：重叠后多表示“细”或“小”，往往用来表示小称。如右玉方言：

手——手手　　　柜——柜柜　　　饼——饼饼

而在山阴方言中，以上三例只能对小孩说，一般情况以上重叠式之后必须儿化，重叠儿化之后使用范围更广一些。例如：

罐——罐罐儿　　　　门——门门儿　　　　腿——腿腿儿

朔城区方言 AA 式也是如此。

AAB 式：这一重叠式 AA 本身含有修饰限制的意义，修饰限制 B。虽然 AA 对 B 起到了修饰限制的作用，但不能认为 AA 就是形容词，主要是因为 AA 大多不能单说，必须与 B 组合之后，才能共同表达自身的意义。AAB 式这类名词已经凝固为一个整体，形成一个固定的词，AA 也不能轻易置换，AAB 也不能轻易拆分开使用。如朔城区方言：毛毛雨、窄窄巷、豁豁碗；山阴方言：温温儿水、格格儿纸、裆裆裤；右玉方言：毛毛钱、罗罗尘、娃娃泥。以上方言点中的 AA 必须与 B 在一起才能表达出本身的意义。

ABB 式：ABB 式中，从组合关系来看，一种是 ABB 可以作为一个整体，用于专指。如右玉方言：屋燕燕燕子、酸溜溜沙棘果；山阴方言：毛莠莠狗尾巴草、背锅锅罗锅。一种是 A 与 BB 的组合，BB 可以单独使用，单独使用时多表示泛指，但在 ABB 式中，A 修饰限制 BB，表达了较小的语义范围，具有专指的意义。如朔城区方言：油钵钵儿、扣门门。一种是 AB 与 B 的组合，BB 不能单独使用。如右玉方言：榆钱钱、旮旯旯。

ABCC 式：ABCC 式中，CC 为中心词，在大多数情况下，AB、CC 均可单独使用。AB 用来修饰限制 CC，这就使所描写的事物更加形象化和具体化。如朔城区方言：莜面鱼鱼、豆面糊糊；右玉方言：花生仁仁、杨树毛毛、和面盆盆。

2.AABB 式、ABAC 式这两类重叠式有泛指的意义。

AABB 式：A 与 B 为相关或相似的事物，通过重叠来泛指每一个与 A、B 相关或相似的事物，表示事物繁多，表达涵盖了全部、遍及各处的语法意义。如朔城区方言：猫猫狗狗、汤汤水水；平鲁方言：坛坛罐罐、棍棍棒棒；山阴方言：眉眉眼眼、刀刀板板；右玉方言：边边沿沿、里里外外。

ABAC 式：平鲁和应县方言较多使用这一重叠形式。B 与 C 为相关或类似的事物，A 用来修饰限制 B 和 C，一方面概括了人或事物的某一特性，另一方面涵盖了较大的范围。如应县方言：黑里黑拉一些隐蔽的地方、风言风语各种闲话；平鲁方言：白胡白鬓、鼠眉鼠眼、口里口外、关南关北。

（二）词汇意义

1.重叠后，词义不发生变化，仍具有词语的基本义。如：

朔城区方言：盒——盒盒　瓢——瓢瓢　绳——绳绳
平鲁方言：筐——筐筐　帽——帽帽　裤——裤裤
山阴方言：棍——棍棍儿　盆——盆盆儿　碗——碗碗儿
应县方言：坛——坛坛儿　刀——刀刀儿　锁——锁锁儿
右玉方言：袜——袜袜　格——格格　铃——铃铃
怀仁方言：篮——篮篮儿　虫——虫虫儿　瓶——瓶瓶儿

2.重叠后，词义发生了变化。虽然词义上发生了变化，但有相同的义位。如右玉方言：

眼——眼眼　腰——腰腰　粉——粉粉　面——面面

上例中的“眼”与“眼眼”相同的义位是“小的窟窿”；“腰（人体部位）”与“腰腰（裹在腰部的背心）”相同的义位是“腰部”；“粉”与“粉粉”相同的义位是“粉末状”；“面”与“面面”相同的义位是“粉末状”。朔州各方言点中普遍都有“腰——腰腰”、“粉——粉粉”和“面——面面”这三组的区别。只是山阴、应县方言重叠之后大多要儿化。

（三）色彩意义

词除了有其理性义之外，还有其附属的色彩义。附属的色彩义附着在词的理性义之上，表达了人或语境所赋予的特定感受。色彩义包含感情色彩、语体色彩和形象色彩。朔州各方言点中名词重叠式，多表达了一种喜爱、亲昵的感情色彩，出现的语言环境较为宽松、自由，口语色彩浓厚，体现了较强的地域文化特色。

第二节 动词重叠式

普通话中动词重叠式比较丰富，单音节和双音节动词都可以重叠，重叠之后表示动作行为的短暂性或尝试性。朔州各方言点都有动词重叠式，单音节和双音节动词重叠基本与普通话没有太大差异。朔州各方言点中还有由“圪”“忽”和“达”等作词缀构成动词的重叠形式，使朔州各方言点重叠形式更加丰富、生动、形象。

一、重叠形式

综合看来，朔州各方言点动词重叠式的构成形式主要有 AA、A 一 A、A 了 A、AAB、ABB、ABAB、AABB 等七种。

（一）AA 式

AA 式是朔州各方言点最基本的动词重叠形式之一，各方言点中几乎所有的单音节动词都可以重叠为这种形式。例如：

朔城区方言：歇歇、吹吹、热热、站站、唱唱

平鲁方言：看看、想想、跑跑、说说、问问

山阴方言：洗洗、挪挪、跳跳、走走、尝尝

应县方言：擦擦、摇摇、伸伸、转转、骑骑

右玉方言：扫扫、抖抖、躺躺、用用、拍拍

怀仁方言：接接、借借、穿穿、绕绕、捏捏

（二）A 一 A 式

此类动词的基式是动词 A，几乎所有的 AA 式都能转换为这种形式。上例中各方言点的 AA 式都能转换为 A 一 A 式，转换之后，AA 式与 A 一 A 式基本没有差别。例如：

朔城区方言：歇一歇、吹一吹、热一热、站一站、唱一唱

平鲁方言：看一看、想一想、跑一跑、说一说、问一问

山阴方言：洗一洗、挪一挪、跳一跳、走一走、尝一尝

应县方言：擦一擦、摇一摇、伸一伸、转一转、骑一骑

右玉方言：扫一扫、抖一抖、躺一躺、用一用、拍一拍

怀仁方言：接一接、借一借、穿一穿、绕一绕、捏一捏

（三）A 了 A 式

此类动词的基式是动词 A，几乎所有的 AA 式都能转换成这种形式。例如：

山阴方言：聚了聚、扫了扫、写了写、揉了揉、送了送

应县方言：吹了吹、耍了耍、坐了坐、擦了擦、转了转

怀仁方言：说了说、看了看、洗了洗、尝了尝、走了走

（四）AAB 式

这一形式的基式是 AB，AB 可以单说，A 和 B 之间是述宾结构。例如：

朔城区方言：开开车、喝喝茶、缓缓腿、谈谈心、照照相

平鲁方言：剃剃头、喂喂狗、刷刷牙、说说话、背背书

山阴方言：挪挪车、跳跳绳、养养花、寻寻人、扫扫地

应县方言：拍拍手、绣绣花、避避雨、开开门、穿穿鞋

右玉方言：帮帮忙、过过称、跳跳舞、拉拉手、出出气

怀仁方言：伸伸腰、揉揉眼、写写字、看看书、洗洗脸

（五）ABB 式

右玉方言中这一形式较多。ABB 式为述宾结构，A 为述语，BB 做 A 的宾语，为 A 动作的行为对象。例如：

看娃娃　　挠痒痒　　摇头头　　抓子子

打哈哈　　转圈圈　　跳格格　　下坡坡

部分例子在山阴方言中也有，但词性不一样。上例中右玉方言的“下坡坡”，在山阴方言中，一部分重叠形式必须儿化，即右玉方言中的“下坡坡”在山阴方言说成“下坡坡儿”。在山阴方言中，“下坡坡儿”可以是动词，例如：我下坡坡儿呀，你抓紧些儿。“下坡坡儿”也可以是名词，例如：这是个下坡坡儿，您儿走顿慢点儿这是个下坡，您走的时候慢一些。

（六）ABAB 式

这一重叠式的基式是双音节动词。例如：

朔城区方言：揣摸揣摸、走窜走窜、协调协调、安顿安顿、挪兑挪兑

平鲁方言：跑窜跑窜、数落数落、躲藏躲藏、红火红火、挪动挪动

山阴方言：窜弯窜弯、活动活动、修整修整、照顾照顾、摸老摸老摸摸

应县方言：动弹动弹、敲打敲打、迎接迎接、削砍削砍、接济接济

右玉方言：拉嗒拉嗒聊天、思谋思谋想想、睇盹睇盹考虑考虑

怀仁方言：学习学习、拾掇拾掇、讨论讨论、打扫打扫、商量商量

（七）AABB 式

这种重叠形式主要有两种情况。

1.基式为双音节动词 AB，AB 可以单说，重叠形式 AABB 多表示动作行为的状态。例如：

朔城区方言：扭扭捏捏、吃吃喝喝、说说笑笑

平鲁方言：躲躲闪闪、瞒瞒昧昧、补补纳纳

山阴方言：打打闹闹、磕磕碰碰、哭哭啼啼

应县方言：来来回回、前前后后、拍拍达达

右玉方言：躲躲闪闪、疑疑惑惑、吃吃喝喝

怀仁方言：拉拉扯扯、洗洗涮涮、搂搂抱抱

2.没有基式，AB 不成词，不能单说。这类重叠形式构词较少。例如：

朔城区方言：走走停停、蹦蹦跳跳、偷偷摸摸

右玉方言：哼哼吱吱、偷偷摸摸、进进出出

二、语法功能

朔州各方言点中，部分方言点单音节动词性语素重叠后变成名词，如右玉方言：盖盖、钉钉、擦擦黑板擦、戳戳图章；平鲁方言：铲铲、挠挠搔痒的工具、垫垫、吸吸瓶塞、锥锥。部分方言点重叠后必须儿化。如山阴方言：盖盖儿、钉钉儿、戳戳儿。这类词语表义方面多为统称或泛指，重叠后（重叠后儿化）增加了口语色彩，有的包含了细小的含义。通过重叠动词性语素构成的名词，大多是与动作发出时所使用的工具或者将引发的结果有关。

平鲁方言单音节动词性语素重叠后变成形容词。重叠具有区别词性的作用。如：淋淋大汗淋漓、窜窜走路摇摆的样子。这类词的数量相对较少。

朔州各方言点中，大部分动词语素重叠后仍然是动词，但是不同形式的重叠又表现出不同的特点和语法功能。

（一）在句中只能做谓语，有 AA 式、A 一 A 式、AAB 式。

AA 式：在句子中只能做谓语，可带宾语，多用于祈使句、疑问句和反问句。如：

朔城区方言：

你问问他去哩不？

你把那点儿菜给热热。

山阴方言：

我给咱出去走走。

你看看他做啥的哩？

您儿坐这儿缓缓哇。

右玉方言：

你快过来坐下等等哇！

你不把这衣服洗洗？

A 一 A 式：在句子中只能做谓语，可带宾语，多用于祈使句。如：

朔城区方言：

你给咱开一开那个窗子！

我问一问你在哪儿坐 2 路公交车哩！

吃咾饭，去转一转哇！

山阴方言：

你把地墩一墩哇，快不能进人啦！

你看一看人家那作业写的，又快又好，你看一看你，写的这是啥啦。

你试一试那个衬衣，看能穿不。

应县方言：

我看一看他去。

你尝一尝，看好吃不好吃。

往出抠一抠那点儿东西。

你碾一碾这点儿麦子。

我借一借你的车子。

右玉方言：

叫我听一听你的课哇！

热一热那饭赶紧吃唠。

AAB 式：这一形式的基式是双音节 AB，A 和 B 之间是述宾结构。AAB 式在句中只能做谓语，其后不再带宾语。如：

朔城区方言：

你给挪挪车，囊$_{我}$想出哩哩！

我出哩剃剃头哩！

你洗洗脸，和我上街哩哇。

山阴方言：

可长时间没见了，啥时候见见面，吃个饭。

没个做上的，你看看书，学习学习。

你给喂喂狗去。

应县方言：

你拍拍手，他就出了。

咱们对对火，没火柴了。

起哇，我咱叠叠炕。

右玉方言：

你擦擦鞋，这鞋脏成个啥啦。

我平时没事干的时候就喝喝茶看看报。

（二）右玉方言中，ABB 式在句中主要作谓语，而且 ABB 式还具有名词的性质，可以做主语、宾语和定语。这种形式多用于祈使句和陈述句中。例如：

摆手手、摆手手让婴儿摆手！（做谓语）

咱们耍藏梅梅吧咱们玩儿捉迷藏吧。（做宾语）

挠痒痒的那人是谁？（做定语）

（三）AABB 式这一重叠形式，除了作谓语之外，常常与“的”组合成“的字结构”，还可以做主语、宾语、定语、状语和补语等。如：

山阴方言：

拉拉扯扯的不像话。（做主语）

您儿就知道缝缝补补的，买他点儿新的哇。（做宾语）

拍拍打打的样儿真难看哩。（做定语）

来来回回走了好几圈了，坐上会儿哇。（做状语）

他说得躲躲闪闪的，也不知道是个啥意思。（做补语）

大街上，两个人搂搂抱抱的，不嫌羞得慌。（做谓语）

右玉方言：

洗洗涮涮都是我一个人干洗涮的事情都是我一个人做。（做主语）

一天就知道吃吃喝喝，啥事也不做不谋天天就知道吃喝，什么也不考虑。（做宾语）

磨磨蹭蹭的性格是改不了啦。（做定语）

你就凑凑乎乎地用哇。（做状语）

他家的日子过得凑凑乎乎。（做补语）

人家吃吃喝喝的，有钱哩。（做谓语）

三、表义功能

（一）量的级差

朔州各方言点中，部分动词重叠式可表示动作反复持续，部分动词重叠式也可表示动作时量短、动量小。相比较而言，部分动词重叠式所表示的时量和动量要比单音节动词所表示的时量更短、动量更小。这样在量的表达上，单音节动词所表示的时量和动量要比单音节动词重叠式所表示的时量和动量多一个级差。如：单音节动词“看”，朔州各方言点，“看”可以重叠为“看看”，表动作的持续；“看”可以重叠为“看一看”，表示时间短暂。与单音节动词“看”相比，“看一看”所表示的时量更短、动量更小。

（二）具有描写性

朔州部分方言点有的动词重叠后具有描写性的表义作用，形象地描写出事物或人所呈现出的状态。尤以 AABB 式为重。例如：

应县方言：

你来来回回地走了好几圈儿了，你歇会儿吧。

右玉方言：

你那凳子摇摇晃晃的，能坐人么？

（三）附加色彩义

朔州各方言点中的 AA、A 一 A、A 了 A、AAB 和 ABAB 这五种重叠形式在句子中均多表轻微、短暂、尝试义，特别是 AA 式、A 一 A 式和 A 了 A 式，轻微、短暂和尝试意味更强一些。如：

朔城区方言：

你把那个苹果洗洗再吃哇！

你往南走一走就到兰。

我在家洗咾洗衣裳，别哩啥也没做。

给咱开开门。

我思谋思谋今儿晌午吃啥呀。

平鲁方言：

你吹吹再喝。

你把那褥子晒一晒哇。

他坐了坐车车。

你先去，我再看看书。

我洗涮洗涮就睡呀。

山阴方言：

你说说他甭老这样的。

过年的时候我就擦了擦玻璃，别的也没收拾。

你吃一吃我妈做的那饺子，你就知道有多好吃啦。

啥时候咱也去那茶馆喝喝茶去哩？

你给咱倒腾倒腾这堆没用的东西，我想放点儿别的哩。

应县方言：

你问问他凭啥不给我？

你去照一照镜子哇。

我擦了擦桌子。

下雨了，咱们去那儿避避雨去。

你去撩逗撩逗那小孩子去。

右玉方言：

你给咱看一看他来啦没。

我想去眊眊你哩我想去看看你呢。

怀仁方言：

我等等他。

你去送一送我哇！

我尝了尝，挺好吃。

你和我去唱唱歌哇。

咱们出去逛达逛达去！

四、语音特征

朔州各方言点中，单音节动词重叠之后，不论是哪一种声调，大多前字保持不变，后字一律读作轻声。山阴方言中，去声字重叠时，前字变为35，后字读为轻声。例如：

山阴方言：

说说[suᴀʔ^{4}suᴀʔ$^{4/0}$]　　拉拉[lᴀ^{313}lᴀ$^{313/0}$]

扫扫[sɔo^{52}sɔo$^{52/0}$]　　逗逗[təu$^{335/35}$təu$^{335/0}$]

右玉方言：

刷刷[suᴀʔ^{44}suᴀʔ$^{44/0}$]　　挪挪[nuo^{212}nuo$^{212/0}$]

躲躲[tuo^{53}tuo$^{53/0}$]　　看看[khæ^{24}khæ$^{24/0}$]

第三节 形容词重叠式

朔州各方言点中，形容词的重叠形式非常丰富，普通话有的重叠式，朔州各方言点中都有。普通话中没有的，朔州部分方言点也有，如：AXYA 式。形容词重叠式在朔州各方言点都有不同的表现。

一、重叠形式

朔州各方言点中形容词的重叠形式大致有 AA 儿的/哩、AXX（的/哩）、AXYA（哩）式、A 里 AB 式、AABB 式、ABAB 式等六种。

（一）AA 儿的/哩式

这一重叠形式中，基式 A 是性质形容词，重叠的 AA 为状态形容词，而且第二个音节通常要儿化，儿化之后要加“的”（平鲁、山阴、应县、右玉和怀仁方言）或“哩”（朔城区方言）。例如：

朔城区方言：紧紧儿哩、白白儿哩、厚厚儿哩、快快儿哩、多多儿哩

平鲁方言：光光儿的、瓷瓷儿的、笨笨儿的、懒懒儿的、慢慢儿的

山阴方言：绵绵儿的、稠稠儿的、酸酸儿的、香香儿的、馋馋儿的

应县方言：顺顺儿的、脆脆儿的、花花儿的、新新儿的、平平儿的

右玉方言：远远儿的、齐齐儿的、满满儿的、静静儿的、早早儿的

怀仁方言：高高儿的、软软儿的、好好儿的、慢慢儿的、长长儿的

朔城区方言中还有 AA 儿哩的否定形式，即不 AA 儿哩。例如：

不大大儿哩　　不长长儿哩　　不快快儿哩　　不高高儿哩

不宽宽儿哩　　不深深儿哩　　不远远儿哩　　不红红儿哩

否定副词“不”与这些性质形容词搭配具有一种不平衡现象。主要表现在两方面，一方面，“不”只能与积极义的性质形容词搭配，可以说不宽宽儿哩，但不可以说不窄窄儿哩；可以说不长长儿哩，但不可以说不短短儿哩。另一方面，“不”与颜色词搭配构成这一形式时只限于“不红红儿哩”，不可以说“不白白儿哩”“不黄黄儿哩”。

（二）AXX（的/哩）式

这一重叠形式的基式为单音节形容词“A”，“XX”多为词缀。“XX”放在单音节形容词“A”后，对单音节形容词“A”的描写和修饰功能起到了加强的作用，相当于状态形容词，不再受程度副词的修饰。如：

朔城区方言：绿菜菜、凉哇哇、真令令、蓝莹莹、齐刷刷

平鲁方言：干巴巴的、亮堂堂的、泥哄哄的、稠乎乎的、圆丢丢的

山阴方言：嫩令令、凉阴阴、薄森森、黏歪歪、厚处处

应县方言：白令令的、潮哄哄的、花生生的、空朗朗的、冷清清的

右玉方言：黑定定、绿油油、净丹丹、绵处处、光溜溜

怀仁方言：贵哇哇、黑洞洞、脆生生、甜莹莹、硬嘣嘣

这些词在使用过程中具有感情色彩的差别，有些词只能用于褒义词。如朔城区方言：

今儿天气挺好哩，天蓝莹莹哩。

今年庄户不赖，长得齐刷刷哩。

有些词只能用于贬义，如朔城区方言：

那个桌子脏哩，还油拉拉哩。

这衣裳颜色才难看哩，绿菜菜哩。

有些词是同一个性质形容词带不同的成分，感情色彩也有所不同。如朔城区方言：

她把布布洗哩白令令哩。

这些儿肉白花花哩，看哩就不想吃。

（三）AXYA（哩）式

这一重叠形式为形容词生动形式。“X”是“了”、“Y”是“个”，前后两个“A”为同一形容词，后一个形容词“A”成为前一个“A”的补语。这一重叠形式口语色彩浓厚，所表达的语气也更强烈些。例如：

朔城区方言：红了个红哩、难了个难哩、花了个花哩、歪了个歪哩

山阴方言：尖了个尖、好了个好、冷了个冷、旧了个旧、灰了个灰坏透了

右玉方言：丑了个丑、慢了个慢、香了个香、短了个短、大了个大

（四）A里AB式

这一重叠形式的基式是AB，AB可以单说。这种形式多限于有贬义的形容词。例如：

朔城区方言：糊里糊涂、慌里慌张、小里小气

平鲁方言：邋里邋遢、啰里啰唆、土里土气

山阴方言：妖里妖气、流里流气、啰里啰唆

（五）AABB式

这一重叠形式的基式是AB，AB可以单说。重叠之后与AB的意义基本相同，但表达的程度要更强一些。如：

朔城区方言：展展豁豁、得得劲劲、普普通通、大大方方、清清利利

平鲁方言：平平安安、公公平平、稳稳当当、白白净净、方方正正

山阴方言：安安稳稳、清清楚楚、红红火火、整整齐齐、利利索索

应县方言：嘻嘻哈哈、打打闹闹、宽宽大大、懒懒散散、慢慢腾腾

右玉方言：哩哩乱乱说个不停，语无伦次、咬咬安安做事拖拉、黏黏糊糊、齐齐楚楚整齐

怀仁方言：干干净净、顺顺利利、老老实实、高高兴兴、热热闹闹

（六）ABAB式

这一重叠形式的基式是AB式，但所表示的意义比AB更强、程度更深，极具描写性。如右玉方言：

长片长片（的）	干瘦干瘦（的）	瘦高瘦高（的）
湿冷湿冷（的）	紫白紫白（的）	深红深红（的）

二、语法功能

朔州各方言点中，形容词重叠式在句中可做定语、谓语、宾语、补语、主语、状语。

（一）AA儿的/哩

各方言点在“AA儿”式后加“的/哩”，共同组成“AA儿的/哩”结构。这一结构在句中可以充当主语、谓语、宾语、定语、状语、补语。例如：

朔城区方言：

平平儿哩可好走哩。（做主语）

这枣儿脆脆儿哩，挺好吃。（做谓语）

他就好吃那辣辣儿哩。（做宾语）

空空儿哩房没人住。（做定语）

多多儿哩做上些儿，够吃好几天。（做状语）

给娃娃盖哩严严儿哩，这两天冷哩。（做补语）

平鲁方言：

高高儿的适合打篮球。（做主语）

那人馋馋儿的、懒懒儿的。（做谓语）
买啥也买那大大儿的。（做宾语）
好好儿的东西可不能扔。（做定语）
欢欢儿走，迟呀。（做状语）
把那面活得软软儿的。（做补语）
山阴方言：
花花儿的好看。（做主语）
这个褥子绵绵儿的，可好睡哩。（做谓语）
我爱见喜欢那个红红儿的。（做宾语）
齐齐儿的一摞书。（做定语）
给咱稠稠儿地舀上碗。（做状语）
那人看上去长得笨笨儿的。（做补语）
应县方言：
细细儿的正好。（做主语）
你悄悄儿的，别人都睡了。（做谓语）
我要那根粗粗儿的。（做宾语）
红红儿的花儿好看。（做定语）
顺顺儿地回去就行啦。（做状语）
把那土豆片炸得脆脆儿的。（做补语）
右玉方言：
好好儿的都让那女女弄坏啦。（做主语）
那孩子瘦瘦儿的。（做谓语）
他想要那个长长儿的。（做宾语）
满满儿的一杯水。（做定语）
好好儿走，跑啥哩！（状语）
把地扫得净净儿的。（补语）
怀仁方言：
软软儿的挺好吃。（做主语）
他好好儿的，咋也不咋。（做谓语）
我喜欢高高儿的。（做宾语）
我就好吃酸酸儿的醋。（做定语）
慢慢儿跑，操心碰着的。（做状语）
你把东西给咱捆得紧紧儿的。（补语）
（二）AXX（的/哩）
AXX（的/哩）重叠式在句中可作主语、谓语、宾语、定语、状语、补语。

例如：

朔城区方言：

匀溜溜哩搓好兰。（做主语）

家来黑洞洞哩，连电也没。（做谓语）

老人们就吃那软溜溜哩。（做宾语）

凉哇哇哩水少喝上点儿哇。（做定语）

热拉拉哩晒咾一天兰。（做状语）

囊$_{我}$看哩真令令哩，就是他。（做补语）

平鲁方言：

干巴巴的咬不动。（做主语）

今儿这糊糊稠乎乎的。（做谓语）

他就要那红丹丹的哩。（做宾语）

绿茵茵的菜看见挺新鲜。（做定语）

匀溜溜缝好兰。（做状语）

人儿那媳妇儿把那家打扫得亮堂堂的。（做补语）

山阴方言：

凉阴阴的正好。（做主语）

这个棉袄厚处处的。（做谓语）

我就住那展莹莹的。（做宾语）

粉嫩嫩的脸真吸人$_{漂亮}$哩。（做定语）

娃们齐刷刷地站了一不溜。（做状语）

这根棍子让他给削得顺溜溜的。（做补语）

应县方言：

油念念的可不好擦哩。（做主语）

炸薯片脆生生的。（做谓语）

我就好喝清令令的，可下火哩。（做宾语）

薄念念的纸，啥也不能做。（做定语）

他黑黢黢地就走啦。（做状语）

看那头梳得光旦旦的。（做补语）

右玉方言：

红菜菜的难看死啦。（做主语）

天蓝莹莹的。（做谓语）

我就不爱见那黄滥滥的。（做宾语）

红丹丹的果子真好看。（做定语）

紧绷绷地过日子哩。（做状语）

毛衣绍得灰处处的。（做补语）

怀仁方言：

脆生生的买上些儿哇！（做主语）

这豆儿硬嘣嘣的。（做谓语）

快甭要那贵哇哇的。（做宾语）

苦哇哇的药不想喝。（做定语）

净丹丹地坐那儿哇！（做状语）

今儿这水喝得甜莹莹的。（做补语）

（三）AXYA（哩）式

AXYA（哩）重叠式在句子中只能做谓语、补语。例如：

朔城区方言：

那娃笨了个笨哩，咋教也教不会。（做谓语）

这画挂哩歪了个歪哩。（做补语）

山阴方言：

那娃儿丑了个丑哩。（做谓语）

这铅笔削得尖了个尖。（做补语）

右玉方言：

那人可真灰了个灰哩这人人品太差。（做谓语）

这裤子穿上真是短了个短这裤子穿上很短。（做补语）

（四）A 里 AB 式

A 里 AB 式这一重叠形式的词条较少，在句中可以做主语、谓语、宾语、定语、状语、补语。朔城区、平鲁和山阴方言多有一致之处。仅以山阴方言为例：

土里土气的没人看。（做主语）

你小里小气的，谁和你打交道哩。（做谓语）

谁也不喜欢邋里邋遢的，你穿得精干些儿。（做宾语）

慌里慌张的性格多会儿改改呀。（做定语）

啰里啰唆地说了一天啦，您儿也不嫌麻烦。（做状语）

穿得流里流气的，那还有个学生样儿哩？（做补语）

（五）AABB 式

在句中可以做主语、谓语、宾语、定语、状语、补语。例如：

朔城区方言：

稳稳重重哩挺好。（做主语）

人家那女儿大大方方哩，我看个不赖。（做谓语）

咱就是个普普通通哩人家。（做宾语）

洋洋误误那性格得改改啦。（做定语）
得得劲劲哩睡上两天。（做状语）
那女人把家打扫哩清清利利哩。（做补语）
平鲁方言：
公公平平就行兰。（做主语）
今儿高高兴兴的。（做谓语）
人们都爱见那稳稳重重的。（做宾语）
干干净净的墙上有可大个脚印。（做定语）
平平安安回来就行。（做状语）
把话说得清清楚楚的！（做补语）
山阴方言：
哩哩啦啦的不干脆不利落没完了。（做主语）
你懒懒散散的，不能啥也不做哇？（做谓语）
我就怕那阴阴雾雾的做事拖拉，啥也做不成。（做宾语）
安安稳稳的工作谁不想要？（做定语）
高高兴兴去耍上一天，心情就可好些儿啦。（做状语）
你这做得洋洋误误的，这点儿营生多会儿能做完？（做补语）
应县方言：
打打闹闹的没一点儿正样。（做主语）
甭给咱在班嘻嘻哈哈，好好学习。（做谓语）
我就喜欢利利索索的。（做宾语）
宽宽大大的家，多好。（做定语）
你给咱认认真真地学。（做状语）
你给咱弄得排排场场的。（做补语）
右玉方言：
齐齐整整的多好看呢整整齐齐的很好看。（做主语）
那女女白白净净的，可吸人呢。（做谓语）
他最见不得你鬼鬼应应他不喜欢你鬼鬼祟祟。（做宾语）
机机明明的人谁人家跟这么做事哩聪明的人谁这样做事情呢？（做定语）
糊糊能能地过日子哩稀里糊弄着过日子呢。（做状语）
这孩子长得精精干干的，做啥的哩这孩子长得很精干，是干什么的？（做补语）
怀仁方言：
高高兴兴的多好哩。（做主语）
这人老老实实的，挺好。（做谓语）
买那结结实实的，能用住。（做宾语）

干干净净的家闹成个这啦。（做定语）

把这点儿营生顺顺利利地做完就行啦。（做状语）

事情办得热热闹闹的，大家都高兴。（做补语）

（六）ABAB 式

右玉方言中，这一重叠式只能做谓语、补语。例如：

那人黑干黑干的，我看有毛病啦那人又黑又瘦，我看他像是有病了。（做谓语）

这么多书背上死沉死沉的这么多书背上很沉。（做补语）

三、表义功能

（一）程度的加深

性质形容词重叠之后，它的语法意义相当于状态形容词，那么性质形容词与其重叠形式之间便呈现出一种量的级差。性质形容词重叠之后所具有的程度要比性质形容词所具有的程度更深一些，这也是二者在量的级差上的一种体现。朔州各方言点中，性质形容词重叠之后所表示的程度要比性质形容词的深。

（二）附加色彩浓厚

性质形容词重叠式具有浓厚的形象色彩。通过观察基式和重叠式，我们就可以发现，朔州各方言点中，大部分的重叠式所表示的附加色彩更浓厚一些、程度更深一些。例如：

朔城区方言：

红——红红儿哩——红丹丹哩——红了个红　　长——长长儿哩

利索——利利索索

山阴方言：

绵——绵绵儿的　　亮——亮莹莹的　　热——热了个热

洋误——洋洋误误

应县方言：

花——花生生的　　惯——惯惯儿的　　迷瞪——迷迷瞪瞪

右玉方言：

美——美滋滋　　乱——乱哄哄　　红火——红红火火

灰——灰了个灰　　漓拉——漓漓拉拉

上例中的基式本身各自含有褒义或贬义，如山阴方言中的“绵”含有褒义色彩、“洋误”含有贬义色彩。重叠之后，感情色彩没有太大变化，只是重叠式所表达的感情更为强烈些。

朔州部分方言点的重叠之后，由于重叠词缀的不同，会使所表达的感情色彩也不同。例如：

朔城区方言：

凉阴阴哩（褒义）——凉哇哇哩（贬义）

绿茵茵哩（褒义）——绿菜菜哩（贬义）

山阴方言：

厚处处的（褒义）——厚歪歪的（贬义）

热乎乎的（褒义）——热哇哇的（贬义）

应县方言：

白白儿的（褒义）——白挂挂的、白几几的（贬义）

蓝盈盈（褒义）——蓝旺旺的、蓝外外的（贬义）

亮堂堂的、亮映映的（褒义）——亮华华的（贬义）

右玉方言：

红丹丹（褒义）——红丢丢（中性）——红菜菜（贬义）

白白儿的（褒义）——白叉叉（贬义）

（三）描写性

形容词用来描写事物的性质，性质形容词重叠之后作用相当于状态形容词。朔州各方言点性质形容词重叠式在描写性上的表现各有不同。有的描述性较强些，有的描述性较弱些。如朔城区方言：AA 儿哩式的描述性较弱些，AXX 哩式的描述性较强些；右玉方言中 AXX 式的描写性较强。各方言点的 AXX 的（哩）式的后缀不同，可描写出不同的状态。如右玉方言：明晃晃、黑洞洞表示视觉状态，笑嘻嘻表示听觉状态，香喷喷、臭烘烘表示嗅觉状态等。

四、语音特征

朔州部分方言点单音节性质形容词重叠后，前字、后字会产生变调情况。例如：

山阴方言：

儿化并带“的”尾的叠字形容词，“的”读轻声。平声字前字变 31，后字变 52；上声字前字不变调，后字变 312（也可以变为轻声，自由变读）；去声字前字变 35，后字变 52；入声字前字不变调，后字变 52。例如：

白白儿的[$\text{pɛe}^{313/31}\text{pʌr}^{313/52}\text{tiəʔ}^{4/0}$]　　饱饱儿的[$\text{pɔo}^{52}\text{pʌr}^{52/312}\text{tiəʔ}^{4/0}$]

细细儿的[$\text{ɕi}^{335/35}\text{ɕiʌr}^{335/52}\text{tiəʔ}^{4/0}$]　　黑黑儿的[$\text{xəʔ}^{4}\text{xʌr}^{4/52}\text{tiəʔ}^{4/0}$]

“AXX 的”重叠式中，“A”“XX”读音都要发生变调，“的”读轻声。不管叠字的原调如何，当 A 是平声或入声时，叠字的前字都变为 13，后字都变为 21；当 A 是上声或去声时，叠字的前字都变为 32，后字都变为轻声。当 A 是上声或入声，本身不变调；当 A 是平声或去声，本身变调，平声要变为 31，去声要变为 35。例如：

干巴巴的[$\text{kæ}^{313/31}\text{pA}^{313/13}\text{pA}^{313/21}\text{tiəʔ}^{4/0}$]

黄茫茫的[$xuɒ^{313/31}mɒ^{313/13}mɒ^{313/21}tiəʔ^{4/0}$]
酸溜溜的[$suæ^{313/31}liəu^{313/13}liəu^{313/21}tiəʔ^{4/0}$]
冷清清的[$lə̃^{52}tɕhiə̃^{313/32}tɕhiə̃^{313/0}tiəʔ^{4/0}$]
粉嫩嫩的[$fə̃^{52}nə̃^{335/32}nə̃^{335/0}tiəʔ^{4/0}$]
懒洋洋的[$læ^{52}iɒ^{313/32}iɒ^{313/0}tiəʔ^{4/0}$]
汗津津的[$xæ^{335/35}tɕiə̃^{313/32}tɕiə̃^{313/0}tiəʔ^{4/0}$]
笑嘻嘻的[$ɕiɔo^{335/35}ɕi^{313/32}ɕi^{313/0}tiəʔ^{4/0}$]
慢腾腾的[$mæ^{335/35}thə̃^{313/32}thə̃^{313/0}tiəʔ^{4/0}$]
黑压压的[$xəʔ^{4}iᴀ^{335/13}iᴀ^{335/21}tiəʔ^{4/0}$]
绿茵茵的[$lyəʔ^{4}iə̃^{313/13}iə̃^{313/21}tiəʔ^{4/0}$]
黑油油的[$xəʔ^{4}iəu^{313/13}iəu^{313/21}tiəʔ^{4/0}$]

右玉方言：

单音节形容词重叠时，如果前字是上声字，重叠的后字变读同阳平调。例如：

好好儿[$xɐo^{53}xar^{53/212}$]　　满满儿[$mæ^{53}mar^{53/212}$]

入声字重叠如果是强调式，后字重读，变成阳平调。例如：

秃秃儿[$thuəʔ^{44}thuar^{44/212}$]　　黑黑儿[$xəʔ^{44}xar^{44/212}$]

如果前字不是上声，重叠的后字变读同上声。例如：

酸酸儿[$suæ^{31}suar^{31/53}$]　　白白儿[$pɛe^{212}pɛe^{212/53}$]
慢慢儿[$mæ^{24}mar^{24/53}$]

第四节　副词重叠式

朔州各方言点中，副词的重叠形式远没有名词、动词和形容词的丰富，因此，副词的重叠形式比较简单。

一、重叠形式

朔州各方言点中副词重叠形式共有 AA 儿式、ABB（儿）式、AABB 式三种。其中 AA 儿式这一重叠形式使用的范围最广、使用频率最高，其他重叠形式零星地分布在朔州各方言点。部分 AA 儿式在朔州各方言点所表示的意义差别不大。

（一）AA 儿式

这一重叠形式的基式是 A，重叠之后与基式 A 的词性或意义不完全相同。例如：

朔城区方言：

将将儿　　亥亥儿　　欢欢儿

平鲁方言：

将将儿　　款款儿正好

山阴方言：

款款儿正好　　可可儿正好　　险险儿几乎，差点儿

应县方言：

将将儿　　慢慢儿　　慌慌儿

右玉方言：

稳稳儿　　款款儿　　明明儿　　活活儿　　整整儿

怀仁方言：

将将儿　　亥亥儿

朔州各方言点中，有时基式A为形容词，如上例应县方言中的“慢”和右玉方言中的“稳”，重叠之后为副词；有时基式A为动词，如上例右玉方言中的“活”，重叠之后为副词。除此之外，“AA儿式”还有无基式的情况，如平鲁、山阴和右玉方言中的“款款儿”中“款”不能单说，是不成词语素。

（二）ABB（儿）式

右玉方言中，这一重叠式表达说话人强调的语气。例如：

正好好　　有些些　　差些些儿　　最边边儿

（三）AABB式

这一重叠形式的基式是AB，AB可以单说，AB多为双音节形容词或副词。例如：

朔城区方言

实实在在　　确确实实　　多多少少

右玉方言

凑凑乎乎　　将将就就　　陆陆续续　　拉拉溜溜陆续

二、语法功能

（一）在句中修饰形容词和动词，做状语。例如：

朔城区方言：

白白儿浪费咾一上午哩时间。

你欢欢儿走上俩步，你爸爸还在那朵儿那儿等哩哩。

平鲁方言：

他将将儿还在这儿哩！

你亥亥儿把我车给挡阵兰。

山阴方言：

走路看的，险险儿撞车上。

你款款儿坐我书上了。

应县方言：

他将将儿给我打的电话。

你慌慌儿过来。

右玉方言：

你慢慢儿跑，不要跌倒。

你悄悄儿说给他，不敢让他妈听见。

怀仁方言：

我将将儿给了他十块钱。

我亥亥儿拾掇完，你又给扯了一地纸。

（二）在对话中，个别表示时间的副词可以单独出现在句子中，朔州各方言点都有这一语法功能。仅以右玉方言为例：

——他多会儿来的？

——将将儿。

三、表义功能

（一）程度上的差别

“A”与“AA 儿”所强调的程度不同，“AA 儿”强调的程度要比“A”的更强一些。例如：

山阴方言：

你亥拿他看的那本书哩。

你亥亥儿拿他看的那本书哩。

右玉方言：

你真笨哩。

你真真儿笨哩。

你欢些儿哇你快点儿吧。

你欢欢儿的哇。

通过对山阴方言和右玉方言中例子的比较，我们可以看出，山阴方言中的“亥亥儿”要比“亥”所表达的语气和程度更强烈一些，右玉方言中“真真儿”和“欢欢儿”要比“真”和“欢”所表达的语气和程度更强烈一些。

（二）强调时间的短暂性和动作的轻微性

部分 AA 儿式在句子中可表示时间的短暂性及动作的轻微性。例如：

山阴方言：

你将将儿回来，又去哪去呀？

他把碗款款儿放下又睡去啦。

右玉方言：

慢慢儿跑。

你款款儿把孩子放下。

山阴方言中的“将将儿”表示时间的短暂，即刚回来，又要出去。“款款儿”表示动作很轻很缓。右玉方言中“慢慢儿”不仅表达动作更加慢，而且还有当心、小心之意。“款款儿”在这里就是轻轻的意思，动作要轻。

（三）与基式意义上的差别

副词重叠式中，基式重叠之后词性发生了变化，由动词或形容词变为副词，因此，有基式的与其重叠式所表达的意义有所不同。如右玉方言：

你慢慢儿把它抬起来。

不要拿啦，肯定够够儿的啦。

右玉方言中“慢慢儿”表示动作的轻微，并不表示速度慢；“够够儿”表示要超出“某一范围”，并不表示达到“某一范围”。

（四）口语色彩浓厚

副词重叠式虽然数量上较少，但方言口语色彩较浓，在句中出现的位置相对自由一些。例如：

山阴方言：

叫你欢欢儿的，你看看人家都卖完了，不知道磨蹭啥哩。

你多多少少说给我点儿，我给咱有个心理准备。

他将将儿才进门，你又倒叫上他出去呀。

右玉方言：

他多多少少一个儿也有两个哩哇，还能都跟人拿俩他自己手头多少应该有几个钱吧，怎么能都跟别人借呢。

我将将儿来的。

四、语音特征

朔州各方言点中，副词重叠形式的语音特征不完全一致。如：右玉方言中，单音节副词跟动词一样，不管是哪一种声调，重叠的后字一律读成轻声。山阴方言中，单音节副词重叠变调与形容词重叠变调一致。

第五节 量词重叠式

朔州方言点中的量词重叠形式较多，结构形式多样，语法功能复杂。

一、重叠形式

总括朔州各方言点量词重叠形式有AA式、一A一A式、XAA（儿）式、一圪AA式、一圪A一圪A式共五种形式。其中AA式、一A一A式和XAA（儿）式这三种方式在朔州各方言点都有分布。

（一）AA式

AA式的基式为A，A是名词、量词。有的词重叠之后，词性不变，仍是量词。有的词重叠之后，词性发生了变化，变为副词。例如：

朔城区方言：

天天　　頓頓　　次次　　回回

平鲁方言：

回回　　趟趟

山阴方言：

回回　　次次　　遍遍

右玉方言：

趟趟　　回回　　月月　　年年　　顿顿

怀仁方言：

天天　　遍遍　　回回　　顿顿

（二）一A一A式

一A一A式的基式为一A式。如果是物量词时，用来强调个体；如果是动量词，用来强调动作的重复性。例如：

朔城区方言：

一家一家　　一年一年　　一本一本　　一遍一遍　　一次一次

平鲁方言：

一尺一尺　　一寸一寸

山阴方言：

一箱一箱　　一碗一碗　　一缸一缸　　一次一次　　一趟一趟

右玉方言：

一堆一堆　　一滴一滴　　一口一口　　一回一回　　一下一下

怀仁方言：

一个一个　　一口一口　　一趟一趟　　一次一次

（三）XAA（儿）式

这一重叠形式中，A为单音节量词或名词，X为数词，可以是实指“一、二、三……”，也可以是虚指“几”。但朔州大多数方言点中，“X”多为实指“一”。例如：

朔城区方言：

一缸缸（儿）　一袋袋（儿）　一兜兜（儿）　一盆盆（儿）

平鲁方言：

一块块　一篇篇　一段段　一对对　一页页

山阴方言：

一杯杯（儿）　一碗碗（儿）　一篮篮（儿）　一车车（儿）

应县方言：

一股股儿　一缸缸儿　一箱箱儿　一筐筐儿

一勺勺儿

右玉方言：

一瓣瓣　一家家　一根根　一棵棵　一袋袋

怀仁方言：

一桌桌（儿）　一碗碗（儿）　一盒盒（儿）　一盘盘（儿）

右玉方言中，“X”可以是实指，也可以是虚指。例如：

一瓣瓣——两瓣瓣　一棵棵——三棵棵

一家家——三家家　一摆摆——几摆摆

一行行——几行行　一道道——几道道

（四）一圪AA式

在第四章内容中，“圪”词缀可以构成量词，构成量词之后还可以重叠，重叠为“一圪AA”式。如右玉方言：

一圪截截　一圪堆堆　一圪瘩瘩　一圪卷卷

一圪蛋蛋　一圪团团　一圪嘟嘟　一圪绺绺

（五）一圪A一圪A式

这一重叠形式由“圪”词缀所构成的量词与数词“一”组合之后重叠构成的。这里的“A”是物量词，不能是动量词。例如：

平鲁方言：

一圪截一圪截　一圪绺一圪绺

一圪撮一圪撮　一圪嘟一圪嘟

山阴方言：

一圪节一圪节　一圪嘟一圪嘟　一圪梁一圪梁

右玉方言：

一圪截一圪截　一圪堆一圪堆

一圪瘩一圪瘩　一圪嘟一圪嘟

二、语法功能

（一）AA式

AA 式量词重叠式在句中可做主语和状语。例如：

朔城区方言：

次次考第一名。（做主语）

遍遍去也有个说上哩哩。（做状语）

平鲁方言：

天天要的也不回家。（做主语）

他次次去城来就给我捎些儿东西。（做状语）

山阴方言：

年年放十来天假。（做主语）

她回回一放假就去她奶奶家啦。（做状语）

右玉方言：

顿顿吃肉，腻得不行啦每顿饭都吃肉，太腻了。（做主语）

他回回往错走他每次都走错。（做状语）

怀仁方言：

天天没事儿干，就是打游戏啦。（做主语）

回回去学校也是他爸爸送他哩。（做状语）

（二）一 A 一 A 式

重叠之后为名量词时，一 A 一 A 式在句中可以做主语、谓语、定语；重叠之后为动量词时，一 A 一 A 式在句中可以做状语和补语。例如：

朔城区方言：

一个一个都是那好样儿哩。（做主语）

喝顿间酒咾一斤一斤哩，少喝上点儿哇。（做谓语）

一箱一箱的书连个放哩地方也没。（做定语）

一回一回搬哇，一次也拿不咾这些些。（做状语）

他把布铰哩一条一条哩。（做补语）

平鲁方言：

一尺一尺量来来，肯定没错。（做主语）

他吃面一根一根哩，真细哩。（做谓语）

一车一车东西往进拉哩。（做定语）

一家一家通知哇。（做状语）

他把纸整理得一张一张的，整整齐齐放起来兰。（做补语）

山阴方言：

一笔一笔画的，可认真哩。（做主语）

记笔记一条一条的，要不你一个儿自己也不知道写的啥。（做谓语）

这一堆一堆的衣裳都是你的。（做定语）

你一口一口吃，甭噎住哩。（做状语）
我把话给他说得一条一条的，他啥话也说不将来啦。（做补语）
右玉方言：
排好队，两个两个的走排好队，两个一组。（做主语）
那人说话一套一套的。（做谓语）
那儿摆得一摞一摞的书。（做定语）
我一回一回去和他要，他就是不给。（做状语）
这女女咋把书扯得一圪瘩一圪瘩的啦这孩子怎么把书撕得一块儿一块儿了？（做补语）
怀仁方言：
一套一套卖哩，不单卖。（做主语）
他买啥也一袋一袋的。（做谓语）
一盆一盆的花儿摆那儿，真好看哩。（做定语）
你一车一车往回拉哇。（做状语）
墙上让她画得一道一道的。（做补语）
（三）XAA（儿）式
XAA（儿）式在句中可做主语、宾语和定语。例如：
朔城区方言：
一行行半天写不完。（做主语）
我就买咾这一钵钵。（做宾语）
一堆堆土堆那来那儿也没人管。（做定语）
平鲁方言：
一点点也不吃。（做主语）
你给我也捎上一包包。（做宾语）
一碗碗肉够谁吃？（做定语）
山阴方言：
一桌桌儿都够吃啦。（做主语）
给我提溜上一袋袋儿。（做宾语）
我妈给我炸了一碟碟儿花生米。（做定语）
应县方言：
一勺勺儿给她哇。（做主语）
就有一箱箱儿，你拿上哇。（做宾语）
这儿有一碗碗儿水，你先喝哇！（做定语）
右玉方言：
才几摞摞就把你累成这啦才这么几摞就累成这样啊。（做主语）
快看完呀，就剩下几行行啦快看完了，就剩几行了。（做宾语）

一把把韭菜就花了这么多钱一把韭菜就花了这么多钱啊？（做定语）

怀仁方言：

一缸缸儿也搬不动。（做主语）

他就给留下这两瓶瓶儿。（做宾语）

你就吃这么小一碗碗儿面。（做定语）

（四）一圪AA式

右玉方言中，这一重叠形式在句中做主语、定语和补语。例如：

一圪截截肯定不够用一截肯定不够用。（做主语）

一圪瘩瘩饼饼我吃不饱一个饼子不够吃一块。（做定语）

这两人真能吃，豆腐吃得就剩下一圪瘩瘩啦这两人真能吃，豆腐吃得就剩下一小块了。（做补语）

（五）一圪A一圪A式

这一重叠形式在句中做主语、谓语、状语、定语和补语。例如：

平鲁方言：

一圪垯一圪垯堆那来那儿哇。（做主语）

铅笔一圪截一圪截的，不能用兰。（做谓语）

头发一圪撮一圪撮脱得快没呀。（做状语）

一圪嘟一圪嘟蒜摆那来那儿啦。（做定语）

那根木头叫他劈得一圪截一圪截的。（做补语）

山阴方言：

一圪堆一圪堆齐齐儿的。（做主语）

头发一圪绺一圪绺的啦，快洗洗去哇。（做谓语）

一圪梁一圪梁地种哇，种上点儿白萝卜。（做状语）

一圪堆一圪堆的土堆下一院。（做定语）

他把炭捣得一圪瘩一圪瘩的。（做补语）

右玉方言：

那一圪截一圪截是啥了？（做主语）

那路一圪塄一圪塄的，可不好走哩那路不平，很不好走。（做谓语）

一圪卷一圪卷地慢慢拿过来一卷卷地慢慢拿过来。（做状语）

一圪沓一圪沓钱看得我眼红的。（做定语）

把骨头剁成一圪截一圪截的哇。（做补语）

三、表义功能

朔州各方言点中量词重叠式的表义功能有以下三种情况。

（一）AA式表“每一”。如山阴方言：

你咋天天迟到？

我年年过年也得眊眊我爷爷哩。

（二）XAA（儿）式强调量少。如山阴方言：

一堆堆儿土　　一袋袋儿饼干　　一篮篮儿苹果

一碗碗儿肉　　一瓶瓶儿酒　　一箱箱儿书

右玉方言中，一圪AA式可表“少量”。例如：

你再拿上一圪绺绺，不了都坏了你再拿一小把吧，不然都坏了。

我看那一圪堆堆沙子不够使唤我觉得那一小堆沙子不够用。

“一圪绺绺”和基式“一圪绺”、“一圪堆堆”和基式“一圪堆”相比较而言都表示量少。

（三）一A一A、一圪A一圪A式表“逐一、连续、反复”。例如：

山阴方言：

一家一家地往过送哇。

一圪截一圪截慢慢削哇。

你一遍一遍地念，多念上回就记住啦。

右玉方言：

不着忙，咱们一家一家问。

你一圪截一圪截着弄，不要忙你一截一截弄，不要急。

四、语音特征

朔州各方言点语音特点比较简单。如右玉方言，单音节量词跟动词一样，不管是哪一种声调，重叠的后字一律读成轻声。又如山阴方言，单音节量词重叠的连读音变与名词重叠的连读音变一致。

第三部分 语法篇

第六章

代词

朔州各方言点代词包括人称代词、指示代词和疑问代词。本章重点描写朔州各方言点的人称代词、指示代词和疑问代词的语音表现形式，概括朔州各方言点人称代词、指示代词和疑问代词的表义特征和语法功能，并分析朔州各方言点人称代词、指示代词和疑问代词的一些特殊用法。

第一节 人称代词

朔州各方言点的人称代词包括三身代词和其他代词。三身代词包括第一人称、第二人称、第三人称，三身代词又可以分为单数和复数。其他代词包括反身代词、别称代词和统称代词等。本节结合朔州各方言点人称代词语音表现形式、表义特征和语法功能、人称代词的主要特点来全面描写其基本面貌。

一、第一人称代词

（一）第一人称代词单数

朔州各方言点中第一人称单数为“我”，各方言点中“我”均有两个不同的语音形式。见表 6-1。

表 6-1

	我	
朔城区方言	$və^{312}$	$vəʔ^{35}$
平鲁方言	$uə^{213}$	$uəʔ^{34}$
山阴方言	$uə^{52}$	$uəʔ^{4}$
应县方言	$vɤ^{54}$	$vəʔ^{43}$
右玉方言	vo^{53}	$vəʔ^{44}$
怀仁方言	$vɤ^{53}$	$vəʔ^{4}$

朔州各方言点第一人称代词单数均有两个读音形式，一个读作舒声，一个读作入声。二者与第一人称单数的语法功能有关。

（1）朔州各方言点第一人称代词单数“我”读作舒声时，在句中主要做主语、宾语，基本用法和普通话一致。做定语时，定语与中心语之间必须加结构助词“的/哩”。如朔城区方言：

我今儿不去学校啦！（主语）

我哩书包给烂啦。（定语）

你把东西给咾我哇！（宾语）

（2）“我”读作入声时，只做定语，用来修饰限制家庭亲属称谓词之前。如山阴方言：

我爷爷今年九十三啦。

我妈去哪儿啦。

我女儿还小的哩。

“我”还可以重叠使用，用在亲属名词前表领属。重叠为“我我”，前字读作舒声，后字读作入声。重叠之后，不用“的/哩”来表示领属，因此，重叠形式主要出现在定语位置上，一般不出现在主语和宾语的位置上。如右玉方言：

我我大大我父亲也好下棋。

我我妈我妈没念过书。

（二）第一人称代词复数

朔州各方言点的第一人称代词复数有排除式和包括式两种，见表 6-2。

表 6-2

	第一人称代词复数	
	排除式	包括式
朔城区方言	囊［nɑ̃³¹²］	咱［tsɑ̃³¹²］
平鲁方言	囊［nɒ²¹³］	咱［tsɒ²¹³］
山阴方言	伍［uᴀ⁵²］/伍们［uᴀ⁵²məʔ⁰］	咱们［tsæ⁵²məʔ⁰］/［tsᴀ⁵²məʔ⁰］
应县方言	俺们［nɛ̃⁵⁴məŋ³¹］	咱们［tsɛ̃⁵⁴məŋ³¹］
右玉方言	我们［vo⁵³məʔ⁴⁴］	咱［tsa²¹²］/咱们［tsa²¹²məʔ⁴⁴］
怀仁方言	我们［vɤ⁵³məʔ⁰］	咱们［tsəʔ⁴məʔ⁰］

1.第一人称代词复数排除式

（1）语法功能

朔州各方言点第一人称代词复数排除式可以做主语、定语和宾语。做定语时，各方言点中有的需加“的/哩”，有的不需加“的/哩”。

朔城区方言中，“曩”后面接具体性名词时，一般要加结构助词“哩”。如：曩哩房、曩哩书。“曩”修饰表示单位、组织、职称、职务、社会关系等意义的词时，一般不加结构助词“哩”。如：曩学校、曩老师、曩校长、曩村。朔州其他方言点与朔城区方言在这两点上是一致的。

朔城区方言中，“曩”不能直接修饰亲属称谓名词，需要与第一人称单数“我”[vəʔ^{35}]连用，共同修饰。如：曩我姐。而其他方言点有不同的表现：右玉方言中，“我们”做定语时在一定语用环境中可以代替“我”做领格，用于亲属称谓前时，中间不加结构助词“的”，相当于“我的”。如：我们女子$_{我女儿}$、我们女婿$_{我女婿}$。山阴方言第一人称复数排除式的用法与右玉方言的基本相同。

在朔州各方言点中，根据不同的语境，第一人称代词复数排除式大多既可以表示单数意义，也可以表示复数意义。如山阴方言：“那是佤语文老师”中的“佤语文老师”，既可以理解为“我的语文老师”，也可以理解为“我们的语文老师”。

（2）语用意义

第一人称复数排除式在朔州各方言点中多表示第一人称复数，也可表示单数。表单数时，这一代词多含有撒娇、亲热、请求、强调等意味，年轻女性及小孩儿较多使用。如山阴方言：

佤就想躺的哩，哪也不想去。

佤的裙子就是从这儿买的。

他给佤买了个包包儿。

上例中的“佤”可以替换为“我[uə^{52}]”。替换之后，二者的语法功能不变，但无法表达出原句所附有的各种意味。如：上句“佤就想躺的哩……”中的“佤”换成“我”，句子不仅无法表达出原有的撒娇等意味，甚至很有可能还会表达出一种生气的口气来。

2.第一人称代词复数包括式

朔州各方言点中的第一人称代词复数包括式大致相同，朔城区和平鲁方言多用“咱”，山阴、应县和怀仁方言多用“咱们”，右玉方言用“咱”“咱们”。

（1）语法功能

朔州各方言点第一人称代词复数包括式和其他人称代词的用法基本保持一致，在句中可以做主语、定语和宾语。做定语时后边一般要加结构助词“的/哩”，而用在表示单位、组织、职称、职务等词前，一般不带定语标记“的/哩”，如朔城区方言：咱哩笔、咱村。“咱/咱们”通常情况下后面不出现亲属称谓名词。如不说“咱爸爸”。

（2）语用意义

“咱/咱们”在朔州各方言点中多表示复数，也可以表单数。在朔城区方言中，“咱”用作第一人称单数代词时，常常带有夸耀和嘲讽等意味，使人在情感上更亲近。如：

咱跟人儿没法儿比。（嘲讽）

咱这单位可好哩。（夸耀）

在右玉方言中，“咱”常用在对自己的境况不满意时，“咱”可以代替“我”。如：

咱这好说，说你们哇。

咱这人不讲究，吃啥也能。

二、第二人称代词

（一）第二人称代词单数

朔州各方言点中第二人称单数为“你”，各方言点中“你”的读音形式见下表。

表 6-3

	你
朔城区方言	ni^{312}
平鲁方言	ni^{213}
山阴方言	ni^{52}
应县方言	ni^{54}
右玉方言	ni^{53}
怀仁方言	ni^{53}

说明：表中所列不包括“你”在各方言点中的变音。

作为第二人称代词单数，在句中做主语、宾语和定语。其中做主语和宾语时，“你”的用法与普通话基本保持一致。做定语时，朔州各方言点中，“你”出现在表亲属称谓名词前时，都不需要加结构助词“的/哩”。“你”做亲属称谓名词的定语时读音也有所变化，以朔城区、应县和右玉方言为例，这三个方言点中，“你”做亲属称谓名词的定语时常常变读为[$niəʔ^{35}$]、[$niəʔ^{43}$]和[$niəʔ^{44}$]。

“你”用在亲属名词前表领属时，在朔州各方言点中经常重叠使用。重叠使用时，其后不再跟结构助词“的/哩”。如：

朔城区方言：

你你二舅一天在家做啥哩？

你你妈年轻那会儿可吸人漂亮哩。

应县方言：

你你姨姨出去旅游去啦！

你你姥姥那会儿可会种花哩！

右玉方言：

你你妈念过书没？

你你爷爷那会儿可能受哩你爷爷以前很能干活儿。

（二）第二人称代词复数

朔州各方言点第二人称代词复数的表现形式见表 6-4。

表 6-4

	第二人称代词复数
朔城区方言	纽[niəu^{312}]
平鲁方言	纽[niəu^{213}]
山阴方言	纽[niəu^{52}]/纽们[niəu^{52}məʔ^{0}]
应县方言	你们[ni^{54}məŋ^{31}]
右玉方言	你们[ni^{53}məʔ^{44}]
怀仁方言	你们[ni^{53}məʔ^{0}]

朔州各方言点第二人称代词复数的语法功能与第一人称代词复数的语法功能基本一致，都可做主语、宾语和定语。做定语时，用于亲属称谓的名词或表单位、组织、职称、职务等名词前表领属，中间不加结构助词“的/哩”。而且根据不同的语境，各方言点中的第二人称代词复数既可以表示单数意义，也可以表示复数意义。如右玉方言：你们老师、你们小子你儿子。

（三）第二人称代词敬称

朔州各方言点中，第二人称代词的单数和复数都有敬称形式。见表 6-5。

表 6-5

	第二人称代词敬称形式	
	单数	复数
朔城区方言	您儿[niər^{312}]	您儿们[niər^{312}məʔ^{35}]
平鲁方言	你老[ni$^{213/31}$lɔ$^{213/312}$] 您儿[niər^{213}] 您[niɒ^{213}]	您儿们[niər^{213}məɯ^{0}]
山阴方言	您儿[niʌr^{313}] 您儿老儿[niʌr^{313}lʌr^{0}]	您儿们[niʌr^{313}mə̃^{52}] 您儿老儿们[niʌr^{313}lʌr^{52}məʔ^{4}]

应县方言	您儿［niɐr^{43}］	您儿们［niɐr^{43}məʔ^{0}］
右玉方言	您［niɛ^{212}］	您们［niɛ^{212}məʔ^{44}］
怀仁方言	您儿［niər^{312}］	您儿们［niər^{312}məʔ^{0}］

朔州各方言点中，第二人称代词无论是单数敬称还是复数敬称在句中做主语、宾语和定语。如山阴方言：

您儿等上会儿，我立刻儿送您儿去。（做主语、宾语）

您儿们相跟上去哪去呀？（做主语）

我给您儿们往过送哇。（做宾语）

您儿老儿就在家坐的哇，我给出去买哇。（做主语）

我给您儿老儿把报纸放桌子上啦。（做宾语）

您儿的菜忘拿啦。（做定语）

您儿老儿的东西佤$_{我们}$可不敢动。（做定语）

朔州各方言点中，晚辈对长辈当面讲话，一般必须用敬称，否则就会被认为是不礼貌。同辈之间，除了几种特殊关系，如儿女亲家、姐姐姐夫、妹妹妹夫及配偶的兄弟姐妹等，不用敬称。

山阴方言的“你”还有一个敬称程度较低的词“阁人”［kᴀʔ^{4}ʐə̃^{313}］。当长辈年龄比晚辈年龄小的时候，晚辈不好意思、不能或不愿意称“您儿”时，可以称长辈为“阁人”。

三、第三人称代词

（一）第三人称代词单数

在不同的句法位置上，朔州各方言点中第三人称代词单数的读音有所不同。见表 6-6。

表 6-6

	第三人称代词单数	
朔城区方言	他/她［thᴀ^{312}］	他/她［thəʔ^{35}］
平鲁方言	他/她［thɑ^{213}］	他/她［thəʔ^{34}］
山阴方言	他/她［thᴀ^{313}］	他/她［thəʔ^{4}］
应县方言	他/她［tha^{43}］	他/她［thəʔ^{43}］
右玉方言	他/她［tha^{31}］	他/她［thəʔ^{44}］
怀仁方言	他/她［tha^{42}］	他/她［thəʔ^{4}］

朔州各方言点中，“他/她”在句中均可做主语、宾语和定语，做主语、

宾语和定语时，“他/她”有不同的语音形式。

（1）做主语，大多数方言点“他/她”均读作舒声，右玉方言“他/她”既可以读作舒声，又可以读作入声。读音不同，所表达的语气也有所不同。如：他倒补了两年了。“他”读作舒声时，这表明说话人只是陈述“他已经复读了两年”的事实；“他”读作入声时，全句的意思就发生了变化，就是说“他已经复读两年了，还没有考上”，说话人对此表示不满或轻视。山阴方言中“他/她”做主语时也会读作入声，如：你说他，他也不听。

（2）做宾语时，右玉方言中，“他/她”一般都读入声，不管是动词宾语还是介词宾语。例如：

管他的哩，咱们先吃哇。

我不待理他。

你去说给她哇。

山阴方言中“他/她”大多读作舒声。例如：

我把自行车借给他啦。

我不想和他说话。

但有时也会读作入声。例如：

给他买上点儿东西就行啦。

那点儿个孩子，你打她做啥哩！

怀仁方言“他/她”偶尔也读作入声。例如：

我就给他十块钱。

我吃了他一口饼子，哭上没完啦。

这三个方言点中，“他”做宾语读作入声时，常常表示说话人对“他/她”忽视、不关心的语气。

（3）作定语时，朔州各方言点中“他/她”的用法与“我”“你”是一致的，即出现在亲属称谓名词或表单位、组织、职称、职务等名词前表领属时，中间不需加结构助词“的/哩”，“他/她”读作入声。例如：

朔城区方言：

他爸是我同事。

他叔叔身体不太好。

山阴方言：

他妈是佤们$_{我们}$学校老师。

她弟弟还可小的哩。

右玉方言：

他姐姐和我同学哩。

她大大$_{爸爸}$和我一个单位哩。

如果出现在其他词前时，“他/她”读作舒声，而且中间必须加结构助词“的/哩”。例如：

他哩电动车快没电兰。（朔城区方言）

我把他的书给放桌子上啦。（山阴方言）

他的学杂费还没交哩。（右玉方言）

（4）第三人称代词单数“他/她”可以重叠使用，放在亲属称谓名词之前，表领属。山阴方言中，第一个“他/她”读作[thᴀ³¹³]、第二个“他/她”读作[thəʔ⁴]。如：

他他爷爷是个老红军。

她她二姨出远门儿了，不知道啥时候回来哩！

（二）第三人称代词复数

朔州各方言点中，第三人称代词复数形式丰富多样。见表 6-7。

表 6-7

	第三人称代词复数
朔城区方言	倘[thɑ̃³¹²]
平鲁方言	倘[thɒ²¹³]
山阴方言	他们/她们[thᴀ³¹³/³¹mɑ̃⁵²]、[thəʔ⁴məʔ⁰]
应县方言	他们/她们[tha⁴³məŋ³¹]、[thəʔ⁴³məʔ⁰]
右玉方言	他们/她们[tha³¹məʔ⁴⁴]、[thəʔ⁴⁴məʔ⁴⁴]
怀仁方言	他们/她们[tha⁴²məʔ⁰]、[thəʔ⁴məʔ⁰]

朔州各方言点中，第三人称代词复数形式相当于普通话的“他们”，但可根据不同的语境，既可以指单数，也可以指复数。第三人称复数形式在句中可做主语、定语和宾语，而各方言点表现各不相同：

（1）朔城区和平鲁方言中的“倘”后面一般不出现亲属称谓的词。如不说倘爸，而是说他[thəʔ³⁵]爸/他[thəʔ³⁴]爸。而其他方言点中“他们/她们”后面可以跟亲属称谓名词或其他表单位、组织、职称、职务等名词前，但中间不加结构助词“的”。如右玉方言：他们三子他三儿子、她们媳妇儿她儿媳妇。

（2）因为受第三人称代词单数形式的影响，应县、右玉和怀仁方言中“他们/她们”在做主语和宾语时有不同的音变情况，与“他”读音形式基本保持一致，不同的读音可以表达不同的语气。如右玉方言：

他们来俩不他们来不来？

上例中“他们”如果读作[tha³¹məʔ⁴⁴]，表明说话人只是询问“他们是否来”这一事实；如果读作[thəʔ⁴⁴məʔ⁴⁴]，表示说话人对“他们是否来”并不十分关心或根本就不欢迎“他们来”。

（3）山阴方言中，“他[thəʔ^{4}]”既可以表单数，也可以表示复数，还含有不满、轻蔑等感情色彩。例如：

他今儿个才回来？

你管她做啥哩？

——那两人咋没来？

——他没寻上车子。

上例中“他今儿个才回来”中，“他”如果读作[thᴀ^{313}]，只简单地叙述了他今天才回来这一事实，可是如果读作[thəʔ^{4}]，意思是“他早该回来了，可是直到今天才回来”，含有不满的感情。“你管她做啥哩”中，“她”如果读作[thᴀ^{313}]，意思是说：“她用不着你去管”，可是读作[thəʔ^{4}]，意思是说：“她那种人你管也没用”，含有轻蔑的感情。“他没寻上车子”中，用了“他[thəʔ^{4}]”，意思是说：“那两人没本事（或者不团结人），连个车子也找不上，怎么能来呢”，含有轻蔑的感情。可是如果“他[thəʔ^{4}]”换成“他们”，只简单地回答了他们没来的原因。

（三）第三人称代词敬称（见表 6-8）

表 6-8

	第三人称代词敬称形式	
	单数	复数
朔城区方言	他儿[thər^{312}]	他儿们[thər^{312}məʔ^{35}]
平鲁方言	他老[thɑ$^{213/31}$lɔ$^{213/43}$] 他儿[thər^{213}]	——
山阴方言	他儿[thʌr^{313}] 他老儿[thᴀ^{313}lʌr^{0}]	他儿们[thʌr^{313}məʔ^{0}] 他老儿们[thᴀ^{313}lʌr^{0}məʔ^{0}]
应县方言	他您儿[tha^{43}niɐr^{43}]	他您儿们[tha^{43}niɐr^{43}məʔ^{0}]
右玉方言	他老[tha^{31}ləʔ^{44}]	他老们[tha^{31}ləʔ^{44}məʔ^{44}]
怀仁方言	他儿[thər^{42}]	他儿们[thər^{42}məŋ^{0}]

朔州各方言点中，第三人称代词敬称的用法与第二人称代词敬称的用法基本一致。第三人称代词敬称为背称，即晚辈对别人谈起自己的长辈，一般要用到第三人称代词敬称，不过要求不那么严格，可以用，也可以不用。其中，平鲁方言第三人称代词的敬称只有单数形式。

四、其他人称代词

（一）反身代词

朔州各方言点中大多都有“各人”和“一个儿”这两个反身代词，相当于普通话的“自己”“自个儿”，与“别人”相对。与人称代词搭配使用，用来复指前面出现的人称代词或指人名词和有生名词，大多充当主语的同位语。但各方言点中“各人”和“一个儿”在用法上有同有异。

相同之处：在句中做主语、宾语和定语。如：

朔城区方言：

各人管好各人。（第一个“各人”做主语，第二个“各人”做宾语）

各人哩东西都收拾好兰哇？（做定语）

山阴方言：

各人安顿住就出来哇。（做主语）

各人那点儿东西老也收揽不住。（做定语）

管好各人就行了，管尔别人的哩。（做宾语）

“各人”与“一个儿”可表示“遍指”，指某个范围内的每个个体；或表示“特指”，指某个具体的听话人。如山阴方言：

你一个儿去哇！（特指）

各人看住各人的东西，上车呀，甭让小偷偷了哩。（遍指）

右玉方言中的“一个儿”除了可以复指人及其他有生命的物外，还可以复指无生命的物，例如：

有病那就得看哩，不看一个儿好不了有病就得治呢，不治的话病自己好不了。

不同之处：朔城区、平鲁和应县方言中，“各人”和“一个儿”只与单数人称代词“我、你、他”搭配使用，不与复数人称代词搭配使用。而山阴和右玉方言中，既可与单数人称代词搭配使用，也可与复数人称代词搭配使用。例如：

朔城区方言：

想吃咾我各人做哇。

你各人能做咾不？

他各人哩院来种咾好几棵枣树。

山阴方言：

叫他们各人拿主意哇。

我各人啥也不会。

右玉方言：

你一个儿想买啥买点儿啥哇。

你们一个儿想好，不要后悔。

“各人”和“一个儿”的基本用法相同，两者大多可以互换。但“各人”

更强调所复指的代词本人，而“一个儿”强调数量上是一个人。如朔城区方言：

这是你各人写哩？（强调本人）

你一个儿全搬完啦？（强调数量）

（二）他称代词

朔州各方言点中，“人家”是使用频率最高的他称代词。“人家”一般指说话人和听话人以外的第三者，相当于普通话中的“他”或“他们”。“人家”的基本用法与普通话的大致相同。如山阴方言：

人家都走啦，我去哪寻去哩？

你问问人家去不哇，佤我无所谓。

人家的东西你甭动。

应县方言中，“人家”表示他称时，更侧重于强调他人的态度。例如：

人家都不去了，你去做啥？

上例中陈述了“人家都不去”的事实，强调了他人的态度，对“你去”提出了质疑。

山阴和右玉方言中“人家”可以加“们”来表示复数。例如：

山阴方言：

人家们都走了，咱也走哇。

我看人家们没想好哩，等想好了咱们再来哇。

右玉方言：

人家们都哄我的哩。

你咋不看人家们咋学哩？

（三）统称代词

朔城区和山阴方言中的“众人”相当于普通话的“大家”“大伙儿”“大家伙”。在句中做主语、定语和宾语。例如：

朔城区方言：

众人干完快回哇。（做主语）

众人哩工资都领兰没？（做定语）

你问问众人还有买哩没啦？（做宾语）

山阴方言：

众人一齐动手一刻儿就完了。（做主语）

众人的事商量商量再说哇。（做定语）

你问问众人还有谁去哩。（做宾语）

五、一个特殊的代词“尔”

山阴和应县方言中，“尔”通常多用来表示第三人称单数，也可以表示第三人称复数，还可以后附“们”构成第三人称复数。如山阴方言：

尔先走啦，没等我的。

尔吃了饭回家啦。

尔是好学生，咱没法儿和人家比。

尔东东和丽丽吃完饭上学去啦，这个还没起哩。

尔们要去啦，咱就在家哇。

尔们早就约定下啦。

尔们跑得快，我断追不住。

山阴方言“尔”还可以构成“尔娃/尔娃儿”、应县方言构成“尔娃”来表示第三人称单数。“尔娃/尔娃儿”附有亲切、心疼等感情色彩。例如：

山阴方言：

尔娃儿开了一天车，乏得跌倒头就睡着啦。

尔娃难活不舒服哩，你快少说上点儿哇。

尔娃可好学呀，也没考住个大学。

应县方言：

尔娃辛辛苦苦挣两个钱全叫小偷偷走啦。

尔娃受工作了一辈子，一天福也没享过。

“尔”在山阴方言中还可以指代其他人称，在不同的语境中，“尔”在山阴方言中还可以表第一人称，多用于少年儿童口语，含有俏皮、亲热、强调自己等意味。例如：

尔想去姥姥家哩哇。

你耍哇，尔回家做作业去呀。

“尔”在应县方言中可以用来表示任何人称。例如：

——你看我做啥哩？

——尔看外头哩。

这迟啦，你甭走啦，尔不放心。

上例中的“尔”都表示第一人称“我”。

听说尔老人买上电脑啦，时髦哩哇。

看看尔这一身，俏刷的。

上例中的“尔”都表示第二人称“你”，特别是第一句“尔老人”有戏谑、开玩笑的含义。

尔们家买上楼啦。

上例中的“尔们”指的就是“他”。

六、朔州各方言点人称代词的主要特点

与普通话相比，朔州各方言点人称代词整体呈现出以下四个特点：

（一）人称代词形式多样化

普通话中的人称代词单复数只有“我/我们（咱们）”“你/你们”“他/他们”，而朔州各方言点中的人称代词的单复数形式比较多样化，特别是单数形式，各方言点中单数形式都至少有两个读音，通过内部曲折变化可以分辨代词在句子中的语法功能。

（二）人称代词复数的构成方式复杂

朔州各方言点中人称代词复数的构成方式比较复杂。朔州各方言点，特别是山阴、应县、右玉和怀仁这 4 个方言点综合运用了附加式和合音式这两种构成方式来构成人称代词复数。如山阴方言单数第一人称是“我[uə^{52}]”，复数是“佤[uᴀ^{52}]”，[uᴀ]是[uə+tɕia]的合音。又如怀仁方言第一人称复数“我们”、右玉方言第二人称复数的“你们”、应县第三人称复数的“他们”，部分方言点的敬称也是通过附加“们”构成的。

（三）人称代词可以同时表示单数或复数

朔州各方言点中部分人称代词可以同时兼表单数或复数。如山阴方言中的第一人称代词“佤”和第二人称代词“纽”大多表示复数，但也可以表示单数，表示单数时，还含有俏皮、亲热、自负等意味。而且一般多用于女性中青少年口语。又如朔城区方言中，复数人称代词用于称谓名词前做定语时，既可以表示单数意义，也可表示复数意义。“囊班主任”，根据具体的语境，“囊”可以理解为“我”，也可以理解为“我们”。

（四）第二人称和第三人称的单数和复数都有敬称形式

普通话中只有“您”这一个表示第二人称代词的敬称形式，当表示复数的时候，一般不说“您们”，而说“您几位”。但是在朔州各方言点中，第二人称和第三人称的单数和复数大多都有敬称形式，有的方言点中还不止一种。

第二节 指示代词

朔州各方言点指示代词有两个特点。一是指示代词两分，只有近指和远指两种。二是指示代词变读较多，在不同的语言环境下用不同的语音形式来表示其意义。

一、指示代词两分

朔州各方言点的指示代词分为近指和远指，用于指称人、物、时间、处所、方式、性状、程度和数量。近指用代词“这”，远指用代词“那”。有的可以单独使用，有的要与其他词或语素搭配使用。

二、指示代词的变读

（一）朔州各方言点每个指示代词都有好几种读音，有的多达 6 种。这种变读主要是通过变韵、变调的方式体现出来的。

朔城区方言：

这$_{1}$[tsɿ^{53}]、这$_{2}$[tsɔo^{312}]、这$_{3}$[tʂəʔ^{35}]、这$_{4}$[tsəu^{312}]、这$_{5}$[tsəu^{53}]

那$_{1}$[nɛi^{53}]、那$_{2}$[nɔo^{312}]、那$_{3}$[nəʔ^{35}]、那$_{4}$[nəu^{312}]、那$_{5}$[nəu^{53}]

平鲁方言：

这$_{1}$[tsəʔ^{34}]、这$_{2}$[tsɿ^{52}]、这$_{3}$[tsɒ^{213}]、这$_{4}$[tsəu^{213}]、这$_{5}$[tsəu^{52}]

那$_{1}$[nəʔ^{34}]、那$_{2}$[nɛi^{52}]、那$_{3}$[nɒ^{213}]、那$_{4}$[nəu^{213}]、那$_{5}$[nəu^{52}]

山阴方言：

这$_{1}$[tʂɒ^{313}]、这$_{2}$[tʂəʔ^{4}]、这$_{3}$[tʂʅ^{335}]、这$_{4}$[tʂəu^{313}]、这$_{5}$[tʂəu^{52}]

那$_{1}$[nɒ^{313}]、那$_{2}$[nəʔ^{4}]、那$_{3}$[nɛe^{335}]、那$_{4}$[nəu^{313}]、那$_{5}$[nəu^{52}]、那$_{6}$[nᴀ^{313}]

应县方言：

这$_{1}$[tsəʔ^{43}]、这$_{2}$[tsəu^{54}]、这$_{3}$[tsɿ^{24}]、这$_{4}$[tsəu^{24}]、这$_{5}$[tsaŋ^{54}]

那$_{1}$[nəʔ^{43}]、那$_{2}$[nəu^{54}]、那$_{3}$[nɛi^{24}]、那$_{4}$[nəu^{24}]、那$_{5}$[naŋ^{54}]

右玉方言：

这$_{1}$[tʂəʔ^{44}]、这$_{2}$[tʂʅ^{24}]

那$_{1}$[nəʔ^{44}]、那$_{2}$[nɛe^{24}]

怀仁方言：

这$_{1}$[tsɿ^{24}]、这$_{2}$[tsəʔ^{4}]

那$_{1}$[nɛe^{24}]、那$_{2}$[nəʔ^{4}]

（二）朔州各方言点中，不同的语音形式表达不同的意义，具有不同的语法功能。

1.表人、物的指示代词

（1）朔城区方言中，“这$_{1}$”“那$_{1}$”可以用来指称人或物，但要和量词或数量短语结合来修饰名词，在句中做定语。如：这$_{1}$双鞋从哪来买哩？/那$_{1}$几个人去太原啦？

朔城区方言中“这$_{2}$”“那$_{2}$”可以单独使用，常用于判断句中指人或物。指物时，相当于普通话的“这一个/那一个”“这/那+量词”。“这$_{2}$”可以做主语和宾语，做主语时，既可以指人，也可以指物，做宾语只能指物。“那$_{2}$”只能做主语，可以指人，也可以指物。如：

——这$_{2}$是谁哩手机？（做主语，指物）

——那$_{2}$是我哩手机。（做主语，指物）

那$_{2}$是我妹。（做主语，指人）

我还是买这$_2$哇。（做宾语，指物）

“这$_2$”和“那$_2$”也可以直接修饰名词，指特定的人或事物，还附有一定的感情色彩。在句中做定语，但不能直接修饰量词或数量短语，修饰量词或数量短语时用“这$_1$”“那$_1$”。例如：

就这$_2$西瓜还抢哩买哩。（指物，不值得珍惜）

这$_2$娃可不听话哩。（指人，不喜欢）

那$_2$杯子不耐用。（指物，令人不满）

那$_2$人心眼可坏哩。（指人，轻蔑）

这$_3$和那$_3$可以单独使用，也可以与数量短语结合使用。单独使用时，在句中做主语和宾语，做主语时，既可以指人，也可以指物，做宾语只能指事物。与数量短语结合使用时，其使用频率较低。例如：

这$_1$是我哩铅笔，那$_3$是你哩。（做主语）

我不要那$_3$。（做宾语）

（2）平鲁方言中，“这$_1$”与“那$_1$”、“这$_2$”与“那$_2$”、“这$_3$”与“那$_3$”成对使用，可以单独使用，也可以放在数量短语前构成指量短语，可以指称人，也可以指称物。例如：

这$_1$是我爸。

我的是蓝的，那$_1$是你的。

这$_2$是我从城来拿回来的。

我要那$_2$个大的。

这$_3$人不行，他给你做不成。

那$_3$娃可灰$_{坏}$哩。

（3）山阴方言中，“这$_1$”和“那$_1$”可单独使用，也可和“人”“货”搭配使用。单独使用时，多用来指称物，多用于对举。与“人”“货”搭配使用时，多用来指称人。例如：

这$_1$是你的碗，那$_1$是我的。

这$_1$人/货啥样儿的啦。

那$_1$货/人人品不咋底个$_{不太好}$。

“这$_2$”和“那$_2$”具有普通话的“这”“那”的全部句法功能，用来指人或物。例如：

这$_2$是黄大爷的老人$_{老伴儿}$。

这$_2$几个人是做啥的啦？

那$_2$是咱家隔壁儿$_{邻居}$。

那$_2$家伙不是个啥好东西。

“这$_2$”和“那$_2$”放在数量结构前面，还可以表示“这样的”“那样的”

意义。例如：

这$_2$两本书我也不想看。

那$_2$五个也不够我用。

“这$_3$”“那$_3$”一般要与量词及数量短语结合使用，用来指代人或事物。例如：

这$_3$双鞋有点儿小啦。

这$_3$个旧的就甭要啦。

那$_3$个是我才买回来的。

那$_3$沓沓纸你拿上画画去哇。

“这$_2$”和“那$_2$”与“些”构成“这$_2$些”和“那$_2$些”，放在名词、代词、名词性短语前做定语，指示两个以上的人或事物。“这$_3$些”、“那$_3$些”可以放在名词、代词、名词性词组前面做定语，也可以单独做主语、宾语、指代两个以上的人或事物。例如：

这$_{2、3}$些人是哪子$_{哪儿}$的？

把那$_{2、3}$些烂的搁在一边儿哇。

这$_3$些书是给你买的，那$_3$些书是给他买的。

我不要这$_3$些了。

那$_3$些人都是我的学生。

上例中“这$_2$些”“那$_2$些”不能对举，“这$_3$些”“那$_3$些”能对举。

（4）应县方言中，“这$_1$”和“那$_1$”可单用，也可以跟量词、名词连用，用来指人或指物。例如：

这$_1$是俺们同学。

这$_1$是我的书。

这$_1$点点面够谁吃？

那$_1$是我姨姨，和我妈长得可像哩。

那$_1$是他的笔。

那$_1$些些菜都叫他一个儿吃啦！

“这$_3$”和“那$_3$”一般不能单用，多数情况下与量词、名词连用，可以指人，也可以指物。例如：

这$_3$个灰鬼那咋才来？

这$_3$本书是我买的。

那$_3$个家伙等的哩，你赶紧过去哇。

你用那$_3$个锅做哇。

“这$_5$”“那$_5$”使用频率较低，一般只能单独使用，相当于一个名词，与普通话的“这些东西”“那些东西”接近。

（5）右玉方言中，“这”、“那”可以单用，做句子的主语、宾语。做主语时，可以指人，也可以指物，做宾语时只能指事物；也可以直接修饰名词。单独使用时为“这 $_1$”“那 $_1$”。例如：

这是我们英语老师。

那是村子的老支书。

这就挺好，还要个啥哩。

那倒是真的。

你吃这哩不？

我没说过那话。

“这”“那”也可以和量词、数量短语组合成短语。这种用法中的“这”“那”都有两读，读作“这 $_1$”“那 $_1$”表示一般的指代、比较，读作“这 $_2$”“那 $_2$”则有强调作用。例如：

这个袄儿上衣好看。

你认不认得那个人？

这种瓜甜。

那三块地齐都是他们家的。

这两根黄瓜老啦。

（6）怀仁方言中，“这 $_1$”“那 $_1$”通常和量词组合，多用来指物，可用来对举。例如：

我要这 $_1$ 个，不要那 $_1$ 个。

我看过这 $_1$ 部电影啦。

你说给他那 $_1$ 件事啦没？

“这 $_2$”、“那 $_2$”可以单独使用，也可以和量词组合，可以指人，也可以指物。例如：

这 $_2$ 是谁的？

那 $_2$ 是我舅舅写的诗。

这 $_2$ 家伙可会说哩。

那 $_2$ 个卖药的是个骗子。

2.表时间指示代词

朔州各方言点中，朔城区方言的“这 $_1$ 会儿/那 $_3$ 会儿”、平鲁方言的“这（那）$_{1、2}$ 会儿”、山阴方言的“这（那）$_{2、3}$ 会儿”、应县方言的“这（那）$_{1、3}$ 会儿”、右玉及怀仁方言的“这（那）会儿”使用频率最高，相当于普通话中的“这（那）会儿”“这（那）时候”等，可以表时间点，但多表示时间段。例如：

朔城区方言：

这$_{1}$会儿比那$_{3}$会儿哩生活条件强多啦。

这$_{1}$会儿娃们可精哩。

我想这$_{1}$会儿去哩。

山阴方言：

这$_{2、3}$会儿啦说啥风凉话哩。

你倒忘了你那$_{2、3}$会儿吃不开饭的时候啦。

这$_{2、3}$会儿的人们好活幸福的。

我那$_{2、3}$会儿还去过我姥姥村哩。

右玉方言：

村里头这会儿也不吃莜面啦，净吃白面哩。

这房明年这会儿就起盖起来了。

这会儿了还不回来都这么晚了还不回来。

你那会儿是个做啥的，迟了。

此外，朔城区方言表时间的指示代词还有“这$_{1}$（那$_{1}$）阵”“这$_{1}$阵阵/那$_{1、3}$阵阵”，与右玉方言的“这/那阵阵”用法相同，用来表示时间点，不能表示时间段。例如：

朔城区方言：

这$_{1}$阵阵几点兰？

那$_{1}$阵阵我出哩打咾个电话。

右玉方言：

这阵阵好哩，那阵阵疼得厉害。

他那阵阵还在这儿哩。

朔城区方言表时间的指示代词还有“这$_{1}$会儿间”、“那$_{3}$会儿间”，与山阴方言的“这$_{2、3}$（那$_{2、3}$）会儿间”用法一致，在句中多做状语，或者加“都”放在动词后面。例如：

朔城区方言：

他去咾学校都那$_{3}$会儿间兰。

这$_{1}$会儿间兰，老王咋还不来？

山阴方言：

你咋这$_{2、3}$会儿间了才回来？

他回来都那$_{2、3}$会儿间了。

山阴方言表时间的指示代词还有这$_{3}$（那$_{3}$）参，与右玉方言的“这（那）参”用法基本相同，一般用来表示时间点，不表示时间段。如山阴方言：

这$_{3}$参啦才吃饭呀。

那$_{3}$参我雇了个人给送过去啦。

3.表处所指示代词

朔州各方言点中，表处所的指示代词有较高的一致性。朔城区方言的“这$_{1}$圪朵儿（面儿/忽栏）/那$_{1}$圪朵儿（面儿/忽栏）”、平鲁方言的“这$_{1、2}$面（忽栏）/那$_{1、2}$面（忽栏）”、山阴方言“这$_{2}$圪朵儿/那$_{2}$圪朵儿”“这$_{3}$面儿/那$_{3}$面儿”、应县方言的“这$_{1、3}$面（忽栏）/那$_{1、3}$面（忽栏）”和右玉及怀仁方言的“这圪朵儿（面儿/忽栏儿）/那圪朵儿（面儿/忽栏儿）”使用频率较高，分别相当于普通话的“这里”“那里”。其中各方言点中“这（那）忽栏/这（那）圪朵儿”多指具体的位置，所指代的范围不大。例如：

朔城区方言：

囊家住这$_{1}$面儿，他家住那$_{1}$面儿。

这$_{1}$忽栏$_{\text{这一片儿}}$有啥哩？

你把车子放这$_{1}$圪朵儿。

山阴方言：

我这$_{2、3}$圪朵儿疼哩。

平车就放在那$_{2、3}$圪朵儿哇。

我在政府这$_{3}$面儿等你的。

你去马路那$_{3}$面儿看看有没？

右玉方言：

这忽栏（儿）有水哩，你擦擦再坐。

边墙这面儿是右玉，那面儿就是内蒙了。

朔城区方言“这$_{2、3}$/那$_{2、3}$来”和平鲁方言“这$_{1、2}$来/那$_{1、2}$来”相当于普通话中的“这儿”“那儿”。如朔城区方言：

那$_{3}$来哩豆腐好吃。

这$_{2}$来有个卖饼子哩哩。

其他方言点的“这儿”“那儿”与普通话基本一致。例如：

山阴方言：

这儿放的我的书。

你把碗就放那儿哇，不用你洗。

右玉方言：

这儿有人没？

迎那儿走可近哩。

怀仁方言：

火车站就在这儿哩。

你去那儿买去哇，那儿的便宜。

4.表方式指示代词

朔州各方言点中，朔城区方言的“这$_2$样儿/那$_2$样儿”、山阴方言的“这$_1$样儿/那$_1$样儿”、应县方言的“这$_1$/那$_1$样儿”是最常用的，相当于普通话的“这样、那样”，在句中可以做主语、谓语、宾语和状语。除此之外，朔城区方言还有“这$_1$/那$_1$样儿间”、“这$_5$/那$_5$”；山阴方言有“这$_{4、5}$/那$_{4、5}$”、右玉方言有“这$_1$/那$_1$的”，怀仁方言有“这$_1$/那$_1$个样儿”等。例如：

朔城区方言：

她咋这$_2$样儿哩？

她咋打扮成个那$_2$样儿间，真难看哩。

你要是朝这$_5$问，他肯定不说给你。

你要朝那$_5$哩害，我啥也不给你买你要还那样不听话，我什么也不给你买！

平鲁方言：

就这$_3$样儿的哇！

你照阵住他那$_3$样儿写！

山阴方言：

你这$_1$样的，我就不和你耍啦！

我那$_1$样的不是为你。

噢，原来是这$_{4、5}$回事。

朝你那$_{4、5}$的就全好？

应县方言：

你咋做成这$_1$样儿的啦？

她就那$_1$样儿的，可不要脸哩。

右玉方言：

这$_1$的就比那的快多了。

那$_1$的也行倒是。

这个事就那$_1$的办哇！

这$_1$的做这辈子也做不完。

怀仁方言：

你这$_2$个样儿做不对。

你甭那$_2$个样儿说话。

5.表性状指示代词

朔州各方言点中，部分方言点中表方式的指示代词与表性状的指示代词相同。部分方言点中，除了与表性状相同的指示代词以外，还有不同的表性状的指示代词。右玉方言中“这$_1$些/那$_1$些”和“这$_1$号/那$_1$号”、山阴方言中“这$_{2、3}$些/那$_{2、3}$些”等都可用来表示性状，相当于普通话的“这种、那种”，在句中主要做定语。

山阴方言：

你这$_{2、3}$些人，我不想和你说话。

那$_{2、3}$些人，你和他打啥交道哩。

右玉方言：

这些人就不能理他。

谁管你这些事情哩！

这号人都是些要钱鬼。

那号事人家也能做出来。

6.表程度指示代词

朔州各方言点中，朔城区方言的“这$_{4、5}$/那$_{4、5}$”和“这$_{5}$么儿/那$_{5}$么儿”、平鲁方言中的“这$_{4、5}$/那$_{4、5}$”、山阴方言的“这$_{4、5}$/那$_{4、5}$”、应县方言的“这$_{2、4}$/那$_{2、4}$”、右玉方言的“这$_{1}$么/那$_{1}$么”、怀仁方言的“这$_{2}$么/那$_{2}$么”分别表示程度的深浅，相当于普通话的“这么”、“那么”，在句中做状语。其中朔城区方言中的“这$_{5}$么儿/那$_{5}$么儿”用来修饰构成两级对立的反义形容词中表示度量高的形容词，如：高、胖、长等，来表示度量低的意义。例如：

朔城区方言：

那$_{4、5}$拔凉哩水洗头不好。

你咋这$_{4、5}$不听话哩？

他咋长那$_{5}$么儿高他怎么长得那么低？

这$_{5}$么儿大（年龄这么小）个娃娃，都敢开车啦。

平鲁方言：

他的西瓜咋那$_{4、5}$大哩？

你咋买了这$_{4、5}$多毛巾？

山阴方言：

两个月没见，孩子长这$_{4、5}$大啦。

你咋去了那$_{4、5}$长时间？

应县方言：

你家离单位这$_{2、4}$近。

那$_{2、4}$胖啦还吃哩。

右玉方言：

这$_{1}$么多人！

那$_{1}$么远哩，我可不去啦。

怀仁方言：

那$_{2}$么远，甭去啦。

这$_{2}$么多我一个儿拿回来的。

7.表数量指示代词

朔州各方言点中表示数量指示代词常常由指示代词与“点儿/点点”“些/些儿/些些”结合构成，可以放在名词、代词、名词性词组前面做定语，也可以单独做主语、宾语，指代人或事物的数量。“这/那（么）点儿/点点/些儿”表示的数量少，相当于普通话的“这么点儿、那么点儿”。指物时，常含有不满、嫌弃的色彩，指人时随着语境发生变化，含有喜爱的色彩，有时含有厌恶的色彩。相对来说，“些些”表示的数量多，相当于普通话的“这么多”，含有满足、羡慕的色彩。其中怀仁方言表数量多时常常使用“这么多”。例如：

朔城区方言：

这$_{1、4、5}$点儿铁哪有一百斤哩？

你书那$_{4、5}$些些，才借给我这$_{1}$些儿。

这$_{4、5}$些钱还不够你用？

平鲁方言：

这$_{1、2、4}$点儿营生我一阵阵就做完兰。

那$_{1、2、4}$些些书我看不完。

山阴方言：

人家做了那$_{4、5}$些好事，从来也没说过。

这$_{4、5}$些人，你挤也挤不进去。

这$_{2、3}$些儿谷子你拿回去哇。

那$_{3}$些儿菜籽儿比这$_{3}$些儿强。

这$_{4、5}$点儿砖不够用。

买啥也买那$_{4、5}$点儿。

应县方言：

这$_{1、2、3}$些些人没地方去。

就剩那$_{1、2、3}$点儿钱啦。

右玉方言：

就这$_{1}$点儿作业？

那$_{1}$点儿个孩子啥也会给她妈做。

你看做上这$_{2}$些咋底个你看做这么多饭够不够？

那$_{2}$些人哩，多做上点儿哇那么多人呢，多做点儿吧。

怀仁方言：

这$_{2}$么点儿菜不够吃。

这$_{2}$么多人往哪放哩？

三、朔州各方言点指示代词的主要特点

1.指示代词中存在内部屈折现象

内部屈折是词形变化的一种，指用词内部词根中的语音变换方式构成语法形式的一种手段。朔州各方言点中，指示代词不同语言环境中指代不同的意义，经常是通过内部曲折的方式来完成的，即多采用改变韵母及声调的办法来完成。从其语音形式可以看出，朔城区、平鲁、山阴和应县这 4 个方言点的屈折形式较多，特别是山阴方言，“那”有六种不同的读音，“那$_6$么”用来表示“既然那样为什么”的意思。如：那$_6$么他那$_{2、3}$会儿不去？

2.指示代词中指代数量形式多

指代数量是指示代词的一项重要语法功能。朔城区、平鲁、山阴和应县 4 个方言点中表示数量的指示代词比较复杂一些。如朔城区方言：“这$_{4、5}$/那$_{4、5}$”与表数量的“些或点”的重叠或儿化形式来表示。“这$_{4、5}$/那$_{4、5}$些些”表示数量特别多，“这$_{4、5}$/那$_{4、5}$些儿”“这$_{4、5}$/那$_{4、5}$点儿”表示数量特别少。这一现象在其他 3 个点中也有所体现。

3.处所指示代词分类细致

普通话的处所指示代词按近指和远指分为“这儿”“那儿”。朔州各方言点的处所指示代词还可以根据范围的大小不同采用不同的说法。如朔城区方言：这$_{2、3}$来可表示处所，还有这$_1$忽兰/圪朵儿表示更小更确切的范围。

4.指示代词的虚指和任指

朔州各方言点的指示代词有虚指和任指两种用法。如朔城区方言：

那$_3$我走呀。（虚指）

你这$_2$也不要，那$_2$也不要，要啥呀？（任指）

第三节 疑问代词

一、朔州各方言点疑问代词类别

朔州各方言点中，疑问代词主要包含以下六种，下面对这六种疑问代词及其语法功能分别进行论述。

1.问人

朔州各方言点中，问人的疑问代词主要有“谁”“谁们”，还有朔城区方言“谁们家”和右玉方言“谁家”等，和普通话中的疑问代词“谁”用法相同，可以指一个人，也可以指不只一个人，在句中做主语、宾语和定语。其中“谁们”并不是“谁”的复数形式。在一定的语境中，“谁”和“谁们”可以互换。“谁们”的语气更为柔和婉转一些。例如：

朔城区方言：

谁说话哩？

这是谁们家哩书？

你将将儿和谁出哩兰？

平鲁方言：

这是谁把碗给打兰？

谁们的书没拿？

山阴方言：

谁敲门哩？

谁们在咱家哩？

应县方言：

谁去北京哩？

那孩子是谁们家的？

右玉方言：

你们俩个儿谁大？

这个事儿谁也不知道。

谁们和我一起去哩？

怀仁方言：

这是谁说的？

谁们将将儿说我哩？

2.问物

朔州各方言点中，问物的代词多为“啥”。其意义和用法相当于普通话的“什么”，在句中可以做主语、宾语和定语。做主语和宾语时，指物不指人；做定语时，可以修饰指物的名词，也可以修饰指人的名词。例如：

朔城区方言：

啥掉啦？

你好吃啥？

你想买啥颜色哩笔哩？

平鲁方言：

你跑啥哩？

啥好东西啦，不叫人看。

这是啥质量兰？

山阴方言：

那是卖啥哩？

妈说啥你听的就行啦。

你这是看啥书哩？

应县方言：

这是个啥好东西？让我看看哇。

你说啥哩？再说一遍。

右玉方言：

你把啥给搜扔了？

啥事情把你愁成个这？

啥也不知道就甭瞎说。

怀仁方言：

你唱啥哩？

咱们用啥车拉那点儿东西呀？

你买上啥书啦？

在大多数方言点中，“啥”与“人”结合成“啥人”表疑问，主要用来询问某种关系或被问人的身份、地位或状貌等。例如：

朔城区方言：

她是你啥人哩？

那是个啥人？

山阴方言：

他是啥人，你一个儿还不知道。

我是啥人啦，我还能说出那话哩。

3.问处所

朔州各方言点中，出现最多的有关询问处所的疑问代词是“哪”。表处所的指示代词中的“这”或“那”大多可以由“哪”替换，也可以构成表示处所的疑问代词。山阴和右玉方言中还有“哪了”这一特殊的疑问代词。例如：

朔城区方言：

哪来补票哩？

你往哪睡呀？

哪头儿哩房子多？

到区政府，从哪忽栏走哩？

平鲁方言：

哪来的苹果好吃？

这是哪来兰？

哪有卖臭豆腐的哩？

山阴方言：

你去哪去呀？

你这儿哪有厕所哩？

你走到哪了啦？

应县方言：

你把衣服放在哪啦？

你说的那个地方在哪忽栏哩？

右玉方言：

你老家是哪的？

今儿去哪了吃呀？

你把遥控器放的哪忽栏啦？

怀仁方言：

教育局在哪哩？

你把车停的哪啦？

4.问时间

朔州各方言点中，问时间的疑问代词主要是“多会儿”，相当于普通话中的“什么时候”，在句中，多用来做状语。山阴和右玉方言中问时间的疑问代词还有“几时”。例如：

朔城区方言：

我姐多会儿走哩？

你多会儿回呀？

平鲁方言：

你多会儿开学哩？

咱多会儿吃饭呀？

山阴方言：

您儿多会儿去检查去呀？

他老儿几时回的村啦？

应县方言：

你多会儿才能做完作业哩？

你多会儿来看我呀？

右玉方言：

你多会儿来的？

你几时能写完？

怀仁方言：

你多会儿回来的？

多会儿给我奶奶上坟呀？

5.问方式、状况

朔州各方言点中，问方式、情况的疑问代词主要有“咋/咋（的）”“咋底（个）/咋哩个”“咋样儿”等，相当于普通话中“怎么”“怎么样”，在句中多做谓语、状语、补语。其中应县方言较少使用“咋底（个）”，日常口语中多选择“咋样儿”。例如：

朔城区方言：

饼子咋这硬？

期末考试考哩咋哩个？

这个相机咋使唤哩？

平鲁方言：

今儿咋这冷？

饭做得咋的个兰？

你咋想起个请我吃饭？

山阴方言：

你觉意我这个裙子咋底个？

这道题咋做哩？

应县方言：

你看这双鞋咋样儿？

您儿的身体咋样儿啦？

右玉方言：

你咋做出来的？

你今儿咋（的）啦？

你看这个颜色咋底个？

怀仁方言：

这个字咋写哩？

你咋回来的？

6.问原因

朔州各方言点中，问原因的疑问代词主要有“为啥”“因为啥”“咋底”等，相当于普通话中的“为什么”“怎么回事”，在句中多做状语。其中右玉方言较多使用“咋底”。例如：

朔城区方言：

他为啥嚎哩？

你因为啥迟到兰？

平鲁方言：

你因为啥不上学？

为啥要听你的话哩？

山阴方言：

你为啥不让我说给他？

他为啥打你哩？

应县方言：

你为啥才来？

他为啥做这营生哩？

右玉方言：

这是咋底回事？

每人三苗是咋底个事情？

怀仁方言：

你为啥不去？

你们为啥住这么远？

二、朔州各方言点疑问代词的主要特点

1.构词特点

从构词形式上看，朔州各方言点的部分疑问代词由基式加相应的词或语素构成。如：“咋”作为一个基本形式，可以构成“咋哩个/咋底个”“咋底”；“啥”可以与“人”构成“啥人”；“谁”可以通过后附式词缀“们”构成“谁们”。

2.疑问代词的变通用法

朔州各方言点中的疑问代词有时可以不表示疑问，而是表示虚指、任指。表虚指时，大多数的疑问代词在句中用来指称说话人没法说、不知道或者没有必要说出来的人、事物、处所等内容。表任指时，大多数疑问代词在句中可以指称所涉及范围内的任何一个对象，没有例外。这时常常与“也”“都”搭配使用。以朔城区方言为例：

哪来也有卖哩哩。（虚指）

不知道谁把她打着兰。（虚指）

连个高中也考不上，还说啥上大学哩。（虚指）

谁也寻不见他。（任指）

那来他谁也认不哩。（任指）

从哪面儿走都挺远哩。（任指）

3.表处所的疑问代词和指示代词有对应关系

表处所的疑问代词和指示代词分别由疑问代词和指示代词与表处所的方位语素构成。朔州各方言点中都有表处所的指示代词这/那（圪）朵儿或这/那忽栏（儿），而在朔州各方言点中相应地表处所的疑问代词有哪（圪）朵儿或哪忽栏（儿）。从汉语的构词规律来看，其词语往往是自成系列的。因此，一个方言点中有表处所的指示代词，就相应地有表处所的疑问代词与之对应。

第七章

语气词

朔州各方言点的语气词比较丰富。这些语气词，有时是单独使用，有时是连用，在成句、表示时体功能及语气表达方面有很重要的作用。朔州各方言点中部分语气词用法和表现形式一致，但也有不同之处。

一、语气词单用

朔州各方言点中，单独使用的语气词较多，但具有很高的一致性。这些语气词大多出现在句尾，但可表示多种语气，有时还兼表体。下面分别对其进行描写和论述。

（一）哩

“哩”是朔州各方言点中使用得较多的一个语气词。“哩”置于句尾，相当于普通话中的“呢”。“哩”的具体用法如下。

1.“哩”表达陈述语气

“哩”不仅表示陈述语气，还兼有动态助词的作用。以平鲁、右玉和怀仁方言为例，如：

平鲁方言：

他叫我哩。

你得有成果哩。

右玉方言：

他的学杂费还没交哩。

我们小时候就断追上人家听书哩。

怀仁方言：

我上课哩。

他是我侄儿子侄子哩。

以上例句中的“哩”都表示陈述语气，除此之外，平鲁方言“他叫我哩”、怀仁方言“我上课哩”中的“哩”表示进行体，右玉方言“他的学杂费还没交哩”中的“哩”表示持续体。

2.“哩”表达疑问语气

“哩”可以出现在是非问句和特指问句中表达疑问语气。其中，出现在特指问句中，“哩”常常与疑问代词搭配使用。以朔城区、山阴和右玉方言为例。如：

朔城区方言：

你还不走哩？

你吃啥哩？

山阴方言：

就这点儿路，你还要坐车哩？

谁们打架哩？

右玉方言：

你妹子是不在呼市哩？

你说谁哩？

表疑问语气时，“哩”与“不”结合构成“哩不”，相当于普通话中动词的肯定与否定相叠形式。“哩”也可以省略不出现在句子中，句子的意思不发生变化。仍以朔城区、山阴和右玉方言为例。如：

朔城区方言：

这这么迟兰，你吃饭哩不？

这道题你会做哩不？

山阴方言：

他来哩不？

明儿个明天放假，你回哩不？

右玉方言：

你吃这哩不？

他走哩不？

3.“哩”表达感叹语气

“哩”常常紧跟在谓语中心语之后，谓语中心语多由形容词来充当，形容词谓语中心语还常常受到程度副词“可”“真”等和表程度的指示代词“这”等修饰。在句中，这些与“哩”配合使用，共同表达感叹语气。以朔城区、山阴和右玉方言为例，如：

朔城区方言：

他咋那那么窝囊哩！

倘他家离学校可远哩！

山阴方言：

那娃儿可老实哩！

这沉哩，你提溜哇。

右玉方言：

那一向前段时间鸡蛋可贵哩！

那么远哩，我可不去啦。

（二）呀

朔州各方言点中，“呀”可以表达陈述、疑问和感叹等语气，其中朔城区方言通过“哩呀”连用的方式可表疑问。

1.“呀”表达陈述语气

“呀”置于句末，可以表示陈述语气，还可以表示将来体，表示将来要发生的动作和行为。以平鲁、山阴和右玉方言为例，如：

平鲁方言：

我去学校呀。

我买菜去呀。

山阴方言：

我去食堂吃饭呀。

我和我妈上街去呀。

右玉方言：

他说立刻就走呀。

我去呼市去呀。

2.“呀”表示疑问语气

“呀”多置于句末，出现在是非问句和特指问句中，表示疑问。出现在特指问句时，“呀”常与疑问代词搭配使用。以朔城区、山阴和右玉方言为例，如：

朔城区方言：

今儿黑夜吃啥呀？

啥时候请我吃饭呀？

山阴方言：

明儿个是不是下雨呀？

多会儿放假呀？

右玉方言：

咋立地立刻就走呀？

你去哪儿去呀？

“呀”还可用于选择问句中，表达疑问语气。以朔城区和山阴方言为例，如：

朔城区方言：

你是买红哩呀，还是买绿哩呀？

你去呀，还是我去呀？

山阴方言：

咱吃火锅呀，还是吃炒菜呀？

你去图书馆写呀，还是在办公室写呀？

3.“呀”表示感叹语气

“呀”置于句尾，对已经、正在发生或将要发生的事情表示感叹，多表达不情愿或不满意的感叹语气。以朔城区、山阴和右玉方言为例，如：

朔城区方言：

这天气往死冻人呀！

又倒开学呀！

山阴方言：

赶紧的，迟到呀！

让妈骂你呀！

右玉方言：

咋底，紧点儿走呀，不再坐会儿了。

车紧点儿开呀。

（三）哇

朔州各方言点中，“哇”置于句尾，主要用来表达祈使语气。要求对方或禁止对方做某事，语气比较舒缓。“哇”置于把字句句末时，所表达的祈使语气更强烈些。以朔城区、右玉和怀仁方言为例，如：

朔城区方言：

进来哇！

你快学习哇！不磨蹭哇！

你把窗子开小些儿哇！看冻感冒哩。

右玉方言：

管他的哩，咱们先吃哇。

把它撂扔了哇。

就在这儿哇，不要走啦。

怀仁方言：

你再吃上碗哇！

先做作业哇！

你们把桌子抬出去哇！

（四）哂

右玉方言中，“哂”是“哩啊”的合音词，多用于是非问句和特指问句，用于特指问句时，常与疑问代词配合使用。例如：

您说啥哂？

咋？你还想打我两下哂？

你还在这儿等的哂你还在这儿等着呢？

“哂”可以与“不”结合，“哂不”多用于正反问句。例如：

他们来哂不？

“哂”还可用在“不是……哂”表示肯定语气，有解释或申明的意味，语气比较委婉。例如：

她们不是在玉林苑住的哂。

我不是想给那个谁毛永宽咱们那会儿那个支书写点儿东西哂。

（五）普通话“了”在朔州各方言点不同的表现形式和功能

1.兰[læ^{0}]

朔城区方言中，“兰”置于句尾，单独使用时，可表达陈述、祈使、感叹三种不同的语气。具体分析如下。

（1）表达陈述语气

“兰”表达陈述语气时，可以单独使用，也可以与动态助词搭配使用，表示新情况的出现。例如：

树叶儿绿兰。

作业写完兰。

那个楼盖起来兰。

那来那儿卖开货兰。

他去哪兰？

（2）表达祈使语气

“兰”多用于表示禁止的祈使句中，禁止对方做某事，表达祈使语气，语气比较强烈。例如：

甭说话兰。

你甭管他兰。

甭开电风扇兰，今儿这天气又不热。

甭睡兰，都几点兰。

甭费劲兰，你搬不动。

（3）表达感叹语气

“兰”表达感叹语气时，兼有动态助词和语气助词的作用，主要是对已发生的事实的陈述或对现状的描述。例如：

人们哩日子越过越好兰。

你娃娃孩子都这这么大兰。

你笨死兰。

他咋都不念书兰。

他快懒死兰，那些些衣裳堆那来那儿也不懂哩洗洗。

平鲁方言中也有语气词“兰”。“兰”置于句尾，兼有语气助词和动态助词的作用。“兰”为语气助词时，可表示陈述、疑问、祈使语气，其中表疑问语气时一般多用于特指问句和反复问句。“兰”为动态助词时，一般表示最新发生的事情。例如：

他嚎哭兰。

他分到学校兰。

你多大岁数兰？

到底放哪兰？

锅里还有饭没兰？

不要嚎哭兰。

2.啦

山阴、应县、右玉和怀仁方言中，“啦”的读音形式也不完全相同，山阴方言读作[lʌʔ⁰]，应县方言读作[la⁰]、右玉方言读作[laʔ⁴⁴]、怀仁方言读作[laʔ⁰]。

在这 4 个方言点中，“啦”大致相当于普通话的“了 $_2$”，置于句末，表示陈述、疑问、祈使和感叹语气。以下是对各方言点“啦”的具体分析。

（1）表达陈述语气

“啦”表陈述语气时，还可用来说明情况的变化，或新情况的产生，没有时间限制，可以指过去、现在和将来，常和动态助词“了”配合使用。例如：

山阴方言：

我吃了饭啦。

明年这条路就修通啦。

应县方言：

我啥也看不见啦。

你又上街啦。

右玉方言：

贾大爷开车来啦。

和你们在一搭一起我也觉意年轻啦。

怀仁方言：

他赶上车啦。

我一个儿慢慢儿走上回学校啦。

（2）表达祈使语气

“啦”表祈使语气时，多表示禁止、命令、请求、劝勉等语气。例如：

山阴方言：

甭洗衣裳啦，咱出去吃饭哇。

甭嚷架啦，两个儿好好耍。

应县方言：

甭去啦，赶紧回哇。

甭说啦，我不想听。

右玉方言：

快吃哇，不要气啦。

行啦行啦，快不说他哇！

怀仁方言：

甭出去啦！

甭开车啦！

（3）表达感叹语气

“啦”表达感叹语气时，多表达惊奇、气愤、赞叹等各种感情。例如：

山阴方言：

这回高兴啦！

灰死啦，你！

应县方言：

太好啦，我正想要哩。

这这么快就卖完啦。

右玉方言：

气死我啦！

看那跟心满意死啦！

怀仁方言：

这回我就放心啦！

他都给买好啦！

（4）表达疑问语气

山阴方言：

您儿买了啥啦？

您儿跑哪去啦？

应县方言：

到底搁哪啦？

锅里还有饭没啦？

右玉方言：

您去哪啦？

谁和你说啦？少寡！

怀仁方言：

你走哪啦？

你在哪买的啦？

二、语气词连用

朔州各方言点中语气词常可以两个连用。连用的两个语气词所表的语气没有完全融合，还保留了各自原有的语气，但第一个语气词所表达的语气较弱，第二个语气词所表达的语气较强一些。全句的语气表达大多落在第二个语气词上。下面重点选取了朔城区和右玉方言，对其语气词连用的现象进行了具体的分析，对出现在各方言点中相同的语气词连用进行比较。其他方言点有相同或类似的现象一并加以描写、论述。[①]

（一）哩哇

朔城区方言中，“哩”与“哇”结合使用，多用于是非问句。既可以表示有疑而问，也可以表示半信半疑和无疑而问。山阴、应县和右玉方言也有“哩哇”的连用现象，其用法及所表达的语气与朔城区方言基本一致。例如：

是哩哇？

你日瞎吹牛哩哇？

她后儿后天考试哩哇？

放假你回家哩哇？

这电视剧好看哩哇？

这女儿姑娘顺眼哩哇？

（二）哩兰

朔城区方言中，“哩”与“兰”结合，“哩兰”可出现在是非问句或特指问句中。表示对过去发生的事情的询问，表达疑问语气。出现在特指问句时，“哩兰”常常与疑问代词搭配使用。例如：

你那天做啥哩兰？

他和你借啥哩兰？

他去哪哩兰？咋不在家？

你上高中时候在哪念哩兰？

[①]（一）至（四）为朔城区方言连用语气词；（五）至（十）为右玉方言连用语气词。

你家搬哪哩兰？

（三）兰么

“兰么”置于句末，相当于普通话中“了吗”的连用。“兰”相当于普通话中的“了”，兼有表示语气助词和动态助词的作用。“么”相当于普通话中的“吗”，起到语气助词的作用。“兰么”多用于是非问句中，表示对所发生的新情况的疑问。例如：

喝药兰么？

你回家兰么？

她哩病好兰么？

他去书店买书兰么？

你这会儿寻下工作兰么？

（四）来来

“来来”连用，置于句末，出现在特指问句中，表达疑问语气，常常与疑问代词搭配使用，多为有疑而问。例如：

她在哪个网吧上网来来？

你今儿黑夜吃啥来来？

放假去哪耍来来？

大清早起$_{大早上}$你做啥来来？

礼拜下看啥电视来来？

（五）啦哇

右玉方言中，“啦哇”置于句末，用在陈述句和疑问句。“啦哇”用在陈述句中，表示对动作是否完成不大肯定的语气。例如：

小刘这阵儿应该回来啦哇。

我看他们吃了饭啦哇，不用等啦。

“啦哇”用在疑问句中，表示对动作是否完成带有猜测的疑问语气。例如：

你说给老贾啦哇？

下雨啦哇？

山阴和应县方言也都有“啦哇”的连用，用法相同。

（六）呀哇

右玉方言中，“呀哇”用于对已肯定的动作提出疑问，表示猜测、估计、商量的语气。山阴和应县方言也是如此。例如：

走呀哇？

明儿去杀虎口呀哇？

（七）哩么

右玉方言中，“哩么”置于句末，可用于陈述句，用来加强肯定的语气。

例如：

我们在镇里头哩么。

我们这阵在威远哩么。

“哩么”还可用于祈使句，表示劝说、催促等缓和的语气，山阴方言也具有这一用法。例如：

不要打架，两个儿好好儿耍哩么！

看啥哩还？快欢儿做哩么！

（八）哇么

右玉方言中，“哇么”多用于表达祈使语气，表示一种亲昵、撒娇、委婉等请求语气。与单用“哇”或“么”相比，连用的语气更加委婉，但其请求的愿望更加强烈。山阴方言中“哇么”的连用所表示的语气与右玉方言的基本相同。例如：

走哇么！

妈，给我吃了哇么！

再叫我看上会儿电视哇么！

给她买上哇么，咱不差乎这两个钱。

（九）哩呀

右玉方言中，“哩呀”用在陈述句末尾，对动作将要进行表示肯定的陈述，含有“本来如此”的语气。山阴方言也有“哩呀”的连用，用法基本相同。例如：

我去哩呀，谁说不去啦。

他还买哩呀，谁和你说不买啦。

（十）啦呀

右玉方言中，“啦呀”用来表示对动作完成的肯定陈述，带有对对方提问不理解的语气，含有“事情或动作已经发生，怎么会这样问”的意思。山阴方言也有“啦呀”的连用，用法基本与右玉方言的相同。例如：

他去啦呀。

他早就走啦呀。

今儿早上我说给他啦呀。

第八章

助词“的”

“的”在晋方言是一个使用频率较高、用法复杂的助词。在朔州各方言点中，朔城区方言读作[li⁰]，平鲁、山阴、右玉和怀仁4个方言点读作[tiəʔ⁰]，应县方言读作[tiɛʔ⁰]。“的”为结构助词时，一部分语法特点与普通话的“的”“地”“得”相同，另外还有很多与普通话不一致的语法特点，这些特点都体现了朔州各方言点助词“的”语法特点的丰富性。

一、用作结构助词

朔州各方言点中，“的”均可用作结构助词，相当于普通话的结构助词“的”“地”“得”，其用法与普通话基本保持一致。以朔城区方言、山阴方言为例：

朔城区方言：

我哩书叫人拿走兰。（相当于普通话中的“的”）

你一个一个哩数。（相当于普通话中的“地”）

跑哩没影儿兰。（相当于普通话中的“得”）

山阴方言：

这是我写的字。

您儿将好了，慢慢地走。

我每天吃得可好哩。

二、用作动态助词

“的”在朔州各方言点中可以作动态助词，表示持续和方式。这种用法与普通话中动态助词“着”用法基本相同。

1.表持续

朔州各方言点中，表示持续意义的动态助词“的”紧跟在谓词或谓词性短语之后，表示某种状态在一定时间内保持不变。如果谓词性短语为动宾短语时，“的”要放在宾语之后，不能插入动宾短语之间。例如：

朔城区方言：

电脑开哩哩，你耍哇。

天亮哩哩，你早些儿回哇。

平鲁方言：

你先坐的哇。

我正演的哩。

山阴方言：

我上课的哩，立刻儿再说哇。

电视开的哩，你不看就关了哇。

应县方言：

我正吃的哩。

我妈正做的哩。

右玉方言：

咱村正修路的哩。

我正想办法的哩。

怀仁方言：

我给他洗衣裳的哩。

他做饭的哩。

2.表状态

朔州各方言点中，表示方式的动态助词“的”用在动词后，和动词一起修饰谓语。以朔城区和山阴方言为例：

朔城区方言：

他骑哩车子来呀。

她点哩蜡做饭哩。

山阴方言：

她坐的火车走啦。

他开的台灯在那儿学习哩。

3.构成“V_1+的+V_1的+（就）V_2……”格式

这一格式中，表示在不断重复动作V_1或V_1持续进行的情况下，发生了动作V_2，“V_1的V_1的”是“V_2”的伴随状态，“V_2”也是“V_1”持续态的终结动作。这种用法在朔州各方言点普遍存在。例如：

朔城区方言：

他看哩看哩就阁人笑兰。

睡哩睡哩我猛不然就醒来兰。

平鲁方言：

他吃的吃的睡着兰。

他看的看的就笑兰。

山阴方言：

她说的说的就哭开啦。

她擦的擦的就撂扔下不管啦。

应县方言：

两个人说的说的就打起啦。

他跑的跑的就跌倒啦。

右玉方言：

他走的走的就绊倒啦。

说的说的又恼啦。

怀仁方言：

他看电视看的看的就睡见啦。

他写的写的就要起啦。

4.构成“顿……的”格式

山阴方言中，“顿”放在动词之后、或放在动宾短语之间，“的”放在句尾。这一格式表示“（将来）……的时候”。例如：

——你路过给我买点儿葱。

——我回顿家的。

——给娃娃卡上那个卡子。

——梳顿头的。

三、表示强调

“的”放在动词的后面，强调动作的方式或由此而产生的结果，也可以放在形容词后，具有加强肯定或强调的意味。例如：

朔城区方言：

我比他高哩一头哩。

炕上放哩个小桌桌。

平鲁方言：

你比他大的三岁。

她手里头拿的英语书。

山阴方言：

院子种的棵杏儿树哩。

枣儿还绿的哩，不能吃的哩。

应县方言：

门口站的个人。

还早的哩，你做啥去呀。

右玉方言：

家里坐的可多人哩。

桌子上就放的一本书。

怀仁方言：

他前日个去的北京。

我前晌买的菜。

“的”放在动词后表示“确认”，“强调”的是某一事实。以山阴和怀仁方言为例，如：

山阴方言：

他上的师范。

今儿爸爸做的排骨。

怀仁方言：

墙上挂的中国地图。

他念的《人民口报》。

山阴方言中，“顿……的”还可以用来表示强调，“操心”一词在句中做谓语，这使后面的主谓结构做宾语；或者动宾短语直接做宾语。其中“顿”可以省略。这类句子有警告作用。例如：

你操心我打（顿）你的。

你操心你爸爸说（顿）你的。

你操心你妈骂（顿）你的。

操心罚（顿）款的。

四、表示能愿

“的”用在动词后，可以表示应该做某件事。以山阴、应县和怀仁方言为例，如：

山阴方言：

去的学校啦。

写的作业啦。

应县方言：

走的啦。

做的饭啦！

怀仁方言：

穿的啦。

做的啦。

在各方言点中，“的”要与语气词结合在一起才能使用，表示“应该”，即“到……的时间了”的意思，“的”可以紧跟在动词后带宾语，也可不带宾语。这一格式多用于提醒别人。

在怀仁方言中，“的”还可以放在动词后面表示性能上允许，否定式表示性能上不允许，相当于普通话的“能”“不能”。“的”还放在肯定否定形式重叠式之后，表示疑问，相当于普通话中的“能不能”。例如：

这东西吃的吃不的这东西能不能吃？

这句话说的说不的这句话能不能说？

这件事做的做不的这件事能不能做？

怀仁方言中，否定词“没”还可以直接和“的”组合，表示“没有”的意思。例如：

他没的吃。（他没吃的）

我没的穿。（我没穿的）

我没的说。（我没说的）

怀仁方言中，“我没的吃”和“我没吃的”这两种句型并存，前一句型用来强调“没”，后一句型强调的是“吃的”。

五、表示动作趋向

“的”放在动词之后，可以表示动作趋向。朔州各方言点中，“的”的语法功能不完全相同。

1.相当于“去”

朔城区方言中，“哩”可以表示“去”的趋向。例如：

他出哩看红火哩兰。

我买菜哩呀。

赶紧回哩哇。

2.相当于“到”

朔州各方言点中，“的”可以表示“到”的趋向。以朔城区和山阴方言为例，如：

朔城区方言：

把画儿挂哩墙上哇。

人儿告哩法院兰。

山药糊哩锅底上兰。

山阴方言：

把水提溜的院子哇。

她把衣裳搭的外头啦。

她一屁股坐的凳子上啦。

3.相当于“上去”

平鲁方言中，“的”还可以表示“上去”。例如：

这饭看的好，吃将个没味。

六、做代词的构词语素

朔州各方言点中，右玉方言的指示代词可以与“的”构成表方式的指示代词“这的”“那的”，相当于普通话表方式的“这样”“那样”和“这么”“那么”，但用法不完全相同，它们在句中可做主语、谓语、宾语、状语。例如：

这的做这辈子也做不完。

这个事就那的办哇。

谁迎这的学也能考好谁像这样学习都能考好。

七、表示“是”“担任”

朔州各方言点中，“的”还可以表示“是”“担任”等意思。以朔城区、平鲁和山阴方言为例，其中平鲁方言中的“的”经常可以省略。如：

朔城区方言：

小明哩班长，小李哩学习委员。

平鲁方言：

谁的班长？

山阴方言：

尔人家的正的，我的副的。

八、构成“说的……”格式

“的”与“说”组合放在动词之前，表示“说好了”。它们作为一个分句，一般不独立使用。以山阴和怀仁方言为例，如：

山阴方言：

说的八点走哩，咋还没来哩？

说的出去半个小时，咋走了这长时间？

说的你做饭哩，你咋又出去吃呀？

说的我洗碗哩，甭你洗。

怀仁方言：

说的来哩，咋还没来哩？

说的不做啦，你咋还做哩？

他说的写哩，你甭写啦。

这种格式一般由“说的……，咋……”构成，构成疑问或反问句式，相当于普通话中的“说好了……怎么……”；也可由“说的……，甭……”构成，构成否定句式，相当于普通话中的“说的……，不用……”。

以上例句中的两分句还可前后颠倒位置，意思仍然不变。例如：

山阴方言：

咋还没来哩？说的八点走哩。

咋走了这长时间？说的出去半个小时。

你咋又出去吃呀？说的你做饭哩。

甭你洗，说的我洗碗哩。

怀仁方言：

咋还没来哩？说的来哩。

你咋还做哩？说的不做啦。

你甭写啦，他说的写哩。

“的”放在动词后，构成“V+的+宾+又+V 起啥啦”，表示责备的意思。在“又”前还可以加“咋”，全句意思基本不发生变化，但责备的意味有所增强。以山阴和怀仁方言为例，如：

山阴方言：

写的啥又写起啥啦！

说的啥又说起啥啦！

怀仁方言：

做的啥又做起啥啦！

吃的饭又吃起啥啦！

九、“的”的一种特殊用法

普通话中，“知觉动词”做谓语时，主谓结构可做全句的宾语。在朔州各方言点中，助词“的”可以介入主谓结构，这使原有的结构发生了变化，但意义未发生变化。“的”使知觉动词名词化。以朔城区、山阴和应县方言为例，如：

朔城区方言：

我看哩他就不行。

我妈说哩她今儿去买菜哩呀！

山阴方言：

我爸爸说的今儿回来哩，这会儿啦还没回来哩。

我听的他就进来啦。

应县方言：
他说的明儿个考试哩。
我估计的他就来呀。

附　录

附录 1

朔州各方言点入声字对照表

	答	搭	踏	纳	鸽	喝	拉	杂
	咸开一 合入端	咸开一 合入端	咸开一 合入透	咸开一 合入泥	咸开一 合入见	咸开一 合入晓	咸开一 合入来	咸开一 合入从
朔城区	tᴀʔ^{35}	tᴀʔ^{35}	thᴀʔ^{35}	nᴀʔ^{35}	kᴀʔ^{35}	xᴀʔ^{35}	lᴀ^{312}	tsᴀ^{35}
平鲁	tʌʔ^{34}	tʌʔ^{34}	thʌʔ^{34}	nʌʔ^{34}	kʌʔ^{34}	xʌʔ^{34}	lɑ^{213}	tsɑ^{44}
山阴	tᴀʔ^{4}	tᴀʔ^{4}	thᴀʔ^{4}	nᴀʔ^{4}	kᴀʔ^{4}	xᴀʔ^{4}	1.lᴀ^{313}~手 2.lᴀʔ^{4}~稀	tsᴀ^{313}
应县	taʔ^{43}	taʔ^{43}	thaʔ^{43}	naʔ^{43}	kaʔ^{43}	xaʔ^{43}	la^{43}	tsa^{31}
右玉	taʔ^{44}	taʔ^{44}	thaʔ^{44}	naʔ^{44}	kaʔ^{44}	xaʔ^{44}	la^{31}	tsa^{31}
怀仁	taʔ^{4}	taʔ^{4}	thaʔ^{4}	naʔ^{4}	kaʔ^{4}	xaʔ^{4}	la^{42}	tsa^{312}

	塔	塌	溻	腊	蜡	磕	甲	胛
	咸开一 盍入透	咸开一 盍入透	咸开一 盍入透	咸开一 盍入来	咸开一 盍入来	咸开一 盍入溪	咸开二 狎入见	咸开二 狎入见
朔城区	thᴀʔ^{35}	thᴀʔ^{35}	thᴀʔ^{35}	lᴀ^{53}	lᴀʔ^{35}	khᴀʔ^{35}	tɕiᴀʔ^{35}	tɕiᴀʔ^{35}
平鲁	thʌʔ^{34}	thʌʔ^{34}	thʌʔ^{34}	lɑ^{52}	lʌʔ^{34}	khʌʔ^{34}	tɕiʌʔ^{34}	tɕiʌʔ^{34}
山阴	thᴀʔ^{4}	thᴀʔ^{4}	thᴀʔ^{4}	lᴀ^{335}	lᴀʔ^{4}	khᴀʔ^{4}	tɕiᴀʔ^{4}	tɕiᴀʔ^{4}
应县	thaʔ^{43}	thaʔ^{43}	thaʔ^{43}	la^{24}	laʔ^{43}	khaʔ^{43}	tɕiaʔ^{43}	tɕiaʔ^{43}
右玉	thaʔ^{44}	thaʔ^{44}	thaʔ^{44}	laʔ^{44}	laʔ^{44}	khaʔ^{44}	tɕiaʔ^{44}	tɕiaʔ^{44}
怀仁	thaʔ^{4}	thaʔ^{4}	thaʔ^{4}	la^{24}	laʔ^{4}	khaʔ^{4}	tɕiaʔ^{4}	tɕiaʔ^{4}

	鸭	匣	压	插	聂	镊	接	捷
	咸开二 狎入影	咸开二 狎入匣	咸开二 狎入影	咸开二 洽入出	咸开三 叶入泥	咸开三 叶入泥	咸开三 叶入精	咸开三 叶入从
朔城区	iᴀʔ^{35}	ɕiᴀ^{35}	iᴀ^{53}	tshᴀʔ^{35}	niᴀʔ^{35}	niᴀʔ^{35}	tɕiᴀʔ^{35}	tɕiᴀʔ^{35}
平鲁	iʌʔ^{34}	ɕiɑ^{44}	iɑ^{52}	tshʌʔ^{34}	niʌʔ^{34}	niʌʔ^{34}	tɕiʌʔ^{34}	tɕiʌʔ^{34}
山阴	iᴀʔ^{4}	ɕiᴀ^{313}	iᴀ^{335}	tshᴀʔ^{4}	niᴀʔ^{4}	niᴀʔ^{4}	tɕiᴀʔ^{4}	tɕiᴀʔ^{4}
应县	iaʔ^{43}	ɕia^{31}	ia^{24}	tshaʔ^{43}	niaʔ^{43}	niaʔ^{43}	tɕiaʔ^{43}	tɕiaʔ^{43}
右玉	iaʔ^{44}	ɕia^{212}	ia^{24}	tshaʔ^{44}	niaʔ^{44}	niaʔ^{44}	tɕiaʔ^{44}	tɕiaʔ^{44}
怀仁	iaʔ^{4}	ɕia^{312}	ia^{24}	tshaʔ^{4}	niaʔ^{4}	niaʔ^{4}	tɕiaʔ^{4}	tɕiaʔ^{4}

	褶	摄	涉	叶	页	劫	怯	业
	咸开三 叶入章	咸开三 叶入书	咸开三 叶入禅	咸开三 叶入以	咸开三 叶入以	咸开三 叶入见	咸开三 叶入溪	咸开三 叶入疑
朔城区	tsᴀʔ^{35}	sᴀʔ^{35}	sᴀʔ^{35}	iɛ^{53}	iɛ^{53}	tɕhiᴀʔ^{35}	tɕhiᴀʔ^{35}	iᴀʔ^{35}
平鲁	tsʌʔ^{34}	sʌʔ^{34}	sʌʔ^{34}	1.iʌʔ^{34}~姓 2.iᴇ^{52}~子	iʌʔ^{34}	tɕhiʌʔ^{34}	tɕhiʌʔ^{34}	iʌʔ^{34}
山阴	tʂᴀʔ^{4}	ʂᴀʔ^{4}	ʂᴀʔ^{4}	1.iᴀʔ^{4}~姓 2.iᴇ^{335}~子	iᴀʔ^{4}	tɕhiᴀʔ^{4}	tɕhiᴀʔ^{4}	iᴀʔ^{4}
应县	tsaʔ^{43}	saʔ^{43}	saʔ^{43}	iaʔ^{43}	iaʔ^{43}	tɕiaʔ^{43}	tɕhiaʔ^{43}	1.iaʔ^{43}大~ 2.iɛ^{24}家~
右玉	tʂaʔ^{44}	ʂaʔ^{44}	ʂaʔ^{44}	iɛ^{24}	iaʔ^{44}	tɕiaʔ^{44}	tɕhiaʔ^{44}	iaʔ^{44}
怀仁	tsaʔ^{4}	saʔ^{4}	saʔ^{4}	iɛ^{24}	iɛ^{24}	tɕiaʔ^{4}	tɕhiaʔ^{4}	iaʔ^{4}

	胁	协	跌	帖	贴	叠	碟	蝶
	咸开三 叶入晓	咸开四 帖入匣	咸开四 帖入端	咸开四 帖入透	咸开四 帖入透	咸开四 帖入定	咸开四 帖入定	咸开四 帖入定
朔城区	ɕiᴀʔ^{35}	ɕiᴀʔ^{35}	tiᴀʔ^{35}	tɕhiᴀʔ^{35}	tɕhiᴀʔ^{35}	1.tiᴀʔ^{35}重~ 2.tiɛ^{35}~被子	tiᴀʔ^{35}	tiᴀʔ^{35}
平鲁	ɕiʌʔ^{34}	ɕiʌʔ^{34}	tiʌʔ^{34}	tɕhiʌʔ^{34}	tɕhiʌʔ^{34}	1.tiʌʔ^{34}重~ 2.tiᴇ^{44}~被子	tiᴇ^{44}	tiᴇ^{44}
山阴	ɕiᴀʔ^{4}	ɕiᴀʔ^{4}	tiᴀʔ^{4}	tɕhiᴀʔ^{4}	tɕhiᴀʔ^{4}	1.tiaʔ^{4}重~ 2.tiᴇ^{313}~被子	tiᴇ^{313}	tiᴇ^{313}
应县	ɕiaʔ^{43}	ɕiaʔ^{43}	tiaʔ^{43}	tɕhiaʔ^{43}	tɕhiaʔ^{43}	1.tiaʔ^{43}重~ 2.tiɛ^{31}~被子	tiɛ^{31}	tiaʔ^{43}
右玉	ɕiaʔ^{44}	ɕiaʔ^{44}	tiaʔ^{44}	thiaʔ^{44}	thiaʔ^{44}	tiɛ^{212}	tiɛ^{212}	tiɛ^{212}
怀仁	ɕiaʔ^{4}	ɕiaʔ^{4}	tiaʔ^{4}	thiaʔ^{4}	thiaʔ^{4}	1.tiaʔ^{4}重~ 2.tiɛ^{312}~被子	tiɛ^{312}	tiɛ^{312}

	法	乏	立	粒	缉	集	辑	习
	咸合三 乏入非	咸合三 乏入奉	深开三 缉入来	深开三 缉入来	深开三 缉入清	深开三 缉入从	深开三 缉入从	深开三 缉入邪
朔城区	fᴀʔ^{35}	fᴀ^{35}	liəʔ^{35}	liəʔ^{35}	tɕiəʔ^{35}	tɕiəʔ^{35}	tɕiəʔ^{35}	ɕiəʔ^{35}
平鲁	fʌʔ^{34}	fɑ^{44}	liəʔ^{34}	liəʔ^{34}	tɕiəʔ^{34}	tɕiəʔ^{34}	tɕiəʔ^{34}	ɕiəʔ^{34}

山阴	fᴀʔ^{4}	fᴀ^{313}	liəʔ^{4}	liəʔ^{4}	tɕiəʔ^{4}	tɕiəʔ^{4}	tɕiəʔ^{4}	ɕiəʔ^{4}
应县	faʔ^{43}	fa^{31}	liɛʔ^{43}	liɛʔ^{43}	tɕiɛʔ^{43}	tɕiɛʔ^{43}	tɕiɛʔ^{43}	ɕiɛʔ^{43}
右玉	faʔ^{44}	fa^{212}	liəʔ^{44}	liəʔ^{44}	tɕiəʔ^{44}	tɕiəʔ^{44}	tɕiəʔ^{44}	ɕiəʔ^{44}
怀仁	faʔ^{4}	fa^{312}	liəʔ^{4}	liəʔ^{4}	tɕiəʔ^{4}	tɕiəʔ^{4}	tɕiəʔ^{4}	ɕiəʔ^{4}

	袭	蛰惊蛰	涩	执	汁	湿	十	杰
	深开三 缉入邪	深开三 缉入澄	深开三 缉入生	深开三 缉入章	深开三 缉入章	深开三 缉入书	深开三 缉入禅	山开三 薛入群
朔城区	ɕiəʔ^{35}	tsᴀʔ^{35}	sᴀʔ^{35}	tʂəʔ^{35}	tʂəʔ^{35}	ʂəʔ^{35}	ʂəʔ^{35}	tɕiᴀʔ^{35}
平鲁	ɕiəʔ^{34}	tsɤ^{44}	sʌʔ^{34}	tsəʔ^{34}	tsəʔ^{34}	səʔ^{34}	səʔ^{34}	tɕiʌʔ^{34}
山阴	ɕiəʔ^{4}	tʂʌr^{313}	sᴀʔ^{4}	tʂəʔ^{4}	tʂəʔ^{4}	ʂəʔ^{4}	ʂəʔ^{4}	tɕiᴀʔ^{4}
应县	ɕiɛʔ^{43}	tsaʔ^{43}	saʔ^{43}	tsəʔ^{43}	tsəʔ^{43}	səʔ^{43}	səʔ^{43}	tɕiaʔ^{43}
右玉	ɕiəʔ^{44}	tʂaʔ^{44}	saʔ^{44}	tʂəʔ^{44}	tʂəʔ^{44}	ʂəʔ^{44}	ʂəʔ^{44}	tɕiaʔ^{44}
怀仁	ɕiəʔ^{4}	tsaʔ^{4}	saʔ^{4}	tsəʔ^{4}	tsəʔ^{4}	səʔ^{4}	səʔ^{4}	tɕiaʔ^{4}

	急	泣	及	吸	拾~起来	揖	达	捺
	深开三 缉入见	深开三 缉入溪	深开三 缉入群	深开三 缉入晓	深开三 缉入禅	深开三 缉入影	山开一 曷入定	山开一 曷入泥
朔城区	tɕiəʔ^{35}	tɕhiəʔ^{35}	tɕiəʔ^{35}	ɕiəʔ^{35}	sɿ^{35}	i^{312}	tᴀʔ^{35}	nᴀʔ^{35}
平鲁	tɕiəʔ^{34}	tɕhiəʔ^{34}	tɕiəʔ^{34}	ɕiəʔ^{34}	sɿ^{44}	i^{213}	tʌʔ^{34}	nʌʔ^{34}
山阴	1.tɕiəʔ^{4}~忙 2.tɕi^{313}性~	tɕhiəʔ^{4}	tɕiəʔ^{4}	ɕiəʔ^{4}	ʂʅ^{313}	i^{313}	tᴀʔ^{4}	nᴀʔ^{4}
应县	1.tɕiɛʔ^{43}~忙 2.tɕi^{31}着~	tɕhiɛʔ^{43}	tɕiɛʔ^{43}	ɕiɛʔ^{43}	sɿ^{31}	i^{43}	taʔ^{43}	naʔ^{43}
右玉	tɕiəʔ^{44}	tɕhiəʔ^{44}	tɕiəʔ^{44}	ɕiəʔ^{44}	ʂʅ^{24}	i^{31}	taʔ^{44}	naʔ^{44}
怀仁	1.tɕiəʔ^{4}~忙 2.tɕi^{312}着~	tɕhiəʔ^{4}	tɕiəʔ^{4}	ɕiəʔ^{4}	sɿ^{312}	i^{42}	taʔ^{4}	naʔ^{4}

	擦	撒	萨	割	葛	渴	猎	辣
	山开一 曷入清	山开一 曷入心	山开一 曷入心	山开一 曷入见	山开一 曷入见	山开一 曷入溪	咸开三 叶入来	山开一 曷入来
朔城区	tshᴀʔ^{35}	sᴀʔ^{35}	sᴀʔ^{35}	kᴀʔ^{35}	kᴀʔ^{35}	khᴀʔ^{35}	liᴀʔ^{35}	lᴀ^{53}

平鲁	tshʌʔ^{34}	1.sɑ^{213}~水 2.sʌʔ^{34}~欢儿	sʌʔ^{34}	kʌʔ^{34}	kʌʔ^{34}	khʌʔ^{34}	liʌʔ^{34}	1.lʌʔ^{34}心狠手~ 2.lɑ^{52}~椒
山阴	tshᴀʔ^{4}	1.sᴀʔ^{4}~欢儿 2.sᴀ^{52}~白糖	sᴀʔ^{4}	kᴀʔ^{4}	kᴀʔ^{4}	khᴀʔ^{4}	liᴀʔ^{4}	lᴀ^{335}
应县	tshaʔ^{43}	1.saʔ^{43}~手 2.sa^{54}~种	saʔ^{43}	kaʔ^{43}	kaʔ^{43}	khaʔ^{43}	liaʔ^{43}	la^{24}
右玉	tshaʔ^{44}	saʔ^{44}	saʔ^{44}	kaʔ^{44}	kaʔ^{44}	khaʔ^{44}	liaʔ^{44}	la^{24}
怀仁	tshaʔ^{4}	1.saʔ^{4}~手 2.sa^{53}~种	saʔ^{4}	kaʔ^{4}	kaʔ^{4}	khaʔ^{4}	liaʔ^{4}	la^{24}

	八	拔	抹抹布，抹桌子	札	察	杀	轧	瞎
	山开二 黠入帮	山开二 黠入並	山开二 黠入明	山开二 黠入庄	山开二 黠入初	山开二 黠入生	山开二 黠入影	山开二 鎋入晓
朔城区	pᴀʔ^{35}	pᴀ^{35}	mᴀʔ^{35}	tsᴀʔ^{35}	tshᴀʔ^{35}	sᴀʔ^{35}	iᴀ^{53}	ɕiᴀʔ^{35}
平鲁	pʌʔ^{34}	pɑ^{44}	mʌʔ^{34}	tsʌʔ^{34}	tshʌʔ^{34}	sʌʔ^{34}	tsɑ^{44}	ɕiʌʔ^{34}
山阴	pᴀʔ^{4}	pᴀ^{313}	mᴀʔ^{4}	tsᴀʔ^{4}	tshᴀʔ^{4}	sᴀʔ^{4}	iᴀ^{335}	ɕiᴀʔ^{4}
应县	paʔ^{43}	pa^{31}	maʔ^{43}	tsaʔ^{43}	tshaʔ^{43}	saʔ^{43}	ia^{24}	ɕiaʔ^{43}
右玉	paʔ^{44}	paʔ^{44}	maʔ^{44}	tsaʔ^{44}	tshaʔ^{44}	saʔ^{44}	ia^{24}	ɕiaʔ^{44}
怀仁	paʔ^{4}	pa^{312}	maʔ^{4}	tsaʔ^{4}	tshaʔ^{4}	saʔ^{4}	ia^{24}	ɕiaʔ^{4}

	辖	铡	别区别	鳖	灭	列	烈	裂
	山开二 鎋入匣	山开二 鎋入崇	山开三 薛入帮	山开三 薛入帮	山开三 薛入明	山开三 薛入来	山开三 薛入来	山开三 薛入来
朔城区	ɕiᴀʔ^{35}	tsᴀ^{35}	piᴀʔ^{35}	piᴀʔ^{35}	1.miᴀʔ^{35}消~ 2.mei^{312}火~了	liᴀʔ^{35}	liᴀʔ^{35}	liᴀʔ^{35}
平鲁	ɕiʌʔ^{34}	tsɑ^{44}	piʌʔ^{34}	piʌʔ^{34}	miʌʔ^{34}	liʌʔ^{34}	liʌʔ^{34}	liʌʔ^{34}
山阴	ɕiᴀʔ^{4}	tsᴀ^{313}	piᴀʔ^{4}	piᴀʔ^{4}	1.miᴀʔ^{4}消~ 2.mei^{52}火~了	liᴀʔ^{4}	liᴀʔ^{4}	liᴀʔ^{4}
应县	ɕiaʔ^{43}	tsa^{31}	piaʔ^{43}	piaʔ^{43}	miaʔ^{43}	1.liaʔ^{43}行~ 2.liɛ^{24}摆~	liaʔ^{43}	liaʔ^{43}
右玉	ɕiaʔ^{44}	tsa^{31}	piaʔ^{44}	piaʔ^{44}	1.miaʔ^{44}消~ 2.mɛe^{212}拉~灯	liaʔ^{44}	liaʔ^{44}	liaʔ^{44}
怀仁	ɕia^{312}	tsa^{312}	piaʔ^{4}	piaʔ^{4}	1.miaʔ^{4}消~ 2.mɛe^{53}火~了	liaʔ^{4}	liaʔ^{4}	liaʔ^{4}

	薛	哲	蜇蝎子螫人	彻	撤	折折断	浙	泄
	山开三 薛入心	山开三 薛入知	山开三 薛入知	山开三 薛入彻	山开三 薛入彻	山开三 薛入章	山开三 薛入章	山开三 薛入心
朔城区	ɕyᴀʔ^{35}	tsᴀʔ^{35}	tsᴀʔ^{35}	tshᴀʔ^{35}	tshᴀʔ^{35}	tsᴀʔ^{35}	tsᴀʔ^{35}	ɕie^{53}
平鲁	ɕyʌʔ^{34}	tsʌʔ^{34}	tsʌʔ^{34}	tshʌʔ^{34}	tshʌʔ^{34}	tsʌʔ^{34}	tsʌʔ^{34}	ɕiᴇ^{52}
山阴	ɕyᴀʔ^{4}	tʂᴀʔ^{4}	tʂᴀʔ^{4}	tʂhᴀʔ^{4}	tʂhᴀʔ^{4}	tʂᴀʔ^{4}	tʂᴀʔ^{4}	ɕiᴇ^{335}
应县	ɕyaʔ^{43}	tsaʔ^{43}	tsaʔ^{43}	tshaʔ^{43}	tshaʔ^{43}	tsaʔ^{43}	tsaʔ^{43}	ɕiɛ^{24}
右玉	ɕyaʔ^{44}	tʂaʔ^{44}	tʂaʔ^{44}	tʂhaʔ^{44}	tʂhaʔ^{44}	tʂaʔ^{44}	tʂaʔ^{44}	ɕiɛ^{24}
怀仁	ɕyaʔ^{4}	tsaʔ^{4}	tsaʔ^{4}	tshaʔ^{4}	tshaʔ^{4}	tsaʔ^{4}	tsaʔ^{4}	ɕiɛ^{24}

	舌	拽	揭	歇	蝎	憋	撇	铁
	山开三 薛入船	山开三 薛入以	山开三 月入见	山开三 月入晓	山开三 月入晓	山开四 屑入帮	山开四 屑入滂	山开四 屑入透
朔城区	ʂə^{35}	tsuɛi^{53}	tɕiᴀʔ^{35}	ɕiᴀʔ^{35}	ɕiᴀʔ^{35}	piᴀʔ^{35}	phiᴀʔ^{35}	tɕhiᴀʔ^{35}
平鲁	sɤ^{44}	tsuɛi^{52}	tɕiʌʔ^{34}	ɕiʌʔ^{34}	ɕiʌʔ^{34}	piʌʔ^{34}	phiʌʔ^{34}	tɕhiʌʔ^{34}
山阴	ʂʅʌr^{313}	tʂueɛ^{335}	tɕiᴀʔ^{4}	ɕiᴀʔ^{4}	ɕiᴀʔ^{4}	piᴀʔ^{4}	phiᴀʔ^{4}	tɕhiᴀʔ^{4}
应县	sɤ^{31}	tsuɛi^{24}	tɕiaʔ^{43}	ɕiaʔ^{43}	ɕiaʔ^{43}	piaʔ^{43}	phiaʔ^{43}	tɕhiaʔ^{43}
右玉	ʂɤ^{212}	tʂuɛe^{24}	tɕiaʔ^{44}	ɕiaʔ^{44}	ɕiaʔ^{44}	piaʔ^{44}	phiaʔ^{44}	thiaʔ^{44}
怀仁	sɤ^{312}	tsuɛe^{24}	tɕiaʔ^{4}	ɕiaʔ^{4}	ɕiaʔ^{4}	piaʔ^{4}	phiaʔ^{4}	thiaʔ^{4}

	捏	节	切切开	结	洁	噎	截	钵
	山开四 屑入泥	山开四 屑入精	山开四 屑入清	山开四 屑入见	山开四 屑入见	山开四 屑入影	山开四 屑入从	山合一 末入帮
朔城区	niᴀʔ^{35}	tɕiᴀʔ^{35}	tɕhiᴀʔ^{35}	tɕiᴀʔ^{35}	tɕiᴀʔ^{35}	iᴀʔ^{35}	tɕiᴀʔ^{35}	pᴀʔ^{35}
平鲁	niʌʔ^{34}	tɕiʌʔ^{34}	tɕhiʌʔ^{34}	tɕiʌʔ^{34}	tɕiʌʔ^{34}	iʌʔ^{34}	tɕiʌʔ^{34}	pʌʔ^{34}
山阴	niᴀʔ^{4}	tɕiᴀʔ^{4}	tɕhiᴀʔ^{4}	tɕiᴀʔ^{4}	tɕiᴀʔ^{4}	iᴀʔ^{4}	tɕiᴀʔ^{4}	pᴀʔ^{4}
应县	niaʔ^{43}	tɕiaʔ^{43}	tɕhiaʔ^{43}	tɕiaʔ^{43}	tɕiaʔ^{43}	iaʔ^{43}	tɕiɛ^{31}	paʔ^{43}
右玉	niaʔ^{44}	tɕiaʔ^{44}	tɕhiaʔ^{44}	tɕiaʔ^{44}	tɕiaʔ^{44}	iaʔ^{44}	tɕiɛ^{212}	paʔ^{44}
怀仁	niaʔ^{4}	tɕiaʔ^{4}	tɕhiaʔ^{4}	tɕiaʔ^{4}	tɕiaʔ^{4}	iaʔ^{4}	tɕiɛ^{312}	paʔ^{4}

	拨	泼	钹	末	沫	抹	脱	夺
	山合一 末入帮	山合一 末入滂	山合一 末入並	山合一 末入明	山合一 末入明	山合一 末入明	山合一 末入透	山合一 末入定
朔城区	pᴀʔ^{35}	phᴀʔ^{35}	pᴀʔ^{35}	mᴀʔ^{35}	mᴀʔ^{35}	muə^{312}	thuᴀʔ^{35}	tuᴀʔ^{35}

平鲁	pʌʔ^{34}	phʌʔ^{34}	pʌʔ^{34}	mʌʔ^{34}	mʌʔ^{34}	muə^{213}	thuʌʔ^{34}	tuʌʔ^{34}
山阴	pᴀʔ^{4}	phᴀʔ^{4}	pᴀʔ^{4}	mᴀʔ^{4}	mᴀʔ^{4}	muə^{52}	thuᴀʔ^{4}	tuᴀʔ^{4}
应县	paʔ^{43}	phaʔ^{43}	paʔ^{43}	maʔ^{43}	maʔ^{43}	muʏ^{54}	thuaʔ^{43}	tuaʔ^{43}
右玉	paʔ^{44}	phaʔ^{44}	paʔ^{44}	maʔ^{44}	maʔ^{44}	mo^{53}	thuaʔ^{44}	tuaʔ^{44}
怀仁	paʔ^{4}	phaʔ^{4}	pa^{312}	maʔ^{4}	muɤ^{24}	muɤ^{53}	thuaʔ^{4}	tuaʔ^{4}

	括 包括	聒	阔	豁	活	挖	滑	猾 狡猾
	山合一 末入见	山合一 末入见	山合一 末入溪	山合一 末入晓	山合一 末入匣	山合二 黠入影	山合二 黠入匣	山合二 黠入匣
朔城区	khuᴀʔ^{35}	kuᴀʔ^{35}	khuᴀʔ^{35}	xuᴀʔ^{35}	1.xuᴀʔ^{35} 生~ 2.xuə^{35} ~的	vᴀʔ^{35}	xuᴀ^{35}	xuᴀ^{35}
平鲁	khuʌʔ^{34}	kuʌʔ^{34}	khuʌʔ^{34}	xuʌʔ^{34}	xuʌʔ^{34}	1.uʌʔ^{34} ~土 2.uæ^{213} ~地	xuɑ^{44}	xuɑ^{44}
山阴	khuᴀʔ^{4}	kuᴀʔ^{4}	khuᴀʔ^{4}	xuᴀʔ^{4}	1.xuᴀʔ^{4} ~动 2.xuə^{313} ~的	uᴀʔ^{4}	xuᴀ^{313}	xuᴀ^{313}
应县	khuaʔ^{43}	kuaʔ^{43}	khuaʔ^{43}	xuaʔ^{43}	1.xuaʔ^{43} 生~ 2.xuʏ^{31} ~的	vaʔ^{43}	xua^{31}	xua^{31}
右玉	khuaʔ^{44}	kuaʔ^{44}	khuaʔ^{44}	xuaʔ^{44}	xuaʔ^{44}	vaʔ^{44}	xua^{212}	xua^{212}
怀仁	khuaʔ^{4}	kuaʔ^{4}	khuaʔ^{4}	xuaʔ^{4}	1.xuaʔ^{4} ~动 2.xuɤ^{312} ~的	vaʔ^{4}	xua^{312}	xua^{312}

	刷	刮	绝	雪	拙	说	悦	阅
	山合二 鎋入生	山合二 鎋入见	山合三 薛入从	山合三 薛入心	山合三 薛入章	山合三 薛入书	山合三 薛入以	山合三 薛入以
朔城区	suᴀʔ^{35}	1.kuᴀʔ^{4} ~风 2.kuᴀ^{312} ~胡子	tɕyᴀʔ^{35}	ɕyᴀʔ^{35}	tsuᴀʔ^{35}	suᴀʔ^{35}	yᴀʔ^{35}	yᴀʔ^{35}
平鲁	suʌʔ^{34}	1.kuʌʔ^{34} ~风 2.kuɑ^{213} ~胡子	tɕyʌʔ^{34}	ɕyʌʔ^{34}	tsuʌʔ^{34}	suʌʔ^{34}	yʌʔ^{34}	yʌʔ^{34}
山阴	ʂuᴀʔ^{4}	1.kuᴀʔ^{4} ~风 2.kuᴀ^{313} ~胡子	tɕyᴀʔ^{4}	ɕyᴀʔ^{4}	tʂuᴀʔ^{4}	ʂuᴀʔ^{4}	yᴀʔ^{4}	yᴀʔ^{4}
应县	1.suaʔ^{43} ~子 2.sua^{24} ~白	1.kuaʔ^{43} ~风 2.kua^{54} ~胡子	1.tɕyaʔ^{43} ~对 2.tɕyɛ^{31} ~了	ɕyaʔ^{43}	tsuaʔ^{43}	suaʔ^{43}	yaʔ^{43}	yaʔ^{43}
右玉	ʂuaʔ^{44}	kuaʔ^{44}	tɕyaʔ^{44}	ɕyaʔ^{44}	tʂuaʔ^{44}	ʂuaʔ^{44}	yaʔ^{44}	yaʔ^{44}

怀仁	suaʔ^{4}	1.kuaʔ^{4}~风 2.kua^{53}~胡子	tɕyaʔ^{4}	ɕyaʔ^{4}	tsuaʔ^{4}	suaʔ^{4}	yaʔ^{4}	yaʔ^{4}

	发	厥	伐	罚	筏	月	哕	越
	山合三 月入非	山合三 月入见	山合三 月入奉	山合三 月入奉	山合三 月入奉	山合三 月入疑	山合三 月入影	山合三 月入云
朔城区	fᴀʔ^{35}	tɕyᴀʔ^{35}	fᴀʔ^{35}	fᴀ^{35}	fᴀʔ^{35}	1.yᴀʔ^{35}~底 2.yε^{53}一个~	iᴀʔ^{35}	yᴀʔ^{35}
平鲁	fʌʔ^{34}	tɕyʌʔ^{34}	fɑ^{44}	fɑ^{44}	fɑ^{44}	1.yʌʔ^{34}~饼 2.yᴇ^{52}~亮	iʌʔ^{34}	yʌʔ^{34}
山阴	fᴀʔ^{4}	tɕyᴀʔ^{4}	fᴀʔ^{4}	fᴀ^{313}	fᴀ^{313}	1.yᴇ^{335}~亮 2.yᴀʔ^{4}~牙儿	iᴀʔ^{4}	1.yᴀʔ^{4}~发 2.yᴇ^{335}~过去
应县	faʔ^{43}	tɕyaʔ^{43}	faʔ^{43}	fa^{31}	fa^{31}	1.yaʔ^{43}正~ 2.yε^{24}~饼	yaʔ^{43}	yaʔ^{43}
右玉	faʔ^{44}	tɕyaʔ^{44}	fa^{212}	fa^{212}	fa^{212}	1.yaʔ^{4}~份 2.yε^{21}~亮	iaʔ^{44}	yaʔ^{44}
怀仁	faʔ^{4}	tɕyaʔ^{4}	fa^{312}	fa^{312}	fa^{312}	1.yaʔ^{4}正~ 2.yε^{24}坐~子	yaʔ^{4}	yaʔ^{4}

	粤	曰	决	诀	血	缺	穴	笔
	山合三 月入云	山合三 月入云	山合四 屑入见	山合四 屑入见	山合四 屑入晓	山合四 屑入溪	山合四 屑入匣	臻开三 质入帮
朔城区	yᴀʔ^{35}	yᴀʔ^{35}	tɕyᴀʔ^{35}	tɕyᴀʔ^{35}	ɕyᴀʔ^{35}	tɕhyᴀʔ^{35}	ɕyε^{35}	piəʔ^{35}
平鲁	yʌʔ^{34}	yʌʔ^{34}	tɕyʌʔ^{34}	tɕyʌʔ^{34}	ɕyʌʔ^{34}	tɕhyʌʔ^{34}	ɕyᴇ^{44}	piəʔ^{34}
山阴	yᴀʔ^{4}	yᴀʔ^{4}	tɕyᴀʔ^{4}	tɕyᴀʔ^{4}	ɕyᴀʔ^{4}	tɕhyᴀʔ^{4}	ɕyᴇ^{313}	piəʔ^{4}
应县	yaʔ^{43}	yaʔ^{43}	tɕyaʔ^{43}	tɕyaʔ^{43}	ɕyaʔ^{43}	tɕhyaʔ^{43}	ɕyε^{31}	piεʔ^{43}
右玉	yaʔ^{44}	yaʔ^{44}	tɕyaʔ^{44}	tɕyaʔ^{44}	ɕyaʔ^{44}	tɕhyaʔ^{44}	ɕyε^{212}	piəʔ^{44}
怀仁	yaʔ^{4}	yaʔ^{4}	tɕyaʔ^{4}	tɕyaʔ^{4}	ɕyaʔ^{4}	tɕhyaʔ^{4}	ɕyε^{312}	piəʔ^{4}

	毕	必	密	蜜	栗	七	漆	疾
	臻开三 质入帮	臻开三 质入帮	臻开三 质入明	臻开三 质入明	臻开三 质入来	臻开三 质入清	臻开三 质入清	臻开三 质入从
朔城区	piəʔ^{35}	piəʔ^{35}	miəʔ^{35}	mi^{53}	liəʔ^{35}	tɕhiəʔ^{35}	tɕhiəʔ^{35}	tɕiəʔ^{35}

平鲁	piəʔ^{34}	piəʔ^{34}	miəʔ^{34}	1.miəʔ^{34} 甜~ 2.mi^{52} ~蜂	li^{52}	tɕhiəʔ^{34}	tɕhiəʔ^{34}	tɕiəʔ^{34}
山阴	piəʔ^{4}	piəʔ^{4}	1.miəʔ^{4} 秘~ 2.mi^{335} 很~	1.miəʔ^{4} 甜~ 2.mi^{335} ~蜂儿	liəʔ^{4}	tɕhiəʔ^{4}	tɕhiəʔ^{4}	tɕiəʔ^{4}
应县	piɛʔ^{43}	piɛʔ^{43}	miɛʔ^{43}	miɛʔ^{43}	li^{24}	tɕhiɛʔ^{43}	tɕhiɛʔ^{43}	tɕiɛʔ^{43}
右玉	piəʔ^{44}	piəʔ^{44}	miəʔ^{44}	miəʔ^{44}	liəʔ^{44}	tɕhiəʔ^{44}	tɕhiəʔ^{44}	tɕiəʔ^{44}
怀仁	piəʔ^{4}	piəʔ^{4}	miəʔ^{4}	mi^{24}	li^{24}	tɕhiəʔ^{4}	tɕhiəʔ^{4}	tɕiəʔ^{4}

	悉	膝	秩	虱	质	实	失	室
	臻开三 质入心	臻开三 质入心	臻开三 质入澄	臻开三 质入生	臻开三 质入章	臻开三 质入船	臻开三 质入书	臻开三 质入书
朔城区	ɕiəʔ^{35}	ɕi^{312}	tʂəʔ^{35}	ʂəʔ^{35}	tʂəʔ^{35}	ʂəʔ^{35}	ʂəʔ^{35}	ʂəʔ^{35}
平鲁	ɕiəʔ^{34}	tɕhiəʔ^{34}	tsəʔ^{34}	səʔ^{34}	tsəʔ^{34}	səʔ^{34}	səʔ^{34}	səʔ^{34}
山阴	ɕiəʔ^{4}	1.tɕhiəʔ^{4} ~盖 2.tɕhi^{313} 圪~	tʂəʔ^{4}	sᴀʔ^{4}	tʂəʔ^{4}	ʂəʔ^{4}	ʂəʔ^{4}	ʂəʔ^{4}
应县	ɕiɛʔ^{43}	ɕiɛʔ^{43}	tsəʔ^{43}	saʔ^{43}	tsəʔ^{43}	səʔ^{43}	səʔ^{43}	səʔ^{43}
右玉	ɕiəʔ^{44}	tɕhiəʔ^{44}	tʂəʔ^{44}	saʔ^{44}	tʂəʔ^{44}	ʂəʔ^{44}	ʂəʔ^{44}	ʂəʔ^{44}
怀仁	ɕiəʔ^{4}	ɕiəʔ^{4}	tsəʔ^{4}	saʔ^{4}	tsəʔ^{4}	səʔ^{4}	səʔ^{4}	səʔ^{4}

	吉	乙	一	匹 一匹马	侄	逸	乞	戚
	臻开三 质入见	臻开三 质入影	臻开三 质入影	臻开三 质入滂	臻开三 质入澄	臻开三 质入以	臻开三 迄入溪	梗开四 锡入清
朔城区	tɕiəʔ^{35}	iəʔ^{35}	iəʔ^{35}	phi^{312}	tsɿ^{35}	i^{53}	tɕhiəʔ^{35}	tɕhiəʔ^{35}
平鲁	tɕiəʔ^{34}	iəʔ^{34}	iəʔ^{34}	phi^{213}	tsɿ^{44}	i^{52}	tɕhiəʔ^{34}	tɕhiəʔ^{34}
山阴	tɕiəʔ^{4}	iəʔ^{4}	iəʔ^{4}	phi^{313}	tʂʅ^{313}	i^{335}	tɕhiəʔ^{4}	tɕhiəʔ^{4}
应县	tɕiɛʔ^{43}	iɛʔ^{43}	iɛʔ^{43}	phi^{54}	tsɿ^{31}	i^{24}	tɕhiɛʔ^{43}	tɕhiɛʔ^{43}
右玉	tɕiəʔ^{44}	iəʔ^{44}	iəʔ^{44}	phi^{212}	tʂʅ^{212}	i^{24}	tɕhiəʔ^{44}	tɕhiəʔ^{44}
怀仁	tɕiəʔ^{4}	iəʔ^{4}	iəʔ^{4}	phi^{42}	tsɿ^{312}	i^{24}	tɕhiəʔ^{4}	tɕhiəʔ^{4}

	不	勃	没 沉没	没 没有	突	猝	骨	窟
	臻合一 没入帮	臻合一 没入並	臻合一 没入明	臻合一 没入明	臻合一 没入定	臻合一 没入清	臻合一 没入见	臻合一 没入溪
朔城区	pəʔ^{35}	pᴀʔ^{35}	mᴀʔ^{35}	məʔ^{35}	thuəʔ^{35}	tshuəʔ^{35}	kuəʔ^{35}	khuəʔ^{35}
平鲁	pəʔ^{34}	pᴀʔ^{34}	mᴀʔ^{34}	məʔ^{34}	thuəʔ^{34}	tshuəʔ^{34}	kuəʔ^{34}	khuəʔ^{34}

山阴	pəʔ^{4}	pAʔ^{4}	mAʔ^{4}	məʔ^{4}	thuəʔ^{4}	tshuəʔ^{4}	kuəʔ^{4}	khuəʔ^{4}
应县	pəʔ^{43}	phaʔ^{43}	maʔ^{43}	məʔ^{43}	thuəʔ^{43}	tshuəʔ^{43}	kuəʔ^{43}	khuəʔ^{43}
右玉	pəʔ^{44}	paʔ^{44}	maʔ^{44}	məʔ^{44}	thuəʔ^{44}	tshuəʔ^{44}	kuəʔ^{44}	khuəʔ^{44}
怀仁	pəʔ^{4}	paʔ^{4}	maʔ^{4}	məʔ^{4}	thuəʔ^{4}	tshuəʔ^{4}	kuəʔ^{4}	khuəʔ^{4}

	忽	入	卒	核	戌	恤	出	术
	臻合一 没入晓	深开三 缉入日	臻合一 没入精	臻合一 没入匣	臻合三 术入心	臻合三 术入心	臻合三 术入昌	臻合三 术入船
朔城区	xuəʔ^{35}	zuəʔ^{35}	tsu^{35}	1.xəʔ^{35}审~ 2.xu^{35}苹果~	ɕyəʔ^{35}	ɕyəʔ^{35}	tshuəʔ^{35}	suəʔ^{35}
平鲁	xuəʔ^{34}	zuəʔ^{34}	tsu^{44}	1.xəʔ^{34}~对 2.xu^{44}枣~子	ɕyəʔ^{34}	ɕyʌʔ^{34}	tshuəʔ^{34}	suəʔ^{34}
山阴	xuəʔ^{4}	ẓuəʔ^{4}	tsu^{313}	1.xəʔ^{4}~对 2.xu^{313}苹果~	ɕyəʔ^{4}	ɕyəʔ^{4}	tṣhuəʔ^{4}	ṣuəʔ^{4}
应县	xuəʔ^{43}	zuəʔ^{43}	tsu^{31}	1.xəʔ^{43}~对 2.xu^{31}苹果~	ɕyɛʔ^{43}	ɕy^{24}	tshuəʔ^{43}	suəʔ^{43}
右玉	xuəʔ^{44}	ẓuəʔ^{44}	tsu^{212}	1.xəʔ^{44}审~ 2.xu^{212}~子	ɕyəʔ^{44}	ɕyəʔ^{44}	tṣhuəʔ^{44}	ṣuəʔ^{44}
怀仁	xuəʔ^{4}	zuəʔ^{4}	tsu^{312}	1.xəʔ^{4}~对 2.xu^{312}苹果~	ɕyəʔ^{4}	ɕyəʔ^{4}	tshuəʔ^{4}	suəʔ^{4}

	述	橘	律	蟀	率率领	佛仿佛	佛	物
	臻合三 术入船	臻合三 术入见	臻合三 术入来	臻合三 术入生	臻合三 术入生	臻合三 物入敷	臻合三 物入奉	臻合三 物入微
朔城区	suəʔ^{35}	tɕyəʔ^{35}	lyəʔ^{35}	suɛi^{53}	suɛi^{53}	fəʔ^{35}	fuə^{35}	vəʔ^{35}
平鲁	suəʔ^{34}	tɕyəʔ^{34}	lyəʔ^{34}	suɛi^{52}	suɛi^{52}	fəʔ^{34}	fuə^{44}	uəʔ^{34}
山阴	ṣuəʔ^{4}	tɕyəʔ^{4}	ly^{335}	ṣuee^{335}	ṣuee^{335}	fəʔ^{4}	fuə^{313}	uəʔ^{4}
应县	suəʔ^{43}	tɕyɛʔ^{43}	ly^{24}	suɛi^{24}	suɛi^{24}	fəʔ^{43}	fuɤ^{31}	vəʔ^{43}
右玉	ṣuəʔ^{44}	tɕyəʔ^{44}	ly^{24}	ṣuɛe^{24}	ṣuɛe^{24}	fəʔ^{44}	fəʔ^{44}	vəʔ^{44}
怀仁	suəʔ^{4}	tɕyəʔ^{4}	ly^{24}	suɛe^{24}	suɛe^{24}	fəʔ^{4}	fuɤ^{312}	vəʔ^{4}

	勿	屈	掘	博	莫	寞	摸	托

	臻合三 物入微	臻合三 物入溪	臻合三 物入群	宕开一 铎入帮	宕开一 铎入明	宕开一 铎入明	宕开一 铎入明	宕开一 铎入透
朔城区	vəʔ^{35}	tɕhyəʔ^{35}	tɕyʌʔ^{35}	pʌʔ^{35}	mʌʔ^{35}	mʌʔ^{35}	mʌʔ^{35}	thuʌʔ^{35}
平鲁	uəʔ^{34}	tɕhyəʔ^{34}	tɕyʌʔ^{34}	pʌʔ^{34}	mʌʔ^{34}	mʌʔ^{34}	mʌʔ^{34}	thuʌʔ^{34}
山阴	uəʔ^{4}	tɕhyəʔ^{4}	tɕyʌʔ^{4}	pʌʔ^{4}	mʌʔ^{4}	mʌʔ^{4}	mʌʔ^{4}	thuʌʔ^{4}
应县	vəʔ^{43}	tɕhyɛʔ^{43}	tɕyaʔ^{43}	paʔ^{43}	maʔ^{43}	maʔ^{43}	maʔ^{43}	thuaʔ^{43}
右玉	vəʔ^{44}	tɕhyəʔ^{44}	tɕyaʔ^{44}	paʔ^{44}	maʔ^{44}	maʔ^{44}	maʔ^{44}	thuaʔ^{44}
怀仁	vəʔ^{4}	tɕhyəʔ^{4}	tɕyaʔ^{4}	paʔ^{4}	maʔ^{4}	maʔ^{4}	maʔ^{4}	thuaʔ^{4}

	铎	诺	落	洛	络	乐	作	昨
	宕开一 铎入定	宕开一 铎入泥	宕开一 铎入来	宕开一 铎入来	宕开一 铎入来	宕开一 铎入来	宕开一 铎入精	宕开一 铎入从
朔城区	tuʌʔ^{35}	nuʌʔ^{35}	1.luʌʔ^{35} 降~ 2.lɔo^{53} 日~	luʌʔ^{35}	luʌʔ^{35}	luʌʔ^{35}	tsuʌʔ^{35}	tsuʌʔ^{35}
平鲁	tuʌʔ^{34}	nuə^{52}	1.luʌʔ^{34} 降~ 2.lɔ^{52} 花~了	luʌʔ^{34}	luʌʔ^{34}	luʌʔ^{34}	tsuʌʔ^{34}	tsuʌʔ^{34}
山阴	tuʌʔ^{4}	nuʌʔ^{4}	1.luʌʔ^{4} 降~ 2.lɔo^{335} ~枕	luʌʔ^{4}	luʌʔ^{4}	luʌʔ^{4}	tsuʌʔ^{4}	tsuʌʔ^{4}
应县	tuaʔ^{43}	nuaʔ^{43}	1.luaʔ^{43} 降~ 2.lau^{24} ~枕	luaʔ^{43}	luaʔ^{43}	luaʔ^{43}	tsuaʔ^{43}	tsuaʔ^{43}
右玉	tuaʔ^{44}	nuaʔ^{44}	luaʔ^{44}	luaʔ^{44}	luaʔ^{44}	luaʔ^{44}	tsuaʔ^{44}	tsuaʔ^{44}
怀仁	tuaʔ^{4}	nuaʔ^{4}	1.luaʔ^{4} ~霜 2.lɔu^{24} ~枕	luaʔ^{4}	luaʔ^{4}	luaʔ^{4}	tsuaʔ^{4}	tsuaʔ^{4}

	索	各	阁	搁	胳	恶	郝	略
	宕开一 铎入心	宕开一 铎入见	宕开一 铎入见	宕开一 铎入见	宕开一 铎入见	宕开一 铎入影	宕开一 铎入晓	宕开三 乐入来
朔城区	suʌʔ^{35}	kʌʔ^{35}	kʌʔ^{35}	kʌʔ^{35}	kəʔ^{35}	nʌʔ^{35}	xʌʔ^{35}	liʌʔ^{35}
平鲁	1.suʌʔ^{34} ~取 2.suə^{213} 绳~	kʌʔ^{34}	kʌʔ^{34}	kʌʔ^{34}	kəʔ^{4}	nʌʔ^{34}	xʌʔ^{34}	liʌʔ^{34}
山阴	suʌʔ^{4}	kʌʔ^{4}	kʌʔ^{4}	kʌʔ^{4}	kəʔ^{4}	nʌʔ^{4}	xʌʔ^{4}	liʌʔ^{4}
应县	suaʔ^{43}	kaʔ^{43}	kaʔ^{43}	kaʔ^{43}	kəʔ^{43}	naʔ^{43}	xəʔ^{43}	lyaʔ^{43}
右玉	suaʔ^{44}	kaʔ^{44}	kaʔ^{44}	kaʔ^{44}	kəʔ^{44}	ŋaʔ^{44}	xaʔ^{44}	lyaʔ^{44}

怀仁	suaʔ^{4}	kaʔ^{4}	kaʔ^{4}	kaʔ^{4}	kəʔ^{4}	naʔ^{4}	xaʔ^{4}	liaʔ^{4}

	掠	爵	鹊	雀	若	弱	脚	虐
	宕开三 乐入来	宕开三 乐入精	宕开三 乐入清	宕开三 乐入精	宕开三 乐入日	宕开三 乐入日	宕开三 乐入见	宕开三 乐入疑
朔城区	liʌʔ^{35}	tɕyʌʔ^{35}	tɕhiʌʔ^{35}	tɕhiʌʔ^{35}	zʌʔ^{35}	zʌʔ^{35}	tɕiʌʔ^{35}	niʌʔ^{35}
平鲁	liʌʔ^{34}	tɕyʌʔ^{34}	tɕhiʌʔ^{34}	1.tɕhiʌʔ^{34} 野~窝 2.tɕhiɔ^{213} 泛指鸟	zʌʔ^{34}	zʌʔ^{34}	tɕiʌʔ^{34}	niʌʔ^{34}
山阴	liʌʔ^{4}	tɕyʌʔ^{4}	1.tɕhyʌʔ^{4} 文 2.tɕhiɔo^{313} 白	tɕhyʌʔ^{4}	ʐʌʔ^{4}	ʐʌʔ^{4}	tɕiʌʔ^{4}	niʌʔ^{4}
应县	lyaʔ^{43}	tɕyaʔ^{43}	tɕhyaʔ^{43}	1.tɕhyaʔ^{43} 麻~ 2.tɕhiau^{54} ~盲眼	zaʔ^{43}	zuaʔ^{43}	tɕyaʔ^{43}	niaʔ^{43}
右玉	lyaʔ^{44}	tɕyaʔ^{44}	tɕhyaʔ^{44}	tɕhyaʔ^{44}	ʐuaʔ^{44}	ʐuaʔ^{44}	tɕyaʔ^{44}	niaʔ^{44}
怀仁	lyaʔ^{4}	tɕyaʔ^{4}	tɕhyaʔ^{4}	tɕhyaʔ^{4}	zuaʔ^{4}	zuaʔ^{4}	tɕyaʔ^{4}	nyaʔ^{4}

	疟	约	药	嚼	着 睡着	勺	芍	钥 钥匙
	宕开三 乐入疑	宕开三 乐入影	宕开三 乐入以	宕开三 乐入从	宕开三 乐入知	宕开三 乐入禅	宕开三 乐入禅	宕开三 乐入以
朔城区	niʌʔ^{35}	iʌʔ^{35}	iɔo^{53}	tɕiɔo^{35}	tsuə^{35}	sɔo^{35}	sɔo^{35}	iɔo^{53}
平鲁	niʌʔ^{34}	iʌʔ^{34}	1.iʌʔ^{34} 中~ 2.iɔ^{52} ~店	tɕiɔ^{44}	tsuə^{44}	sɔ^{44}	sɔ^{44}	iɔ^{52}
山阴	niʌʔ^{4}	1..iʌʔ^{4} ~定 2.iɔo^{313} 称	1.iʌʔ^{4} 草~ 2.iɔo^{335} 膏~	tɕiɔo^{313}	tʂuə^{313}	ʂɔo^{313}	ʂɔo^{313}	iɔo^{335}
应县	nyaʔ^{43}	1.yaʔ^{43} 条~ 2.iau^{43} ~摸	yaʔ^{43}	tɕiau^{31}	tsau^{31}	sau^{31}	sau^{31}	iau^{24}
右玉	niaʔ^{44}	yaʔ^{44}	yaʔ^{44}	tɕiɐo^{212}	tʂuo^{24}	ʂɐo^{212}	ʂɐo^{212}	iɐo^{24}
怀仁	nyaʔ^{4}	yaʔ^{4}	1.yaʔ^{4} 草~ 2.iɔu^{24} ~店	tɕiɔu^{312}	tsɔu^{312}	sɔu^{312}	sɔu^{312}	iɔu^{24}

	跃	削 剥削	却	郭	廓	扩	霍	藿 藿香
	宕开三 乐入以	宕开三 乐入心	宕开三 乐入溪	宕合一 铎入见	宕合一 铎入溪	宕合一 铎入溪	宕合一 铎入晓	宕合一 铎入晓
朔城区	iɔo^{53}	ɕyʌʔ^{35}	tɕhiʌʔ^{35}	kuʌʔ^{35}	khuʌʔ^{35}	khuʌʔ^{35}	xuəʔ^{35}	xuəʔ^{35}

平鲁	1.yəʔ^{34}飞~ 2.iɔ^{52}跳~	ɕyʌʔ^{34}	tɕhyʌʔ^{34}	kuʌʔ^{34}	khuʌʔ^{34}	khuʌʔ^{34}	xuəʔ^{34}	xuəʔ^{34}
山阴	iɔo^{335}	ɕyᴀʔ^{4}	tɕhyᴀʔ^{4}	kuᴀʔ^{4}	khuᴀʔ^{4}	khuᴀʔ^{4}	xuəʔ^{4}	xuəʔ^{4}
应县	iau^{24}	ɕyaʔ^{43}	tɕhyaʔ^{43}	kuaʔ^{43}	khuaʔ^{43}	khuaʔ^{43}	xuəʔ^{43}	xuəʔ^{43}
右玉	iɐo^{24}	ɕyaʔ^{44}	1.tɕhyaʔ^{44} 2.tɕhiaʔ^{44}又读	kuaʔ^{44}	khuaʔ^{44}	khuaʔ^{44}	xuəʔ^{44}	xuəʔ^{44}
怀仁	iɔu^{24}	ɕyaʔ^{4}	tɕhyaʔ^{4}	kuaʔ^{4}	khuaʔ^{4}	khuaʔ^{4}	xuəʔ^{4}	xuəʔ^{4}

	缚	剥	驳	朴	桌	卓	琢	涿涿鹿
	宕合三 药入奉	江开二 觉入帮	江开二 觉入帮	江开二 觉入滂	江开二 觉入知	江开二 觉入知	江开二 觉入知	江开二 觉入知
朔城区	fəʔ^{35}	pᴀʔ^{35}	pᴀʔ^{35}	phᴀʔ^{35}	tsuᴀʔ^{35}	tsuᴀʔ^{35}	tsuᴀʔ^{35}	tsuᴀʔ^{35}
平鲁	fəʔ^{34}	pʌʔ^{34}	pʌʔ^{34}	phʌʔ^{34}	tsuʌʔ^{34}	tsuʌʔ^{34}	tsuʌʔ^{34}	tsuʌʔ^{34}
山阴	fəʔ^{4}	pᴀʔ^{4}	pᴀʔ^{4}	phᴀʔ^{4}	tʂuᴀʔ^{4}	tʂuᴀʔ^{4}	tʂuᴀʔ^{4}	tʂuᴀʔ^{4}
应县	fəʔ^{43}	paʔ^{43}	paʔ^{43}	phaʔ^{43}	tsuaʔ^{43}	tsuaʔ^{43}	tsuaʔ^{43}	tsuaʔ^{43}
右玉	fu^{53}	paʔ^{44}	paʔ^{44}	phaʔ^{44}	tʂuaʔ^{44}	tʂuaʔ^{44}	tʂuaʔ^{44}	tʂuaʔ^{44}
怀仁	fəʔ^{4}	paʔ^{4}	paʔ^{4}	phaʔ^{4}	tsuaʔ^{4}	tsuaʔ^{4}	tsuaʔ^{4}	tsuaʔ^{4}

	戳	朔	觉知觉	确	岳	学	握	雹
	江开二 觉入彻	江开二 觉入生	江开二 觉入见	江开二 觉入溪	江开二 觉入疑	江开二 觉入匣	江开二 觉入影	江开二 觉入並
朔城区	tshuᴀʔ^{35}	suᴀʔ^{35}	tɕyᴀʔ^{35}	tɕhyᴀʔ^{35}	iᴀʔ^{35}	1.ɕyᴀʔ^{35}~校 2.ɕiɔo^{35}上~	vᴀʔ^{35}	pɔo^{35}
平鲁	tshuʌʔ^{34}	suʌʔ^{34}	tɕyʌʔ^{34}	tɕhyʌʔ^{34}	iʌʔ^{34}	1.ɕyʌʔ^{34}~习 2.ɕiɔ^{44}上~	uʌʔ^{34}	pɔ^{213}
山阴	tʂhuᴀʔ^{4}	ʂuᴀʔ^{4}	tɕyᴀʔ^{4}	tɕhyᴀʔ^{4}	1.yᴀʔ^{4}五~ 2.iɔo^{52}岱~	1.ɕyᴀʔ^{4}~校 2.ɕiɔo^{313}上~	uᴀʔ^{4}	pɔo^{313}
应县	tshuaʔ^{43}	suaʔ^{43}	tɕyaʔ^{43}	tɕhyaʔ^{43}	yaʔ^{43}	1.ɕyaʔ^{43}~校 2.ɕiau^{31}上~	vaʔ^{43}	pau^{24}
右玉	tʂhuaʔ^{44}	ʂuaʔ^{44}	tɕyaʔ^{44}	tɕhyaʔ^{44}	yaʔ^{44}	1.ɕyaʔ^{44}~校 2.ɕiɐo^{212}~手艺	vaʔ^{44}	pɐo^{24}
怀仁	tshuaʔ^{4}	suaʔ^{4}	tɕyaʔ^{4}	tɕhyaʔ^{4}	yaʔ^{4}	1.ɕyaʔ^{4}~校 2.ɕiɔu^{312}上~	vaʔ^{4}	pɔu^{24}

	镯	角角色	北	得	德	特	则	刻
	江开二 觉入崇	江开二 觉入见	曾开一 德入帮	曾开一 德入端	曾开一 德入端	曾开一 德入定	曾开一 德入精	曾开一 德入溪
朔城区	tsuə^{35}	tɕyᴀʔ^{35}	piəʔ^{35}	tiəʔ^{35}	tiəʔ^{35}	thəʔ^{35}	tsᴀʔ^{35}	khəʔ^{35}
平鲁	tsuə^{44}	tɕyʌʔ^{34}	piəʔ^{34}	tiəʔ^{34}	tiəʔ^{34}	thəʔ^{34}	tsʌʔ^{34}	khəʔ^{34}
山阴	tʂuə^{313}	tɕyᴀʔ^{4}	piəʔ^{4}	tiəʔ^{4}	tiəʔ^{4}	thəʔ^{4}	tsᴀʔ^{4}	khəʔ^{4}
应县	tsuɤ^{31}	tɕyaʔ^{43}	piɛʔ^{43}	tiɛʔ^{43}	tiɛʔ^{43}	thəʔ^{43}	tsaʔ^{43}	khəʔ^{43}
右玉	tʂuo^{31}	tɕiɐo^{31}	piəʔ^{44}	tiəʔ^{44}	tiəʔ^{44}	thəʔ^{44}	tsaʔ^{44}	khəʔ^{44}
怀仁	tsuɤ^{312}	tɕyaʔ^{4}	piəʔ^{4}	tiəʔ^{4}	tiəʔ^{4}	thəʔ^{4}	tsaʔ^{4}	khəʔ^{4}

	克	黑	肋	贼	塞	墨	逼	匿
	曾开一 德入溪	曾开一 德入晓	曾开一 德入来	曾开一 德入从	曾开一 德入心	曾开一 德入明	曾开三 职入帮	曾开三 职入泥
朔城区	khəʔ^{35}	xəʔ^{35}	li^{53}	tsɛi^{35}	sɛi^{53}	1.miəʔ^{35}~水 2.mei^{53}研~	piəʔ^{35}	niəʔ^{35}
平鲁	khəʔ^{34}	xəʔ^{34}	lɛi^{52}	tsei^{44}	sɛi^{52}	1.miəʔ^{34}~水 2.mɛi^{52}一锭~	piəʔ^{34}	1.niəʔ^{34}藏~ 2.ni^{52}~名
山阴	khəʔ^{4}	xəʔ^{4}	lɛe^{335}	tsɛe^{313}	1.sɛe^{313}~子 2.sɛe^{335}~外	1.miəʔ^{4}~水 2.mei^{335}研~	piəʔ^{4}	niəʔ^{4}
应县	khəʔ^{43}	xəʔ^{43}	lɛi^{24}	tsei^{31}	1.səʔ^{43}~住 2.sɛi^{24}要~	1.miɛʔ^{43}~水 2.mɛi^{24}研~	piɛʔ^{43}	ni^{24}
右玉	khəʔ^{44}	xəʔ^{44}	lɛe^{24}	tsɛe^{212}	sɛe^{24}	1.miəʔ^{44}~水 2.mɛe^{24}研~	piəʔ^{44}	niəʔ^{44}
怀仁	khəʔ^{4}	xəʔ^{4}	lɛe^{24}	tsɛe^{312}	1.səʔ^{4}~住 2.sɛe^{42}~子 3.sɛe^{24}~外	1.miəʔ^{4}~水 2.mɛe^{24}研~	piəʔ^{4}	niəʔ^{4}

	力	即	殖	熄	植	媳	极	直
	曾开三 职入来	曾开三 职入精	曾开三 职入禅	曾开三 职入心	曾开三 职入禅	曾开三 职入心	曾开三 职入群	曾开三 职入澄
朔城区	liəʔ^{35}	tɕiəʔ^{35}	tʂəʔ^{35}	ɕiəʔ^{35}	tʂəʔ^{35}	ɕiəʔ^{35}	tɕiəʔ^{35}	tʂəʔ^{35}
平鲁	liəʔ^{34}	tɕiəʔ^{34}	tsəʔ^{34}	ɕiəʔ^{34}	tsəʔ^{34}	ɕiəʔ^{34}	tɕiəʔ^{34}	1.tsəʔ^{34}~接 2.tsɿ^{44}正~走

山阴	liəʔ^{4}	tɕiəʔ^{4}	tʂəʔ^{4}	ɕiəʔ^{4}	tʂəʔ^{4}	ɕiəʔ^{4}	tɕiəʔ^{4}	1.tʂəʔ$^{4}_{\sim\text{到}}$ 2.tʂʅ$^{313}_{\text{正}\sim\text{走}}$
应县	liɛʔ^{43}	tɕiɛʔ^{43}	tsəʔ^{43}	ɕiɛʔ^{43}	tsəʔ^{43}	ɕiɛʔ^{43}	tɕiɛʔ^{43}	tsəʔ^{43}
右玉	liəʔ^{44}	tɕiəʔ^{44}	tʂəʔ^{44}	ɕiəʔ^{44}	tʂəʔ^{44}	ɕiəʔ^{44}	tɕiəʔ^{44}	tʂəʔ^{44}
怀仁	liəʔ^{4}	tɕiəʔ^{4}	tsəʔ^{4}	ɕiəʔ^{4}	tsəʔ^{4}	ɕiəʔ^{4}	tɕiəʔ^{4}	tsəʔ^{4}

	值	侧	测	色	食	织	职	识
	曾开三 职入澄	曾开三 职入庄	曾开三 职入初	曾开三 职入生	曾开三 职入船	曾开三 职入章	曾开三 职入章	曾开三 职入书
朔城区	tʂəʔ^{35}	tshᴀʔ^{35}	tshᴀʔ^{35}	sᴀʔ^{35}	ʂəʔ^{35}	tʂəʔ^{35}	tʂəʔ^{35}	ʂəʔ^{35}
平鲁	1.tsəʔ$^{4}_{\sim\text{得}}$ 2.tsʅ$^{44}_{\sim\text{钱}}$	1.tshʌʔ$^{34}_{\sim\text{身}}$ 2.tsʌʔ$^{34}_{\sim\text{楞}}$	tshʌʔ^{34}	sʌʔ^{34}	1.səʔ$^{34}_{\text{主}\sim}$ 2.sʅ$^{44}_{\text{猪}\sim}$	tsəʔ^{34}	tsəʔ^{34}	səʔ^{34}
山阴	1.tʂəʔ$^{4}_{\sim\text{得}}$ 2.tʂʅ$^{313}_{\sim\text{钱}}$	1.tshᴀʔ$^{4}_{\sim\text{身}}$ 2.tsᴀʔ$^{4}_{\sim\text{楞}}$	tshᴀʔ^{4}	sᴀʔ^{4}	1.ʂəʔ$^{4}_{\text{粮}\sim}$ 2.sʅ$^{313}_{\text{猪}\sim}$	tʂəʔ^{4}	tʂəʔ^{4}	ʂəʔ^{4}
应县	tsəʔ^{43}	1.tshaʔ$^{43}_{\sim\text{身}}$ 2.tsaʔ$^{43}_{\sim\text{楞}}$	tshaʔ^{43}	saʔ^{43}	1.səʔ$^{43}_{\text{主}\sim}$ 2.sʅ$^{31}_{\text{猪}\sim}$	tsəʔ^{43}	tsəʔ^{43}	səʔ^{43}
右玉	tʂəʔ^{44}	tshaʔ^{44}	tshaʔ^{44}	saʔ^{44}	ʂəʔ^{44}	tʂəʔ^{44}	tʂəʔ^{44}	ʂəʔ^{44}
怀仁	tsəʔ^{4}	1.tshaʔ$^{4}_{\sim\text{身}}$ 2.tsaʔ$^{4}_{\sim\text{楞}}$	tshaʔ^{4}	saʔ^{4}	1.səʔ$^{4}_{\text{粮}\sim}$ 2.sʅ$^{312}_{\text{猪}\sim}$	tsəʔ^{4}	tsəʔ^{4}	səʔ^{4}

	式	饰	亿	忆	翼	抑	国	或
	曾开三 职入书	曾开三 职入书	曾开三 职入影	曾开三 职入影	曾开三 职入以	曾开三 职入影	曾合一 德入见	曾合一 德入匣
朔城区	ʂəʔ^{35}	ʂəʔ^{35}	i^{53}	i^{53}	i^{53}	i^{53}	kuᴀʔ^{35}	xuᴀʔ^{35}
平鲁	səʔ^{34}	səʔ^{34}	i^{52}	i^{52}	i^{52}	1.iəʔ^{34} 2.i$^{52}_{\text{又读}}$	kuʌʔ^{34}	xuʌʔ^{34}
山阴	ʂəʔ^{4}	ʂəʔ^{4}	i^{335}	i^{335}	i^{335}	1.iəʔ^{4} 2.i$^{335}_{\text{又读}}$	kuᴀʔ^{4}	xuᴀʔ^{4}
应县	səʔ^{43}	səʔ^{43}	i^{24}	i^{24}	i^{24}	1.iɛʔ^{43} 2.i$^{24}_{\text{又读}}$	kuaʔ^{43}	xuaʔ^{43}
右玉	ʂəʔ^{44}	ʂəʔ^{44}	i^{24}	i^{24}	i^{24}	1.iəʔ$^{44}_{\sim\text{制}}$ 2.i$^{212}_{\text{压}\sim}$	kuaʔ^{44}	xuaʔ^{44}
怀仁	səʔ^{4}	səʔ^{4}	i^{24}	i^{24}	i^{24}	i^{24}	kuaʔ^{4}	xuaʔ^{4}

	惑	域	百	柏	迫	拍	魄	陌
	曾合一 德入匣	曾合三 德入云	梗开二 陌入帮	梗开二 陌入帮	梗开二 陌入帮	梗开二 陌入滂	梗开二 陌入滂	梗开二 陌入明
朔城区	xuᴀʔ^{35}	yəʔ^{35}	piᴀʔ^{35}	piᴀʔ^{35}	phiᴀʔ^{35}	phiᴀʔ^{35}	phiᴀʔ^{35}	miəʔ^{35}
平鲁	xuʌʔ^{34}	yəʔ^{34}	piʌʔ^{34}	piʌʔ^{34}	phiʌʔ^{34}	phiʌʔ^{34}	phiʌʔ^{34}	mʌʔ^{34}
山阴	xuᴀʔ^{4}	yəʔ^{4}	piᴀʔ^{4}	piᴀʔ^{4}	phiᴀʔ^{4}	phiᴀʔ^{4}	phiᴀʔ^{4}	mᴀʔ^{4}
应县	xuaʔ^{43}	yɛʔ^{43}	piaʔ^{43}	paʔ^{43}	phaʔ^{43}	phiaʔ^{43}	phaʔ^{43}	maʔ^{43}
右玉	xuaʔ^{44}	yəʔ^{44}	piaʔ^{44}	piaʔ^{44}	phiaʔ^{44}	phiaʔ^{44}	phiaʔ^{44}	maʔ^{44}
怀仁	xuaʔ^{4}	yəʔ^{4}	piaʔ^{4}	paʔ^{4}	phaʔ^{4}	phiaʔ^{4}	phaʔ^{4}	maʔ^{4}

	拆	泽	择	窄	格	客	额	吓恐吓
	梗开二 陌入彻	梗开二 陌入澄	梗开二 陌入澄	梗开二 陌入庄	梗开二 陌入见	梗开二 陌入溪	梗开二 陌入疑	梗开二 陌入晓
朔城区	tshᴀʔ^{35}	tsᴀʔ^{35}	tsᴀʔ^{35}	tsᴀʔ^{35}	kᴀʔ^{35}	1.khᴀʔ^{35} 2.tɕhiᴀʔ^{35}又读	nᴀʔ^{35}	xəʔ^{35}
平鲁	tshʌʔ^{34}	tsʌʔ^{34}	tsʌʔ^{34}	tsʌʔ^{34}	kʌʔ^{34}	tɕhiʌʔ^{34}	nʌʔ^{34}	xəʔ^{34}
山阴	tshᴀʔ^{4}	tsᴀʔ^{4}	tsᴀʔ^{4}	tsᴀʔ^{4}	kᴀʔ^{4}	khᴀʔ^{4}	nᴀʔ^{4}	xəʔ^{4}
应县	tshaʔ^{43}	tsaʔ^{43}	tsaʔ^{43}	tsaʔ^{43}	kaʔ^{43}	khaʔ^{43}	naʔ^{43}	xəʔ^{43}
右玉	tshaʔ^{44}	tsaʔ^{44}	tsaʔ^{44}	tsaʔ^{44}	kaʔ^{44}	khaʔ^{44}	ŋaʔ^{44}	xəʔ^{44}
怀仁	tshaʔ^{4}	tsaʔ^{4}	tsaʔ^{4}	tsaʔ^{4}	kaʔ^{4}	khaʔ^{4}	naʔ^{4}	xəʔ^{4}

	白	帛	宅	麦	脉	摘	责	策
	梗开二 陌入並	梗开二 陌入並	梗开二 陌入澄	梗开二 麦入明	梗开二 麦入明	梗开二 麦入知	梗开二 麦入庄	梗开二 麦入初
朔城区	pɛi^{35}	puə^{35}	tsᴀʔ^{35}	mɛi^{53}	1.miᴀʔ^{35}人~ 2.mɛi^{53}诊~	tsᴀʔ^{35}	tsᴀʔ^{35}	tshᴀʔ^{35}
平鲁	pɛi^{44}	piʌʔ^{34}	tsʌʔ^{34}	1.miʌʔ^{34}~子 2.mɛi^{52}	1.miʌʔ^{34}捉~ 2.mɛi^{52}~络	tsʌʔ^{34}	tsʌʔ^{34}	tshʌʔ^{34}
山阴	pɛe^{313}	pᴀʔ^{4}	tsɛe^{313}	mɛe^{335}	miᴀʔ^{4}	tsᴀʔ^{4}	tsᴀʔ^{4}	tshᴀʔ^{4}
应县	pɛi^{31}	puʏ^{31}	tsɛi^{43}	miaʔ^{43}	miaʔ^{43}	tsaʔ^{43}	tsaʔ^{43}	tshaʔ^{43}
右玉	pɛe^{212}	po^{31}	tsɛe^{24}	miaʔ^{44}	miaʔ^{44}	tsaʔ^{44}	tsaʔ^{44}	tshaʔ^{44}
怀仁	pɛe^{312}	puɤ^{312}	tsɛe^{312}	1.miaʔ^{4}小~ 2.mɛe^{24}~子	miaʔ^{4}	tsaʔ^{4}	tsaʔ^{4}	tshaʔ^{4}

	册	革	隔	栅栅栏	碧	逆逆风	剧	积
	梗开二 麦入初	梗开二 麦入见	梗开二 麦入见	梗开二 麦入初	梗开三 陌入帮	梗开三 陌入疑	梗开三 陌入群	梗开三 昔入精
朔城区	tshᴀʔ^{35}	kᴀʔ^{35}	kᴀʔ^{35}	tsᴀ^{53}	piəʔ^{35}	niəʔ^{35}	tɕy^{53}	tɕiəʔ^{35}
平鲁	tshʌʔ^{34}	kʌʔ^{34}	tɕiʌʔ^{34}	tsɑ^{52}	piəʔ^{34}	niəʔ^{34}	tɕy^{52}	tɕiəʔ^{34}
山阴	tshᴀʔ^{4}	kᴀʔ^{4}	kᴀʔ^{4}	tsᴀ^{335}	piəʔ^{4}	niəʔ^{4}	tɕy^{335}	tɕiəʔ^{4}
应县	tshaʔ^{43}	kaʔ^{43}	kaʔ^{43}	tsa^{24}	piɛʔ^{43}	niɛʔ^{43}	tɕy^{24}	tɕiɛʔ^{43}
右玉	tshaʔ^{44}	kaʔ^{44}	kaʔ^{44}	tsa^{24}	piəʔ^{44}	niəʔ^{44}	tɕy^{24}	tɕiəʔ^{44}
怀仁	tshaʔ^{4}	kaʔ^{4}	kaʔ^{4}	tsa^{24}	piəʔ^{4}	niəʔ^{4}	tɕy^{24}	tɕiəʔ^{4}

	迹	籍	惜	昔	席	夕	只	炙
	梗开三 昔入精	梗开三 昔入从	梗开三 昔入心	梗开三 昔入心	梗开三 昔入邪	梗开三 昔入邪	梗开三 昔入章	梗开三 昔入章
朔城区	tɕiəʔ^{35}	tɕiəʔ^{35}	ɕiəʔ^{35}	ɕiəʔ^{35}	1.ɕiəʔ^{35}主~ 2.ɕi^{35}~子	ɕiəʔ^{35}	tʂəʔ^{35}	tʂəʔ^{35}
平鲁	tɕiəʔ^{34}	tɕiəʔ^{34}	ɕiəʔ^{34}	ɕiəʔ^{34}	1.ɕiəʔ^{34}主~ 2.ɕi^{44}~子	ɕiəʔ^{34}	tsəʔ^{34}	tsəʔ^{34}
山阴	tɕiəʔ^{4}	tɕiəʔ^{4}	ɕiəʔ^{4}	ɕiəʔ^{4}	1.ɕiəʔ^{4}主~ 2.ɕi^{313}~子	ɕiəʔ^{4}	tʂəʔ^{4}	tʂəʔ^{4}
应县	tɕiɛʔ^{43}	tɕiɛʔ^{43}	ɕiɛʔ^{43}	ɕiɛʔ^{43}	1.ɕiɛʔ^{43}主~ 2.ɕi^{31}酒~	ɕiɛʔ^{43}	1.tsəʔ^{43}一~ 2.tsɿ^{53}~要	tsəʔ^{43}
右玉	tɕiəʔ^{44}	tɕiəʔ^{44}	ɕiəʔ^{44}	ɕiəʔ^{44}	ɕiəʔ^{44}	ɕiəʔ^{44}	tʂəʔ^{44}	tʂəʔ^{44}
怀仁	tɕiəʔ^{4}	tɕiəʔ^{4}	ɕiəʔ^{4}	ɕiəʔ^{4}	1.ɕiəʔ^{4}主~ 2.ɕi^{312}~子	ɕiəʔ^{4}	tsəʔ^{4}	tsəʔ^{4}

	赤	斥	尺	适	释	石	射	益
	梗开三 昔入昌	梗开三 昔入昌	梗开三 昔入昌	梗开三 昔入书	梗开三 昔入书	梗开三 昔入禅	梗开三 昔入船	梗开三 昔入影
朔城区	tʂhəʔ^{35}	tʂhəʔ^{35}	tʂhəʔ^{35}	ʂəʔ^{35}	ʂəʔ^{35}	ʂəʔ^{35}	ʂə^{53}	iəʔ^{35}
平鲁	tshəʔ^{34}	tshəʔ^{34}	tshəʔ^{34}	səʔ^{34}	səʔ^{34}	səʔ^{34}	sɤ^{52}	1.iəʔ^{34}利~ 2.i^{52}
山阴	tʂhəʔ^{4}	tʂhəʔ^{4}	tʂhəʔ^{4}	ʂəʔ^{4}	ʂəʔ^{4}	ʂəʔ^{4}	ʂʅʌr^{335}	i^{335}
应县	tshəʔ^{43}	tshəʔ^{43}	tshəʔ^{43}	səʔ^{43}	səʔ^{43}	səʔ^{43}	sɤ^{24}	i^{24}
右玉	tʂhəʔ^{44}	tʂhəʔ^{44}	tʂhəʔ^{44}	ʂəʔ^{44}	ʂəʔ^{44}	ʂəʔ^{44}	ʂɤ^{24}	i^{24}

怀仁	tshəʔ^{4}	tshəʔ^{4}	tshəʔ^{4}	səʔ^{4}	səʔ^{4}	səʔ^{4}	sɤ^{24}	i^{24}

	译	易交易	液	腋	壁	劈	的目的	嫡
	梗开三 昔入以	梗开三 昔入以	梗开三 昔入以	梗开三 昔入以	梗开四 锡入帮	梗开四 锡入滂	梗开四 锡入端	梗开四 锡入端
朔城区	i^{53}	i^{53}	iɛ^{53}	iɛ^{53}	piəʔ^{35}	phiəʔ^{35}	tiəʔ^{35}	tiᴀʔ^{35}
平鲁	i^{52}	i^{52}	iᴇ^{52}	iᴇ^{52}	piəʔ^{34}	phiəʔ^{34}	tiəʔ^{34}	tiəʔ^{34}
山阴	i^{335}	i^{335}	iᴇ^{335}	iᴇ^{335}	piəʔ^{4}	phiəʔ^{4}	tiəʔ^{4}	tiəʔ^{4}
应县	i^{24}	i^{24}	iɛ^{24}	iɛ^{24}	piɛʔ^{43}	phiɛʔ^{43}	tiɛʔ^{43}	tiɛʔ^{43}
右玉	i^{24}	i^{24}	iɛ^{24}	iɛ^{24}	piəʔ^{44}	phiəʔ^{44}	tiəʔ^{44}	tiəʔ^{44}
怀仁	i^{24}	i^{24}	iɛ^{24}	iɛ^{24}	piəʔ^{4}	phiəʔ^{4}	tiəʔ^{4}	tiəʔ^{4}

	踢	剔	绩	析	击	激	吃	觅
	梗开四 锡入透	梗开四 锡入透	梗开四 锡入精	梗开四 锡入心	梗开四 锡入见	梗开四 锡入见	梗开四 锡入溪	梗开四 锡入明
朔城区	tɕhiəʔ^{35}	tɕhiəʔ^{35}	tɕiəʔ^{35}	ɕiəʔ^{35}	tɕiəʔ^{35}	tɕiəʔ^{35}	tʂhəʔ^{35}	mi^{53}
平鲁	tɕhiəʔ^{34}	tɕhiəʔ^{34}	tɕiəʔ^{34}	ɕiəʔ^{34}	tɕiəʔ^{34}	tɕiəʔ^{34}	tshəʔ^{34}	mi^{52}
山阴	tɕhiəʔ^{4}	tɕhiəʔ^{4}	tɕiəʔ^{4}	ɕiəʔ^{4}	tɕiəʔ^{4}	tɕiəʔ^{4}	tʂhəʔ^{4}	miəʔ^{4}
应县	tɕhiɛʔ^{43}	tɕhiɛʔ^{43}	tɕiɛʔ^{43}	ɕiɛʔ^{43}	tɕiɛʔ^{43}	tɕiɛʔ^{43}	tshəʔ^{43}	miɛʔ^{43}
右玉	thiəʔ^{44}	thiəʔ^{44}	tɕiəʔ^{44}	ɕiəʔ^{44}	tɕiəʔ^{44}	tɕiəʔ^{44}	tʂhəʔ^{44}	mi^{53}
怀仁	thiəʔ^{4}	thiəʔ^{4}	tɕiəʔ^{4}	ɕiəʔ^{4}	tɕiəʔ^{4}	tɕiəʔ^{4}	tshəʔ^{4}	mi^{24}

	笛	敌	狄	历	获	划	疫	扑
	梗开四 锡入定	梗开四 锡入定	梗开四 锡入定	梗开四 锡入来	梗合二 麦入匣	梗合二 麦入匣	梗开三 昔入以	通合一 屋入滂
朔城区	tiəʔ^{35}	tiəʔ^{35}	tiəʔ^{35}	li^{53}	xuᴀʔ^{35}	1.xuᴀ^{35} ~船 2.xuᴀ^{53} ~一下	i^{53}	phəʔ^{35}
平鲁	1.ti^{44} 牧~ 2.tiəʔ^{34} ~子	1.ti^{44} ~不过 2.tiəʔ^{34} ~人	tiəʔ^{34}	li^{52}	xuʌʔ^{34}	1.xuɑ^{44} ~船 2.xuɑ^{52} ~分	i^{52}	phʌʔ^{34} 文读 2.phu^{44} ~克儿
山阴	ti^{313}	tiəʔ^{4}	tiəʔ^{4}	li^{335}	xuᴀʔ^{4}	1.xuᴀ^{313} ~船 2.xuᴀ^{335} ~分	i^{335}	phəʔ^{4}

应县	ti^{31}	ti^{31}	ti^{31}	li^{24}	xuaʔ^{43}	1.xua^{31}~船 2.xua^{24}计~	i^{24}	phəʔ^{43}
右玉	ti^{212}	ti^{212}	ti^{212}	li^{24}	xuaʔ^{44}	1.xua^{212}~船 2.xua^{24}计~	i^{24}	phaʔ^{44}
怀仁	ti^{312}	ti^{312}	ti^{312}	li^{24}	xuaʔ^{4}	1.xua^{312}~船 2.xua^{24}~分	i^{24}	phəʔ^{4}

	秃	独	读	禄	族	速	谷	哭
	通合一 屋入透	通合一 屋入定	通合一 屋入定	通合一 屋入来	通合一 屋入从	通合一 屋入心	通合一 屋入见	通合一 屋入溪
朔城区	thuəʔ^{35}	tuəʔ^{35}	tuəʔ^{35}	luəʔ^{35}	tshuəʔ^{35}	suəʔ^{35}	kuəʔ^{35}	khuəʔ^{35}
平鲁	thuəʔ^{34}	tuəʔ^{34}	tuəʔ^{34}	luəʔ^{34}	tshuəʔ^{34}	suəʔ^{34}	kuəʔ^{34}	khuəʔ^{34}
山阴	thuəʔ^{4}	tuəʔ^{4}	tuəʔ^{4}	luəʔ^{4}	tshuəʔ^{4}	suəʔ^{4}	kuəʔ^{4}	khuəʔ^{4}
应县	thuəʔ^{43}	tuəʔ^{43}	tuəʔ^{43}	luəʔ^{43}	tshuəʔ^{43}	suəʔ^{43}	kuəʔ^{43}	khuəʔ^{43}
右玉	thuəʔ^{44}	tuəʔ^{44}	tuəʔ^{44}	luəʔ^{44}	tshuəʔ^{44}	suəʔ^{44}	kuəʔ^{44}	khuəʔ^{44}
怀仁	thuəʔ^{4}	tuəʔ^{4}	tuəʔ^{4}	lu^{24}	tsuəʔ^{4}	suəʔ^{4}	kuəʔ^{4}	khuəʔ^{4}

	屋	木	犊	督	酷	沃	毒	福
	通合一 屋入影	通合一 屋入明	通合一 屋入定	通合一 沃入端	通合一 沃入溪	通合一 沃入影	通合一 沃入定	通合三 屋入非
朔城区	vəʔ^{35}	mu^{53}	tu^{35}	tuəʔ^{35}	khuəʔ^{35}	vʌʔ^{35}	tuəʔ^{35}	fəʔ^{35}
平鲁	uəʔ^{34}	mu^{52}	tu^{44}	tuəʔ^{34}	khuəʔ^{34}	uʌʔ^{34}	1.tuəʔ^{34}~辣 2.tu^{44}~蛇	fəʔ^{34}
山阴	uəʔ^{4}	mu^{335}	tu^{313}	tuəʔ^{4}	khuəʔ^{4}	uʌʔ^{4}	tu^{313}	fəʔ^{4}
应县	vəʔ^{43}	mu^{24}	tu^{31}	tuəʔ^{43}	khuəʔ^{43}	vaʔ^{43}	tu^{31}	fəʔ^{43}
右玉	vəʔ^{44}	mu^{24}	tu^{31}	tuəʔ^{44}	khuəʔ^{44}	vaʔ^{44}	1.tuəʔ^{44}~辣 2.tu^{212}中~	fəʔ^{44}
怀仁	u^{42}	mu^{24}	tu^{312}	tuəʔ^{4}	khuəʔ^{4}	vaʔ^{4}	tu^{312}	fəʔ^{4}

	幅	蝠	复	覆	服	陆陆地	郁	育
	通合三 屋入非	通合三 屋入非	通合三 屋入非	通合三 屋入敷	通合三 屋入奉	通合三 屋入来	通合三 屋入影	通合三 屋入以
朔城区	fu^{53}	fəʔ^{35}	fəʔ^{35}	fəʔ^{35}	fəʔ^{35}	luəʔ^{35}	y^{53}	yəʔ^{35}

平鲁	fəʔ^{34}	fəʔ^{34}	fəʔ^{34}	fəʔ^{34}	1.fəʔ^{34}~气 2.fu^{44}禀~	luəʔ^{34}	yəʔ^{34}	yəʔ^{34}
山阴	fu^{335}	fəʔ^{4}	fəʔ^{4}	fəʔ^{4}	fəʔ^{4}	luəʔ^{4}	yəʔ^{4}	yəʔ^{4}
应县	fu^{24}	fəʔ^{43}	fəʔ^{43}	fəʔ^{43}	fəʔ^{43}	luəʔ^{43}	yɛʔ^{43}	yɛʔ^{43}
右玉	fəʔ^{44}	fəʔ^{44}	fəʔ^{44}	fəʔ^{44}	fəʔ^{44}	luəʔ^{44}	yəʔ^{44}	yəʔ^{44}
怀仁	fu^{24}	fəʔ^{4}	fəʔ^{4}	fəʔ^{4}	fəʔ^{4}	luəʔ^{4}	yəʔ^{4}	y^{24}

	肃	畜	竹	筑	逐	缩	祝	叔
	通合三 屋入心	通合三 屋入彻	通合三 屋入知	通合三 屋入知	通合三 屋入澄	通合三 屋入生	通合三 屋入章	通合三 屋入书
朔城区	ɕyəʔ^{35}	1.ɕyəʔ^{35}~牧 2.tshu^{53}~牲	tsuəʔ^{35}	tsuəʔ^{35}	tsuəʔ^{35}	suʌʔ^{35}	tsuəʔ^{35}	1.səu^{312}~~ 2.suəʔ^{35}~伯兄弟
平鲁	ɕyəʔ^{34}	ɕyəʔ^{34}	tsuəʔ^{34}	tsuəʔ^{34}	tsuəʔ^{34}	1.suʌʔ^{34}退~ 2.suɒ^{213}~下	tsuəʔ^{34}	1.suəʔ^{34}~伯弟兄 2.səu^{213}~~
山阴	ɕyəʔ^{4}	ɕyəʔ^{4}	tʂuəʔ^{4}	tʂuəʔ^{4}	tʂuəʔ^{4}	1.suʌʔ^{4}~小 2.suɒ^{313}~下	tʂuəʔ^{4}	1.ʂuəʔ^{4}~伯弟兄 2.ʂəu^{313}~~
应县	ɕyɛʔ^{43}	ɕyɛʔ^{43}	tsuəʔ^{43}	tsuəʔ^{43}	tsuəʔ^{43}	suaʔ^{43}	tsuəʔ^{43}	1.səu^{43}~~ 2.suəʔ^{43}~伯弟兄
右玉	ɕyəʔ^{44}	ɕyəʔ^{44}	tʂuəʔ^{44}	tʂuəʔ^{44}	tʂuəʔ^{44}	1.ʂuaʔ^{44}~小 2.ʂuɒ^{212}~前退后	tʂuəʔ^{44}	1.ʂuəʔ^{44}~伯弟兄 2.ʂəu^{31}~~
怀仁	ɕyəʔ^{4}	ɕyəʔ^{4}	tsuəʔ^{4}	tsuəʔ^{4}	tsuəʔ^{4}	suaʔ^{4}	tsuəʔ^{4}	1.suəʔ^{4}~伯弟兄 2.səu^{42}~~

	菊	目目的	穆	牧	六	轴	粥	肉
	通合三 屋入见	通合三 屋入明	通合三 屋入明	通合三 屋入明	通合三 屋入来	通合三 屋入澄	通合三 屋入章	通合三 屋入日
朔城区	tɕyəʔ^{35}	məʔ^{35}	məʔ^{35}	mu^{53}	liəu^{53}	tsəu^{35}	tsəu^{312}	zəu^{53}
平鲁	tɕyəʔ^{34}	məʔ^{34}	mu^{52}	mu^{52}	liəu^{52}	tsəu^{44}	tsəu^{213}	zəu^{52}
山阴	tɕyəʔ^{4}	məʔ^{4}	mu^{335}	mu^{335}	liəu^{335}	tʂəu^{313}	tʂəu^{313}	ʐəu^{335}
应县	tɕyɛʔ^{43}	məʔ^{43}	mu^{24}	mu^{24}	liəu^{24}	tsəu^{31}	tsəu^{43}	zəu^{24}
右玉	tɕyəʔ^{44}	mu^{24}	mu^{24}	mu^{24}	liəu^{24}	tʂəu^{24}	tʂəu^{31}	ʐəu^{24}
怀仁	tɕyəʔ^{4}	məʔ^{4}	mu^{24}	mu^{24}	liɤu^{24}	tsɤu^{312}	tsɤu^{42}	zɤu^{24}

	熟	淑	绿	录	足	促	俗	烛
	通合三 屋入禅	通合三 屋入禅	通合三 烛入来	通合三 烛入来	通合三 烛入精	通合三 烛入清	通合三 烛入邪	通合三 烛入章
朔城区	1.suəʔ^{35} ~悉 2.su^{35} ~人 3.səu^{35} 饭~	suəʔ^{35}	luəʔ^{35}	luəʔ^{35}	tsuəʔ^{35}	tshuəʔ^{35}	ɕyəʔ^{35}	tsuəʔ^{35}
平鲁	1.suəʔ^{34} ~悉 2.su^{44} ~人 3.səu^{44} 饭~	suəʔ^{34}	luəʔ^{34}	luəʔ^{34}	tɕyəʔ^{34}	tshuəʔ^{34}	ɕyəʔ^{34}	tsuəʔ^{34}
山阴	1.ʂuəʔ^{4} ~悉 2.ʂu^{313} ~人 3.ʂəu^{313} 饭~	ʂuəʔ^{4}	lyəʔ^{4}	luəʔ^{4}	tɕyəʔ^{4}	tshuəʔ^{4}	ɕyəʔ^{4}	tʂuəʔ^{4}
应县	1.suəʔ^{43} ~悉 2.su^{31} ~人 3.səu^{31} 饭~	su^{43}	ly^{24}	luəʔ^{43}	tɕyɛʔ^{43}	thsuəʔ^{43}	ɕyɛʔ^{43}	tsuəʔ^{43}
右玉	1.ʂuəʔ^{4} ~悉 2.ʂu^{212} 惯~ 3.ʂəu^{212} 饭~	ʂuəʔ^{44}	luəʔ^{44}	luəʔ^{44}	tɕyəʔ^{44}	tshuəʔ^{44}	ɕyəʔ^{44}	tʂuəʔ^{44}
怀仁	1.suəʔ^{4} ~悉 2.su^{312} ~人 3.sɤu^{312} 饭~	suəʔ^{4}	ly^{24}	luəʔ^{4}	tɕyəʔ^{4}	tshuəʔ^{4}	ɕyəʔ^{4}	tsuəʔ^{4}

	嘱	触	束	曲	续	赎	蜀	辱
	通合三 烛入章	通合三 烛入昌	通合三 烛入书	通合三 烛入溪	通合三 烛入邪	通合三 烛入船	通合三 烛入船	通合三 烛入日
朔城区	tsuəʔ^{35}	tshuəʔ^{35}	suəʔ^{35}	tɕhyəʔ^{35}	ɕy^{53}	su^{35}	su^{312}	zuəʔ^{35}
平鲁	tsuəʔ^{34}	tshuəʔ^{34}	suəʔ^{34}	tɕhyəʔ^{34}	ɕy^{52}	su^{44}	su^{213}	zuəʔ^{34}
山阴	tʂuəʔ^{4}	tʂhuəʔ^{4}	ʂuəʔ^{4}	tɕhyəʔ^{4}	ɕy^{335}	ʂu^{313}	ʂu^{52}	zʅuəʔ^{4}
应县	tsuəʔ^{43}	tsuəʔ^{43}	suəʔ^{43}	tɕhyɛʔ^{43}	ɕy^{24}	su^{31}	su^{54}	zu^{54}
右玉	tʂuəʔ^{44}	tʂuəʔ^{44}	ʂuəʔ^{44}	tɕhyəʔ^{44}	ɕy^{24}	ʂu^{212}	ʂu^{53}	zʅu^{53}
怀仁	tsu^{53}	tshuəʔ^{4}	suəʔ^{4}	tɕhyəʔ^{4}	ɕy^{24}	su^{312}	su^{53}	zu^{53}

	褥	局	玉	狱	欲	浴
	通合三 烛入日	通合三 烛入群	通合三 烛入疑	通合三 烛入疑	通合三 烛入以	通合三 烛入以
朔城区	zu^{53}	$tɕy^{35}$	y^{53}	y^{53}	$yəʔ^{35}$	$yəʔ^{35}$
平鲁	zu^{52}	$tɕy^{44}$	y^{52}	y^{52}	$yəʔ^{34}$	$yəʔ^{34}$
山阴	$z̨u^{335}$	$tɕy^{313}$	y^{335}	y^{335}	$yəʔ^{4}$	$yəʔ^{4}$
应县	zu^{24}	$tɕy^{31}$	y^{24}	y^{24}	$yɛʔ^{43}$	$yɛʔ^{43}$
右玉	$z̨u^{24}$	$tɕy^{31}$	y^{24}	y^{24}	$yəʔ^{44}$	$yəʔ^{44}$
怀仁	zu^{24}	$tɕy^{312}$	y^{24}	y^{24}	y^{24}	y^{24}

附录 2

朔州各方言点词汇对照表

	朔城区	平鲁	山阴	应县	右玉	怀仁
太阳	1.iɑ̃^{35}phᴀʔ^{35} 2. zʅ^{53}thəu^{0}	1.zʅ^{52}thəu^{44} 2.iɒ^{44}phʏ^{0}	1.zʅ^{335}thəu^{0} 2.iɒ^{313}phuə^{0}	1.zʅ^{24}thəu^{31} 2.thɛi^{24}iaŋ^{31}	1.zʅ^{24}thəu^{212} 2.thɛe^{24}iɒ^{212}	1.zʅ^{24}thɤu^{0} 2.thɛe^{24}iɒ^{0}
月亮	yɛ^{53}liɑ̃^{53}	yᴇ^{52}liɒ^{0}	1.yᴇ^{335}liɒ^{0} 2.yᴀʔ^{4}liɒ^{335}	1.yaʔ^{43}liaŋ^{24} 2.yɛ^{24}vaŋ^{31}iɛ^{31}	yɛ^{31}liɒ^{24}	yɛ^{24}liɒ^{0}
星星	ɕiə̃$^{312/31}$ɕiəu^{53}	ɕiəɯ$^{213/31}$ ɕiəu$^{52/12}$	ɕiəu$^{313/31}$ ɕiəu$^{313/13}$	1.ɕiəŋ^{43}ɕiəŋ^{31} 2.ɕiəu^{43}ɕiəu^{31}	ɕiə̃ɣ^{31}ɕiəu^{24}	1.ɕiəŋ^{42}ɕiəŋ^{0} 2.ɕiɤu^{42}ɕiɤu^{0}
云	yə̃^{35}tshɛi^{0}	yəɯ^{44}tshɛi^{0}	yə̃^{313}tshɛe^{0}	yəŋ^{31}tshɛi^{31}	yə̃ɣ^{212}	1.yəŋ^{312} 2.yəŋ^{312}tshɛe^{0}
风	fə̃^{312}	fəɯ^{213}	fə̃^{313}	fəŋ^{43}	fə̃ɣ^{31}	fəŋ^{42}
闪电	sæ^{312}	sæ^{213}	ʂæ^{52}	sɛ̃^{54}	ʂæ^{53}	sæ^{53}
雷	li^{35}	lɛi^{44}	lɛe^{313}	lɛi^{31}	lɛe$^{212/31}$ʂə̃ɣ^{31}	lɛe^{312}
雨	y^{312}	y^{213}	y^{52}	y^{54}	y^{53}	y^{53}
雪	ɕyᴀʔ^{35}	ɕyʌʔ^{34}	ɕyᴀʔ^{4}	ɕyaʔ^{43}	ɕyaʔ^{44}	ɕyaʔ^{4}
冰	piə̃$^{312/31}$liə̃^{35}	piəɯ$^{213/31}$ liəɯ$^{44/334}$	piə̃$^{313/31}$liə̃^{335}	piəŋ^{43}liəŋ^{31}	piə̃ɣ^{31}liə̃ɣ^{31}	piəŋ^{42}
冰雹	lə̃$^{312/31}$tæ^{53}	ləɯ$^{213/31}$tæ$^{52/12}$	1.tæ^{335}zəʔ^{0} 2.lə̃^{52}tæ^{335}	1.ləŋ^{54}tɛ̃^{43} 2.ləŋ^{54}zəʔ^{0}	1.tæ^{24}zəʔ^{0} 2.lə̃ɣ^{53}tæ^{24}zəʔ^{0}	1.tæ^{24}zəʔ^{0} 2.piəŋ^{42}pəu^{24}
雾	u^{53}	u^{52}	u^{335}	vu^{24}	vu^{24}	u^{24}
露	1.ləu^{53}suei^{312} 2.ləu^{53}suei^{312} tsuər^{312}	1.ləu^{52}suɛi^{213} 2.ləu^{52}suɛi^{213} tsuər^{213}	ləu^{335}ʂuei^{0}	ləu^{24}suɛi^{31}	ləu^{24}ʂuɛe^{53}	lɤu^{24}suɛe^{0}
虹	tɕiɑ̃^{53}	tɕiɒ^{52}	tɕiɒ^{335}	tɕiaŋ^{24}	tɕiɒ^{24}	tɕiɒ^{24}

	朔城区	平鲁	山阴	应县	右玉	怀仁
日食	ʐʅ^{53}sʅ^{35}	1.zɿ^{52}sɿ^{44} 2.tɕhiᴇ$^{213/43}$ kəu$^{213/43}$ tshəʔ^{34}zɿ^{52}	ʐʅ$^{335/35}$ʂʅ^{313}	zɿ^{24}səʔ^{43}	ʐʅ^{24}ʂʅ^{212}	zɿ^{24}sɿ^{312}
月食	yɛ^{53}sɿ^{35}	1.yᴇ^{52}sɿ^{44} 2.tɕhiᴇ$^{213/43}$ kəu$^{213/43}$ tshəʔ^{34}yᴇ^{52}	yᴇ$^{335/35}$ʂʅ^{313}	yaʔ^{24}səʔ^{43}	yɛ^{31}ʂʅ^{212}	yɛ^{24}sɿ^{312}
天气	tɕhiɛ$^{312/31}$tɕhi^{53}	tɕhiᴇ$^{213/31}$ tɕhi$^{52/12}$	tɕhiᴇ$^{313/31}$ tɕhi^{335}	tɕhiɛ̃^{43}tɕhi^{31}	thiɛ^{31}tɕhi^{24}	thiæ^{42}tɕhi^{0}
晴	tɕhiɑ̃^{35}	tɕhiəɯ^{44}	tɕhiɑ̃^{313}tɕhiᴇ^{0}	tɕhiəŋ^{31}	xɐo^{53}thiɛ^{31} tɕhi^{24}	tɕhiəŋ^{312}
阴	iɑ̃^{312}	iəɯ^{213}	iɑ̃^{313} tɕhiᴇ^{0}	iəŋ^{43}	iɑ̃ɣ^{24}thiɛ^{31}	iəŋ^{42}
旱	xæ^{53}	xæ^{52}	tɕhiᴇ$^{313/31}$ xæ^{335}	xɛ̃^{24}	thiɛ^{31}xæ^{24}	xæ^{24}
涝	lɔo^{53}	lɔ^{52}	lɔo^{335}	lau^{24}	y^{53}lɐo^{24}thiɛ^{31}	lɔu^{24}
路	ləu^{53}	ləu^{52}	ləu^{335}	ləu^{24}	ləu^{24}	lɤu^{24}
山	sæ^{312}	sæ^{213}	sæ^{313}	sɛ̃^{43}	sæ^{31}	sæ^{42}
洪水	xuɑ̃^{35}suei^{312}	xuəɯ^{44}suɛi^{0}	xuɑ̃$^{313/31}$ʂuei^{0}	xuəŋ^{43}suɛi^{54}	sæ^{31}ʂuɛe^{53}	xuəŋ^{312}suɛe^{53}
河岸	xuə^{35}næ^{53}	xuə^{44}iᴇ^{44}	xuə$^{313/31}$næ^{335}	xʏ^{31}nɛ̃^{24}	1.xɤ$^{212/31}$ŋæ^{24} 2.xɤ^{212}kəʔ^{44} lɑ̃ɣ^{31}	xɤ^{312}næ^{24}
坝	pᴀ^{53}ti^{312}	pɑ^{52}	ti$^{313/31}$pᴀ^{335}	ta^{54}kaŋ^{43}zəʔ^{0}	thu^{53}pa^{24}	pa^{24}
石头	ʂəʔ^{35}thəu^{0}	səʔ^{34}thəu^{44}	ʂəʔ^{4}thəu^{0}	səʔ^{43}thəu^{31}	ʂəʔ^{44}thəu^{212}	səʔ^{4}thɤu^{0}
土	thu^{312}	thu^{213}	thu^{52}	thu^{54}	thu^{53}	thu^{53}
泥	ni^{35}	ni^{213}	ni^{313}	ni^{31}	ni^{212}	ni^{312}
水泥	1.suei^{312}ni^{35} 2. iɑ̃^{35}sɿ^{35} xuei$^{312/31}$	iɒ^{44}xuɛi^{0}	ʂuei^{52}ni^{313}	iaŋ^{31}xuɛi^{43}	iɒ$^{212/31}$xuɛe^{31}	1.suɛe^{53}ni^{312} 2.iɒ^{312}xuɛe^{42}

	朔城区	平鲁	山阴	应县	右玉	怀仁
沙子	sᴀ^{312}ə^{0}	sɑ^{213}	sᴀ^{313}zəʔ^{0}	sa^{43}zəʔ^{0}	sa^{31}zəʔ^{0}	sa^{42}zəʔ^{0}
砖	tsuæ^{312}	tsuæ$^{213/31}$ thəu$^{44/334}$	tʂuæ^{313}	tsuɛ̃^{43}thəu^{31} zəʔ^{0}	tʂuæ^{31}	tsuæ^{42}
瓦	vᴀ^{312}	1.uɑ^{213} 2.uɑ$^{213/31}$ tsuæ^{213}	uᴀ^{52}	1.va^{54} 2.va^{54}phiɛ̃^{24}	va^{53}	va^{53}
煤	mei^{35}	thæ^{52}	thæ^{335}	thɛ̃^{24}	thæ^{31}	thæ^{24}
煤油	mei^{35}iəu^{35}	mɛi^{44}iəu^{0}	mei$^{313/13}$ iəu$^{313/31}$	mɛi^{31}iəu^{31}	mɛe$^{212/31}$iəu^{212}	mɛe^{312}iɤu^{0}
灰尘	xuei^{312}	xuɛi$^{213/31}$ tshəɯ$^{44/334}$	xuei$^{313/13}$ tʂhə̃$^{313/31}$	xuɛi^{43}tshəŋ^{31}	tʂhə̃ɣ^{212}xuɛe^{31}	xuɛe^{42}
火	xuə^{312}	xuə^{213}	xuə^{52}	xuʏ^{54}	xuo^{53}	xuɤ^{53}
烟	iɛ^{312}	iᴇ^{213}	iᴇ^{313}	iɛ̃^{43}	iɛ^{31}	iæ^{42}
水	suei^{312}	suɛi^{213}	ʂuei^{52}	suɛi^{54}	ʂuɛe^{53}	suɛe^{53}
凉水	lə̃$^{312/31}$suei^{312}	liɒ^{44}suɛi^{0}	liɒ$^{313/31}$ʂuei^{52}	liaŋ^{31}suɛi^{54}	lə̃ɣ$^{53/31}$ʂuɛe^{53}	ləŋ^{31}suɛe^{53}
开水	1.khɛi$^{312/31}$ suei^{312} 2.kuə̃$^{312/31}$ suei^{312}	kuəɯ$^{213/31}$ suɛi$^{213/312}$	kuə̃^{313}ʂuei^{0}	1.kuəŋ^{54}suɛi^{31} 2.nau^{31}suɛi^{54}	kuə̃ɣ$^{53/31}$ʂuɛe^{31}	1.khɛe^{42}suɛe^{0} 2.kuəŋ^{31}suɛe^{0}
什么 时候	sᴀ$^{312/31}$sɿ^{35} xəu^{0}	1.sɑ^{52}sɿ^{44}xəu^{0} 2.tuə$^{213/43}$ xuər$^{213/43}$	sᴀ^{52}sɿ$^{313/31}$ xəu^{335}	1.sa^{31}sɿ^{31}xəu^{24} 2.tuʏ^{43}xuɐr^{54}	tuo^{31}xuar^{24}	sa^{312}sɿ^{312} xɤur^{24}
现在	tsɿ^{53}xuər^{312}	tsɿ^{52}tsər^{0}	tʂʅ$^{335/35}$xuʌr^{52}	tsəʔ^{43}xuɐr^{54}	tʂʅ^{24}tʂə̃ɣ^{24}tʂə̃ɣ^{0}	tsəʔ^{4}xuər^{53}
今年	tɕiə̃$^{312/31}$niɛ^{35}	tsəɯ$^{213/31}$ niᴇ$^{44/334}$	tɕiə̃$^{313/13}$ niᴇ$^{313/31}$	tɕiəŋ^{43}niɛ̃^{31}	tɕiə̃ɣ^{31}niɛ^{212}	tɕiəŋ^{42}niæ^{312}
明年	miə̃^{35}niɛ^{35}	miəɯ^{44}niᴇ^{0}	miə̃$^{313/31}$niᴇ^{0}	1.miəŋ^{31}niɛ̃^{31} 2.kuʏ^{24}niɛ̃^{31}	kuo^{31}niɛ^{212}	1.miəŋ^{312} niæ^{312} 2.kuɤ^{24}niæ^{312}

	朔城区	平鲁	山阴	应县	右玉	怀仁
后年	xəu^{53}niɛ^{35}	xəu^{52}niᴇ^{44}	xəu$^{335/35}$niᴇ^{313}	xəu^{24}niɛ̃^{31}	xəu^{24}niɛ^{212}	xɤu^{24}niæ^{312}
去年	niɛ^{35}sə̃^{312}	niᴇ^{44}səɯ^{0}	niᴇ$^{313/31}$sə̃^{52}	niɛ̃^{31}səŋ^{54}	niɛ$^{212/31}$ʂə̃ɣ^{53} kəʔ^{44}	niæ^{312}səŋ^{53} kəʔ^{0}
前年	tɕhiɛ^{35}niɛ^{35}	tɕhiᴇ^{44}niᴇ^{0}	tɕhiᴇ$^{313/31}$niᴇ^{52}	tɕhiɛ̃^{31}niɛ̃^{31}	tɕhiɛ$^{212/31}$ niɛ^{212}	tɕhiæ^{312}niæ^{312} kəʔ^{0}
年初	niɛ^{35}tshu$^{312/31}$	niᴇ^{44}tshuər^{0}	niᴇ$^{313/13}$ tʂhu$^{313/31}$	niɛ̃^{31}tshu^{43}	niɛ$^{212/31}$tʂhu^{31}	niæ^{312}tshu^{42}
年底	niɛ^{35}ti^{312}	niᴇ^{44}ti^{0}	niᴇ^{313}ti^{52}	niɛ̃^{31}ti^{54}	niɛ$^{212/31}$ti^{53}	niæ^{312}ti^{53}
今天	tɕiər^{312}	tsər^{213}	tɕiʌr^{313}	tɕiɐr^{43}kəʔ^{43}	tɕiar^{31}kəʔ^{44}	tɕiər^{42}kəʔ^{0}
明天	miər^{35}	miər^{44}	miʌr^{313}	miɐr^{31}kəʔ^{43}	miar$^{212/31}$kəʔ^{44}	miər^{312}
后天	xuər^{53}	xər^{52}	xəu^{335}tɕhiᴇ^{0}	xəu^{24}tɕhiɛ̃^{43}	xəu^{24}thiɛ^{31}	xɤu^{24}thiæ^{42}
大后天	tᴀ^{53}xuər^{53}	uɛi^{52}xər^{0}	uɛe$^{335/35}$ xəu$^{335/35}$tɕhiᴇ^{0}	ta^{24}xəu^{24} tɕhiɛ̃^{43}	ta^{24}xəu^{24}thiɛ^{31}	ta^{24}xɤu^{24}thiæ^{42}
昨天	1.iər^{53} 2.iɛ^{53}lɛi^{35}	iᴇ^{52}lɛi^{0}	iʌr^{52}kəʔ^{0}	1.iɛ^{24}ni^{54}kəʔ^{43} 2.iɐr^{24}kəʔ^{43}	iar^{53}kəʔ^{44}	iər^{53}kəʔ^{0}
前天	tɕhiɛ^{35}zʅ^{53}	tɕhiᴇ^{44}zɿ^{0}	tɕhiᴇ$^{313/31}$zʅ^{335}	tɕhiɛ̃^{31}zɿ^{24} kəʔ^{43}	tɕhiɛ$^{212/31}$zʅ^{24} kəʔ^{44}	tɕhiæ^{312}zɿ^{24} kəʔ^{0}
大前天	ɕiɛ$^{312/31}$tɕhiɛ^{35} zʅ^{53}	ɕiᴇ$^{213/31}$tɕhiᴇ^{44} zɿ^{0}	tɕiᴇ$^{335/35}$ tɕhiᴇ$^{313/31}$zʅ^{335}	ɕiɛ̃^{24}tɕhiɛ̃^{31}zɿ^{24} kəʔ^{43}	ɕiɛ^{24}tɕhiɛ^{31}zʅ^{24}	ta^{24}tɕhiæ^{312} thiæ^{42}
早晨	tᴀ^{53}tɕhiə̃^{312} tsɔo$^{312/31}$sə̃^{53}	tsɔ$^{213/31}$ səɯ$^{44/213}$	tᴀ$^{335/35}$ tɕhiə̃^{0} tsɔo$^{52/31}$tɕhi^{0}	1.tsau^{43}tɕhiɛʔ^{43} 2.ta^{24}tɕhiəŋ^{43} tsau^{54}tɕhiɛʔ^{43} 3.ta^{54}tsau^{54}	vu^{53}miə̃ɣ$^{212/31}$ thəu^{212}ʂəʔ^{44}	tsɔu^{53}tɕhi^{0}
上午	tɕhiɛ^{35}pæ^{53} sɑ̃^{312}	1.tɕhiᴇ^{44}sɒ^{0} 2.tɕhiᴇ^{44}iᴇ^{0}	tɕhiᴇ$^{313/31}$ʂɒ^{52}	1.tɕhiɛ̃^{31}saŋ^{54} 2.tɕhiɛ̃^{31}iɛ^{54}	1.tɕhiɛ$^{212/31}$iɛ^{53} 2.tɕhiɛ$^{212/31}$ ʂɒ^{53}	1.sɒ^{24}u^{53} 2.tɕhiæ^{312}sɒ^{53}

	朔城区	平鲁	山阴	应县	右玉	怀仁
中午	sɑ̃^{312}vəʔ^{35}	sɒ$^{213/31}$u$^{213/312}$	ʂɒ^{52}uəʔ^{0}	ta^{24}tsuəŋ^{43}vu^{54}	ʂɒ^{53}vəʔ^{44}	1.tsuəŋ^{42}u^{53} 2.sɒ^{53}vəʔ^{4}
下午	xəu^{53}pæ^{53}sɑ̃^{312}	1.xəu^{52}sɒ^{0} 2.xəu^{52}iᴇ^{0}	xəu$^{335/35}$ʂɒ^{52}	1.xəu^{24}saŋ^{54} 2.xəu^{24}iɛ^{54}	1.xəu^{24}iɛ^{53} 2.xəu^{24}ʂɒ^{53}	1.ɕia^{24}u^{53} 2.xɤu^{24}sɒ^{53}
半夜	pæ^{53}iɛ^{53}	pæ^{52}iᴇ^{0}	pæ$^{335/35}$iᴇ^{335}	pɛ̃^{24}iɛ^{24}	pæ^{24}iɛ^{24}	pæ^{24}iɛ^{24}
正月	tsɑ̃$^{312/31}$yɛ^{53}	tsəɯ$^{213/31}$ yᴇ$^{52/12}$	tʂɑ̃$^{313/31}$yᴇ^{335}	tsəŋ^{43}yɛ^{24}	tʂɑ̃ɣ^{31}yaʔ^{44}	tsəŋ^{42}yɐr^{0}
大年初一	1.tᴀ^{53}niɛ^{35} tshu^{312}iəʔ^{35} 2.tɕiəu^{53}niɛ^{35}	1.tɕiəu^{52}niᴇ^{44} 2.tɑ^{52}niᴇ^{44}	tᴀ$^{335/35}$niᴇ$^{313/31}$ tʂhu$^{313/31}$iəʔ^{4}	ta^{24}niɛ̃^{31}tshu^{43} iɛʔ^{43}	1.taʔ^{44}niɛ^{212} tʂhu^{31}iəʔ^{44} 2.tʂɑ̃ɣ^{31}yaʔ^{44} tʂhu^{31}iəʔ^{44}	ta^{24}niæ^{312} tshu^{42}iəʔ^{4}
元宵节	tsɑ̃$^{312/31}$yɛ^{53} ʂəʔ^{35}u^{312}	tsəɯ$^{213/31}$ yᴇ$^{52/12}$səʔ^{34}u^{213}	tʂɑ̃$^{313/31}$yᴇ^{335} ʂəʔ^{4}u^{0}	tsəŋ^{43}yɛ^{24} səʔ^{43}vu^{0}	tʂɑ̃ɣ^{31}yaʔ^{44} ʂəʔ^{44}vu^{53}	tsəŋ^{42}yaʔ^{4} səʔ^{2}u^{0}
端午	tæ$^{312/31}$u^{312}	tuæ$^{213/43}$u$^{213/43}$	tæ^{313}u^{0}	tɛ̃^{43}vu^{0}	tæ^{31}vu^{53}	tæ^{42}u^{0}
地方	ti^{53}fɑ̃^{312}	ti^{52}fɒ^{0}	ti$^{335/35}$fəʔ^{0}	ti^{24}faŋ^{31}	ti^{24}fəʔ^{44}	ti^{24}fəʔ^{0}
什么地方	sᴀ$^{312/31}$ti^{53}fɑ̃^{312}	sɑ^{44}ti^{52}fɒ^{0}	sᴀ^{52}ti^{335}fəʔ^{0}	sa^{31}ti^{24}faŋ^{31}	sa^{212}ti^{24}fəʔ^{44}	sa^{312}ti^{24}fəʔ^{0}
上面	sɑ̃^{53}miɛ^{0}	1.sɒ^{52}thəu^{44} 2.nɔ$^{213/31}$ thəu$^{44/213}$	ʂɒ$^{335/35}$thəu^{52}	saŋ^{24}thəu^{31}	ʂɒ^{24}miɛ^{24}	sɒ^{24}thɤu^{53}
下面	ɕiᴀ^{53}miɛ^{0}	1.ɕiɑ^{52}thəu^{44} 2.ti$^{213/31}$ɕiɑ$^{52/12}$	ɕiᴀ$^{335/35}$thəu^{52}	1.ɕia^{24}thəu^{31} 2.ti^{54}ɕia^{24}	ɕia^{24}miɛ^{24}	ɕia^{24}thɤu^{53}
左边	tsuə$^{312/31}$miɛ^{0}	tsuə^{52}miᴇ^{43}	tsuə^{52}miʌr^{335}	tsuɤ^{54}mi^{31}	tsuo^{53}miɛ^{24}	tsuɤ^{53}piər^{0}
右边	iəu^{53}miɛ^{0}	iəu^{52}miᴇ^{43}	iəu$^{335/35}$ miʌr^{335}	iəu^{24}mi^{31}	iəu^{24}miɛ^{24}	iɤu^{24}piər^{0}
中间	tɑ̃^{53}tsuɑ̃$^{312/31}$ tɕiər^{312}	1.tsuəɯ$^{213/43}$ tɕiᴇ$^{213/43}$ 2.tɒ^{213}tsuəɯ^{213}	tʂuɑ̃^{313}tɕiᴇ^{0}	taŋ^{43}tsuəŋ^{43}	tɒ^{31}tʂuɑ̃ɣ^{212} tɕie^{31}	tsuəŋ^{42}tɕiæ^{0}

	朔城区	平鲁	山阴	应县	右玉	怀仁
前面	tɕhiɛ^{35}thəu^{0}	tɕhiᴇ^{44}thəu^{0}	tɕhiᴇ$^{313/31}$ thəu^{52}	tɕhiɛ̃^{31}thəu^{43}	tɕhiɛ^{212}thəu^{53}	tɕhiæ^{312}thɤu^{53}
后面	xəu^{53}thəu^{0}	xəu^{52}thəu^{0}	xəu$^{335/35}$thəu^{52}	xəu^{24}thəu^{43}	xəu^{24}thəu^{53}	xɤu^{24}thɤu^{53}
里面	li$^{312/31}$miɛ^{53}	li^{213}thəu^{0}	li^{52}thəu^{0}	li^{43}thəu^{31}	li^{53}thəu^{0}	li^{53}miər^{0}
外面	vɛi^{53}miɛ^{53}	1.uɛi^{52}thəu^{0} 2.uɛi^{52}tɕhiᴇ^{44}	uɛe^{335}thəu^{52}	1.vɛi^{24}tɕhiɛ̃^{31} 2.vɛi^{24}thəu^{31}	1.vɛe^{24}thəu^{53} 2.vɛe^{24}tɕhiɛ^{31}	vɛe^{24}thɤu^{53}
树	su^{53}	su^{52}	ʂu^{335}	su^{24}	ʂu^{24}	su^{24}
松树	suə̃$^{312/31}$su^{53}	suəɯ$^{213/31}$ su$^{52/12}$	suə̃$^{313/31}$ʂu^{335}	suəŋ^{43}su^{24}	suə̃ɣ^{31}ʂu^{24}	suəŋ^{42}su^{24}
柳树	liəu$^{312/31}$su^{53}	tshuɛi^{44}liəu^{0}	liəu$^{313/31}$ʂu^{335}	liəu^{54}su^{24}	liəu^{53}ʂu^{24}	liɤu^{53}su^{24}
草	tshɔo^{312}	tshɔ^{213}	tshɔo^{52}	tshau^{54}	tshɐo^{53}	tshɔu^{53}
核桃	xəʔ^{35}thɔo^{35}	kəʔ^{34}thɔ^{44}	xəʔ^{4}thɔo^{0}	xəʔ^{43}thau^{31}	xəʔ^{44}thɐo^{212}	xəʔ^{4}thɔu^{24}
蘑菇	muə^{35}ku$^{312/31}$	mɤ^{44}ku^{0}	muə$^{313/13}$ ku$^{313/31}$	muɤ^{31}ku^{43}	mo$^{212/31}$ku^{31}	muɤ^{312}ku^{0}
谷子	kuəʔ^{35}ə^{0}	kuəʔ^{34}ləʔ^{0}	kuəʔ^{4}zəʔ^{0}	kuəʔ^{43}zəʔ^{0}	kuəʔ^{44}zəʔ^{0}	kuəʔ^{4}zəʔ^{0}
高粱	1.kɔo$^{312/31}$liɑ̃^{35} 2.tɕiɔo^{312}ə^{0}	xuəɯ^{44}tɕiɔ^{213} ləʔ^{0}	1.tɕiɔo$^{313/31}$ zəʔ^{0} 2.kɔo^{313}liɒ^{0}	kau^{43}liaŋ^{31}	kɐo^{31}liɒ^{212}	kɔu^{42}liɒ^{0}
玉米	yu^{53}tɕiɔo^{312}ə^{0}	y^{52}tɕiɔ^{0}	y$^{335/35}$ tɕiɔo$^{313/31}$zəʔ^{0}	y^{24}tɕiau^{54}	1.y^{24}tɕiɐo^{31} zəʔ^{0} 2.y^{24}mi^{53}	1.y^{24}mi^{53} 2.y^{24}tɕiɔur^{42}
油菜	iəu^{35}tshɛi^{53}	iəu^{44}tshɛi^{52}	iəu$^{313/31}$ tshɛe^{335}	iəu^{31}tshɛi^{24}	iəu$^{212/31}$tshɛe^{24}	iɤu^{312}tshɛe^{24}
向日葵	khuei^{35} xuᴀ$^{312/31}$	1.khuɛi^{44}xuɑ^{0} 2.zʅ^{52}tsɔ^{0}liᴇ^{44}	khuei^{313}xuᴀ^{0}	1.tshau^{31}iaŋ^{31} iaŋ^{31} 2.tshau^{31}iaŋ^{31} xua^{43}	tʂhɐo$^{212/31}$iɒ^{212} xua^{31}	khuei^{312}xuaʔ^{0}
豌豆	væ$^{312/31}$təu^{53}	uæ$^{213/31}$təu$^{52/12}$	uæ$^{313/31}$təu^{335}	vɛ̃^{43}təu^{24}	væ^{31}təu^{24}	væ^{42}tɤu^{0}

	朔城区	平鲁	山阴	应县	右玉	怀仁
黄豆	xuɑ̃^{35}təu^{53}	xuɒ^{44}təu^{0}	xuɒ$^{313/31}$təu^{335}	xuaŋ^{31}təu^{24}	xuɒ$^{212/31}$təu^{24}	xɒ^{312}tɤu^{24}
绿豆	luəʔ^{35}təu^{53}	luəʔ^{34}təu^{52}	lyəʔ^{4}təu^{335}	ly^{24}təu^{24}	luəʔ^{44}təu^{24}	ly^{24}tɤu^{0}
白菜	1.pɛi^{35}tshɛi^{53} 2.tshɑ̃^{35}pɛi^{35} tshɛi^{53}	tshɒ^{44}pɛi^{44} tshɛi^{0}	pɛe$^{313/31}$ tshɛe^{335}	pɛi^{31}tshɛi^{24}	pɛe$^{212/31}$tshɛe^{24}	ta^{24}pɛe^{312} tshɛe^{24}
包心菜	xuei^{35}ə^{0}pɛi^{35}	yᴇ^{44}pɛi^{44}tshɛi^{0}	xuei$^{313/31}$zəʔ^{0} pɛe^{313}	xuɛi^{31}zəʔ^{0} pɛi^{31}	xuɛe^{212}zəʔ^{0} pɛe^{212}	xuɛe^{312}zəʔ^{0} pɛe^{312}
菠菜	puə$^{312/31}$tshɛi^{53}	puɤ$^{213/31}$ tshɛi$^{52/12}$	puə$^{313/31}$ tshɛe^{335}	puɤ^{43}tshɛi^{24}	po^{31}tshɛe^{24}	puɤ^{42}tshɛe^{0}
韭菜	tɕiəu$^{312/31}$ tshɛi^{53}	tɕiəu$^{213/31}$ tshɛi$^{52/12}$	tɕiəu^{52}tshɛe^{335}	tɕiəu^{54}tshɛi^{24}	tɕiəu^{53}tshɛe^{24}	tɕiɤu^{53}tshɛe^{0}
葱	tshuə̃^{312}	tshuəɯ^{213}	tshuə̃^{313}	tshuəŋ^{43}	tshuə̃ɣ^{31}	tshuəŋ^{42}
蒜	suæ^{53}	suæ^{52}	suæ^{335}	suɛ̃^{24}	suæ^{24}	suæ^{24}
姜	1.ɕiɛ$^{312/31}$ tɕiɑ̃^{312} 2.sə̃$^{312/31}$tɕiɑ̃^{312}	ɕiᴇ$^{213/43}$ tɕiɒ$^{213/43}$	ɕiᴇ^{313}tɕiɒ^{0}	ɕiɛ̃^{31}tɕiaŋ^{43}	ɕiɛ^{31}tɕiɒ^{31}	tɕiɒ^{42}
辣椒	lᴀ^{53}tɕiᴀʔ^{35}	lɑ^{52}tɕiʌʔ$^{34/21}$	lᴀ$^{335/35}$tɕiᴀʔ$^{4/2}$ zəʔ^{0}	la^{24}tɕiɐr^{54}	la^{24}tɕyaʔ^{44}	la^{24}tɕyaʔ^{4}zəʔ^{0}
茄子	tɕhiɛ^{35}ə^{0}	tɕhiᴇ^{44}ləʔ^{0}	tɕhiᴇ$^{313/31}$zəʔ^{0}	tɕhiɛ^{31}zəʔ^{0}	tɕhiɛ^{212}zəʔ^{0}	tɕhiɛ^{312}zəʔ^{0}
萝卜	luə^{35}pei^{53}	luə^{44}pɛi^{0}	luə$^{313/31}$pei^{335}	luɤ^{31}pɛi^{24}	luo$^{212/31}$pɛe^{24}	luɤ^{312}pɛe^{24}
黄瓜	xuɑ̃^{35}kuᴀ$^{312/31}$	xuɒ^{44}kuɑ^{0}	xuɒ^{313}kuᴀʔ^{0}	xuaŋ^{31}kua^{31}	xuɒ$^{212/31}$kuaʔ^{44}	xɒ^{312}kuaʔ^{0}
马铃薯	sæ^{312}iᴀʔ^{35}	sæ$^{213/31}$iʌʔ$^{34/23}$	1.sæ$^{313/31}$iᴀʔ^{4} 2.sæ$^{313/31}$iᴀʔ$^{4/2}$ tæ^{335}	1.sɛ̃^{43}tɛ̃^{24} 2.sɛ̃^{43}iau^{24}tɛ̃^{24}	sæ^{31}iɐo^{24}	sæ^{42}iəu^{0}
老虎	lɔo$^{312/31}$xu^{312}	lɔ$^{213/43}$xu$^{213/43}$	lɔo^{313}xu^{0}	lau^{54}xu^{0}	lɐo$^{53/31}$xu^{53}	lɔu^{31}xu^{0}
猴子	xəu^{35}ə^{0}	xər^{44}	xuər^{313}	xɐr^{31}	mɐo$^{212/31}$xar^{212}	xɤur^{312}

	朔城区	平鲁	山阴	应县	右玉	怀仁
蛇	phi^{35}tɕhiɔo^{53}	phi^{44}tɕhiɔ^{0}	ʂʅʌr^{313}	1.sɤ^{31} 2.phi^{31}tɕhiau^{31}	phi$^{212/31}$ thiɐo^{212}	phi^{312}thiɔu^{0}
老鼠	xɔo^{53}ə^{0}	xɔ^{52}ləʔ^{0}	xɔo^{335}zəʔ^{0}	xau^{24}zəʔ^{0}	xɐo^{24}zəʔ^{0}	xɔu^{24}zəʔ^{0}
蝙蝠	yɛ^{53}piɛ^{312}fər^{35}	yᴇ^{52}piᴇ^{213}fər^{44}	yᴇ$^{335/35}$piəʔ$^{4/2}$ fʌr^{0}	iɛ̃^{31}xau^{24}əʔ^{0}	yɛ^{31}phiɛ^{31} fuar^{53}	iæ^{312}xɔu^{24}zəʔ^{0}
鸟儿	tɕhyər^{53}	tɕhiər^{213}	tɕhyʊər^{52}	tɕhyɐr^{54}	niar^{53}	tɕhiɔur^{53}
麻雀	1.tɕhyər^{53} 2.mᴀ^{35}tɕhiᴀʔ^{35}	tɕiɑ$^{213/43}$ pa$^{213/43}$ tɕhiər^{213}	tɕiᴀ$^{313/31}$ pᴀ$^{313/31}$zəʔ^{0}	tɕia^{43}pa^{43} tɕhyɐr^{54}	1.tɕia^{31}paʔ^{44} tɕhyar^{53} 2.tɕhyar^{53}	tɕia^{42}pa^{42} tɕhiɔur^{53}
喜鹊	ɕiɛ^{312}tɕhiᴀʔ^{35} tɕhiᴀʔ^{0}	iᴇ$^{213/31}$tɕhiʌʔ^{34} ləʔ^{0}	ɕiᴇ^{52} tɕhiɔo$^{313/31}$ tɕhiɔo^{0}	ɕi^{54}tɕhyaʔ^{43} zəʔ^{0}	ɕiɛ$^{53/31}$tɕhyaʔ^{44} zəʔ^{0}	ɕiæ^{53}tɕhiɔu^{42} tɕhiɔu^{0}
乌鸦	xəʔ^{35}lɔo$^{312/31}$ vᴀ^{312}	iər^{213}	lɔo^{52}uᴀ^{0}	vu^{43}ia^{31}	xəʔ^{44}lɐo^{53}va^{31}	u^{42}ia^{0}
鸽子	ləu^{35}ləu^{0}	1.kʌʔ^{34}ləʔ^{0} 2.ləu^{44}ləu^{0}	ləu$^{313/31}$ ləu$^{313/13}$	1.kaʔ^{43}zəʔ^{0} 2.ləu^{43}ləu^{31}	ləu$^{212/31}$ləu^{212}	1.lɤu^{312}lɤu^{0} 2.kaʔ^{4}zəʔ^{0}
蝴蝶	xu^{35}tiər^{35}	xua$^{213/31}$tɑ$^{52/12}$ tɕiᴇ^{213}	xu$^{313/31}$tiʌr^{335}	xua^{43}ta^{24}tɕiɐr^{54}	xu$^{212/31}$tiɛ^{212}	1.xu^{312}tiɛ^{0} 2.xua^{42}ta^{24} tɕiər^{53}
蜻蜓	suei$^{312/31}$pɔo^{312} thəu^{0}	tɕhiəɯ$^{213/31}$ tɕhiəɯ$^{44/213}$	ʂuei^{52}pɔo$^{313/31}$ thəu^{0}	1.tɕhiəŋ^{43} tɕhiəŋ^{31} 2.suɛi^{54}pau^{43} thəu^{31}	tɕhiə̃ɣ^{31} thiə̃ɣ^{212}	1.tɕhiəŋ^{312} thiəŋ^{53} 2.suɛe^{53}pɔu^{42} thɤu^{0}
蜜蜂	mi^{53}fər^{312}	mi^{52}fəɯ^{213}	mi$^{335/35}$fʌr^{0}	mi^{24}fɐr^{54}	mi^{24}far^{31}	mi^{24}fər^{53}
蜂蜜	fə̃$^{312/31}$mi^{53}	mi^{52}	fə̃$^{313/31}$mi^{335}	fəŋ^{43}mi^{24}	fə̃ɣ^{31}mi^{24}	fəŋ^{42}mi^{24}
蚂蚁	1.mᴀ$^{312/31}$i^{312} 2.mᴀ$^{312/31}$piɛ^{53} fər^{312}	mɑ$^{213/31}$phiəʔ^{34} fər^{0}	mᴀ^{52}piᴇ$^{335/35}$ fə̃^{313}	ma^{54}piɛ̃^{43} fəŋ^{24}	ma$^{53/31}$i^{53}	1.ma^{312}i^{53} 2.ma^{312}ma^{24} piæ^{42}phɔu^{0}

	朔城区	平鲁	山阴	应县	右玉	怀仁
蚯蚓	tɕhyəʔ^{35}sæ^{53}	ti^{52}luəɯ^{44}	tɕhiəu$^{313/31}$iɜ̃^{52}	tɕhyɛʔ^{43}sɛ̃^{24}	tɕhiəu^{31}iɜ̃ɣ^{53}	1.tɕhiɤu^{42}iəŋ^{53} 2.tɕhyəʔ^{4}sæ^{24}
蜘蛛	luɜ̃^{35}mᴀʔ^{35} tsu$^{312/31}$tsu^{0}	luəɯ^{44}uɒ^{0} tsu^{0}tsu^{0}	luɜ̃^{313}mᴀʔ$^{4/2}$ tʂu$^{313/31}$ tʂu$^{313/13}$	1.tsu^{43}tsu^{31} 2.ɕi^{54}tsu^{43}tsu^{31} 3.liəŋ^{31}vaŋ^{54} tsu^{43}tsu^{31}	lɒ^{212}maʔ^{44}tʂu^{31} tʂu^{31}	1.tsɿ^{42}tsu^{42} 2.lɔu^{31}ma^{53} tsu^{42}tsu^{0}
蚊子	vɜ̃^{35}ə^{0}	uəɯ^{44}ləʔ^{0}	uɜ̃$^{313/31}$zəʔ^{0}	vəŋ^{54}zəʔ^{0}	vɜ̃ɣ^{212}zəʔ^{0}	vəŋ^{53}zəʔ^{0}
苍蝇	1.tshɑ̃$^{312/31}$iɜ̃^{35} 2.iɜ̃^{35}ə^{0}	iəɯ^{44}ləʔ^{0}	iɜ̃$^{313/31}$zəʔ^{0}	1.tshaŋ^{43}iəŋ^{31} 2.iəŋ^{31}zəʔ^{0}	iɜ̃ɣ^{212}zəʔ^{0}	iəŋ^{312}zəʔ^{0}
跳蚤	tɕhiɔo^{53}tsɔo^{312}	tɕhiɔ^{52}ləʔ^{0}	tɕhiɔo^{335}tsɔu^{0}	tɕhiau^{24}tsau^{31}	thiɐo^{24}tsɐo^{0}	thiɔu^{24}tsɔu^{0}
虱子	ʂəʔ^{35}ə^{0}	səʔ^{34}ləʔ^{0}	sᴀʔ^{4}zəʔ^{0}	saʔ^{43}zəʔ^{0}	saʔ^{44}zəʔ^{0}	saʔ^{4}zəʔ^{0}
青蛙	tɕhiɜ̃$^{312/31}$vᴀ^{312}	xəʔ^{34}mɑ^{44}	tɕhiɜ̃^{313}tɕi$^{313/0}$ zəʔ^{0}	tɕhiɛ̃^{31}tɕi^{43}	xəʔ^{44}ma^{24}	tɕhiəŋ^{42}tɕiaʔ^{4} zəʔ^{0}
癞蛤蟆	lɛi^{53}xəʔ^{35} mᴀʔ^{35}	tɕiᴇ^{52}xəʔ$^{34/21}$ mɑ^{44}	tɕiᴇ$^{335/35}$xəʔ^{4} mᴀ^{313}	tɕiɛ^{24}xəʔ^{43} ma^{43}	tɕiɛ^{24}xəʔ^{44}ma^{24}	læ^{53}xəʔ^{4}ma^{24}
马	mᴀ^{312}	mɑ^{213}	mᴀ^{52}	ma^{54}	ma^{53}	ma^{53}
驴	ly^{35}	mɔ^{44}ly^{0}	ly^{313}	mau^{31}ly^{31}	ly^{212}	ly^{312}
骡	luə^{35}ə^{0}	luə^{44}ləʔ^{0}	luə^{313}zəʔ^{0}	luɤ^{31}zəʔ^{0}	luo^{212}zəʔ^{0}	luɤ^{312}zəʔ^{0}
牛	niəu^{35}	niəu^{44}	niəu^{313}	niəu^{31}	niəu^{212}	niɤu^{312}
公牛	mɑ̃^{35}niəu^{35}	sɔ$^{213/31}$ niəu$^{44/334}$	mɒ^{313}niəu^{0}	kuəŋ^{43}niəu^{31}	tɕiɛ^{31}niəu^{212}	tɕiæ^{42}niɤu^{0}
母牛	zʮ^{312}niəu^{35}	zu$^{213/31}$ niəu$^{44/213}$	zʮ^{52}niəu^{0}	mu^{54}niəu^{31}	zʮ^{53}niəu^{212}	zu^{53}niɤu^{0}
羊	iɑ̃^{35}	iɒ^{44}	iɒ^{313}	iaŋ^{31}	iɒ^{212}	iɒ^{312}
猪	tsu^{312}	tsu^{213}	tʂu^{313}	tsu^{43}	tʂu^{31}	tsu^{42}
公猪	sɔo$^{312/31}$tsu^{312}	sɔ$^{213/43}$tsu$^{213/43}$	sɔo^{313}tʂu^{313}	sau^{43}tsu^{43}	sɐo^{31}tʂu^{31}	sɔu^{42}tsu^{0}

	朔城区	平鲁	山阴	应县	右玉	怀仁
母猪	mu$^{312/31}$tsu^{312}	mu$^{213/31}$tsu^{213}	mu^{52}tsu$^{313/31}$	mu^{54}tsu^{43}	mu^{53}tʂu^{31}	mu^{53}tsu^{42}
公猫	lã^{35}mər^{312}	lɒ^{44}mər^{0}	lɒ$^{313/31}$ mʊər^{0}	laŋ^{31}mɐr^{31}	lɒ$^{212/31}$mar^{212}	lɒ^{312}məur^{312}
母猫	mi$^{312/31}$mər^{312}	mi$^{213/31}$mər^{213}	mi^{52}mʊər^{0}	mi^{54}mɐr^{31}	mi^{31}mar^{212}	mi^{53}məur^{312}
狗	kəu^{312}	kəu^{213}	kəu^{52}	kəu^{54}	kəu^{53}	kɤu^{53}
公狗	ər^{35}kəu^{312}	ər^{44}kəu^{0}	lɒ$^{313/31}$kəu^{52}	ər^{31}kəu^{54}	ər$^{212/31}$kəu^{53}	ər^{312}kɤu^{0}
母狗	mu$^{312/31}$kəu^{312}	mu$^{213/31}$ kəu$^{213/312}$	1.mu$^{52/31}$kəu^{52} 2.mu^{313}kəu^{0}	mu^{54}kəu^{54}	mu$^{53/31}$kəu^{53}	mu^{31}kɤu^{53}
兔子	thu^{53}ə^{0}	thuər^{52}	thuər^{335}	thuɐr^{24}	thuar^{53}	thur^{53}
公鸡	kuã$^{312/31}$tɕi^{312}	kuəɯ$^{213/43}$ tɕi$^{213/43}$	kuã^{313}tɕi^{0}	kuəŋ^{43}tɕi^{43}	kuãɣ^{31}tɕi^{31}	kuəŋ^{42}tɕi^{42}
母鸡	mu$^{312/31}$tɕi^{312}	tshɔ$^{213/31}$tɕi^{213}	tshɔo^{52}tɕi^{0}	tshau^{54}tɕi^{43}	tshɐo^{53}tɕi^{31}	1.tshəu^{53}tɕi^{42} 2.mu^{53}tɕi^{42}
鸭	iʌʔ^{35}ə^{0}	iʌʔ^{34}ləʔ^{0}	iʌʔ^{4}zəʔ^{0}	iaʔ^{43}zəʔ^{0}	iaʔ^{44}zəʔ^{0}	iaʔ^{4}zəʔ^{0}
鹅	nuə^{35}	nuə^{44}	nuə^{313}	nuɤ^{31}	ŋɤ^{212}	nuɤ^{312}
胡同	xã^{53}ə^{0}	xəʔ^{34}lɒ^{52}	xəʔ^{4}lɒ^{52}zəʔ^{0}	xaŋ^{24}	xəʔ^{44}lɒ^{24}zəʔ^{0}	1.xɒ^{24}zəʔ^{0} 2.xəʔ^{4}lɒ^{53}zəʔ^{0}
房子	fã^{35}	fɒ^{44}	fɒ^{313}	faŋ^{31}zəʔ^{0}	fɒ^{212}	fɒ^{312}zəʔ^{0}
厨房	tsɔo^{53}fã^{35}	xuə$^{213/31}$ fɒ$^{44/213}$	xuə^{52}fɒ^{0}	tshu^{31}faŋ^{54}	tʂhu$^{212/31}$fɒ^{212}	1.tshu^{312}fɒr^{53} 2.xuɤ^{53}fɒ^{312}
灶	tsɔo^{53}xuəʔ^{35}	tsɔ^{52}xuə^{213}	tsɔo^{335}xuəʔ^{0}	tsau^{24}xuəʔ^{43}	tsɐo^{24}xuəʔ^{44}	tsəu^{24}xuəʔ^{0}
锅	kuə^{312}	kuə^{213}	kuə^{313}	kuɤ^{43}	kuo^{31}	kuɤ^{42}
厕所	1.tshʌʔ^{35}suə^{312} 2.mɔo^{35}tshɿ^{53}	1.mɔ^{44}tshɿ^{0} 2.mɔ^{44}tɕhiəɯ^{0}	mɔo$^{313/31}$tsɿ^{335}	1.mau^{31}faŋ^{31} 2.mau^{31}səʔ^{43}	1.xəu^{24}lãɣ^{53} 2.mɐo^{212}tshɿ^{24}	məu^{312}sər^{53}
檩	liã^{312}	liəɯ^{213}	liã^{52}	liəŋ^{54}	liãɣ^{53}	liəŋ^{53}
柱子	tsu^{53}ə^{0}	tsu^{52}ləʔ^{0}	tʂu^{335}zəʔ^{0}	tsu^{24}zəʔ^{0}	tʂu^{24}zəʔ^{0}	tsu^{24}zəʔ^{0}

	朔城区	平鲁	山阴	应县	右玉	怀仁
门槛	mə̃^{35}ɕiɛ^{35}	məɯ^{44}ɕiE^{0}	mə̃^{313}ɕiE^{0}	məŋ^{31}ɕiɛ^{24}	mə̃ɣ$^{212/31}$ɕiɛ^{212}	məŋ^{312}ɕiæ^{312}
窗	tshuɑ̃^{312}ə^{0}	tshuɒ^{213}ləʔ^{0}	tʂhuɒ$^{313/31}$ xu^{335}	tshuaŋ^{43}xuəʔ^{43}	tʂhuɒ^{31}zəʔ^{0}	tshɒ^{42}xu^{0}
炕	khɑ̃^{53}	khɒ^{52}	khɒ^{335}	khaŋ^{24}	khɒ^{24}	khɒ^{24}
床	tshuɑ̃^{35}	tshuɒ^{44}	tʂhuɒ^{313}	tshuaŋ^{31}	tʂhuɒ^{212}	tshɒ^{312}
枕头	tsə̃^{53}thəu^{0}	tsəɯ^{52}thəu^{44}	tʂə̃$^{335/35}$thəu^{0}	tsəŋ^{43}thəu^{0}	tʂə̃ɣ^{24}thəu^{212}	tsəŋ^{24}thɤu^{0}
被子	1.pi^{53}ə^{0} 2.kɛi^{53}ə^{0}	kɛi^{52}uə^{213}	kɛe$^{335/35}$uəʔ^{0}	kɛi^{24}vəʔ^{43}	kɛe^{24}vəʔ^{44}	1.kɛe^{24}vəʔ^{0} 2.pi^{24}zəʔ^{0}
褥子	ʐu^{53}ə^{0}	zu^{52}ləʔ^{0}	ʐu$^{335/35}$zəʔ^{0}	zu^{24}zəʔ^{0}	ʐu^{24}zəʔ^{0}	zu^{24}zəʔ^{0}
席子	ɕi^{35}ə^{0}	ɕi^{44}ləʔ^{0}	ɕi^{313}zəʔ^{0}	ɕi^{31}zəʔ^{0}	ɕi^{212}zəʔ^{0}	ɕi^{312}zəʔ^{0}
桌子	tsuAʔ^{35}ə^{0}	tsuʌʔ^{43}ləʔ^{0}	tʂuAʔ^{4}zəʔ^{0}	tsuaʔ^{43}zəʔ^{0}	tʂuaʔ^{44}zəʔ^{0}	tsuaʔ^{4}zəʔ^{0}
抽屉	tshəu$^{312/31}$ tɕhi^{53}	tshəu$^{213/31}$ tɕhi$^{52/12}$	tʂhəu$^{313/31}$ tɕhi^{335}	tshəu^{43}tɕhi^{31}	tʂhəu^{31}thi^{31}	tshɤu^{42}thiəŋ^{0}
椅子	i^{312}ə^{0}	i^{213}ləʔ^{0}	i^{52}zəʔ^{0}	i^{54}zəʔ^{0}	i^{53}zəʔ^{0}	i^{53}zəʔ^{0}
凳子	tə̃^{53}ə^{0}	pæ$^{213/31}$ təɯ$^{52/12}$	tə̃^{335}zəʔ^{0}	1.pɛ̃^{54}təŋ^{24} 2.təŋ^{24}zəʔ^{0}	1.tə̃ɣ^{24}zəʔ^{0} 2.pæ^{53}tə̃ɣ^{24}	1.təŋ^{24}zəʔ^{0} 2.pæ^{53}təŋ^{0}
菜刀	tshu^{35}tɔo$^{312/31}$	1.tshu^{44}tɔ^{0} 2.tshɛi^{52}tɔ^{213}	tɕhiAʔ^{4} tshɛe$^{335/35}$ tɔo^{313}	tshɛi^{24}tau^{43}	tʂhu$^{212/31}$tɐo^{31}	tɕhiaʔ^{4}tshɛe^{24} tɔu^{42}
瓢	phiɔo^{35}	mɑ$^{213/31}$sɔ$^{44/213}$	phiɔo^{313}	phiau^{31}	kua^{24}ʂɐo^{212}	phiɔu^{312}
坛子	thæ^{35}ə^{0}	thæ^{44}thæ^{0}	thæ^{313}zəʔ^{0}	thɛ̃^{31}	thæ^{212}	thæ^{312}zəʔ^{0}
碗	væ^{312}	uæ^{213}	uæ^{52}	vɛ̃^{54}	væ^{53}	væ^{53}
筷子	khuɛi^{53}ə^{0}	khuɛi^{52}ləʔ^{0}	khuɛe$^{335/35}$zəʔ^{0}	khuɛi^{24}zəʔ^{0}	khuɛe^{24}zəʔ^{0}	khuɛe^{24}zəʔ^{0}
汤匙	1.kə̃$^{312/31}$ tshər^{35} 2.tɕhiɔo^{35}kə̃^{312}	sɔ^{44}ləʔ^{0}	tɕhiɔo^{313} kʌr^{0}	tɕhiau^{31}kɐr^{31}	1.ɕiɐo^{53} ʂɐo$^{212/31}$ʂɐo^{212} 2.thiɐo^{212}kar^{53}	sɔu^{312}sɔur^{0}
火柴	xuə^{312}tshɛi^{35}	1.tɕhyəʔ^{34} təɯ^{213} 2.iɒ^{44}xuə^{0}	tɕhyəʔ^{4}tʌr^{313}	1.iaŋ^{31}xuɤ^{54} 2.tɕhyɛʔ^{43}tɐr^{43}	tɕhyəʔ^{44}tə̃ɣ^{31} zəʔ^{0}	1.xuɤ^{53}tshɛe^{312} 2.iɒ^{312}xuɤ^{53}

	朔城区	平鲁	山阴	应县	右玉	怀仁
暖水瓶	vã$^{312/31}$xu^{35}	uəɯ$^{213/31}$xu$^{44/334}$	1.uã^{313}xu^{0} 2.næ^{52}xu^{0}	nuɛ̃^{54}xu^{31}	vãɣ^{31}xu^{212}	næ^{53}xu^{0}
脸盆	liɛ^{312}phã^{35}	ɕi$^{213/31}$liᴇ$^{213/312}$phəɯ^{44}	ɕi$^{52/31}$liᴇ^{52}phã^{313}	ɕi^{54}liɛ̃^{54}phəŋ^{31}	ɕi$^{53/31}$liɛ^{53}phãɣ^{212}	liæ^{53}phər^{312}
手巾	səu$^{312/31}$tɕiã^{312}	səu$^{213/31}$tɕiəɯ^{213}	ʂəu^{52}tɕiã^{313}	səu^{54}tɕhiəŋ^{43}	ʂəu^{53}tɕiãɣ^{31}	sɤu^{53}tɕiəŋ^{42}
手绢	səu$^{312/31}$tɕyər^{53}	səu$^{213/31}$tɕyᴇ$^{52/12}$	ʂəu^{52}tɕyʌr^{335}	səu^{54}tɕyɐr^{31}	ʂəu^{53}tɕyar^{31}	sɤu^{42}tɕyər^{53}
肥皂	fei^{35}tsɔo^{53}	fɛi^{44}tsɔ^{0}	i^{335}zəʔ^{0}	i^{24}zəʔ^{0}	i^{212}zəʔ^{0}	1.fɛe^{312}tsɔu^{24} 2.i^{24}zəʔ^{0}
梳子	su^{312}ə^{0}	su^{213}ləʔ^{0}	ʂu^{313}zəʔ^{0}	su^{43}zəʔ^{0}	ʂu^{31}zəʔ^{0}	su^{42}zəʔ^{0}
针	tɜã^{312}	tsəɯ^{213}	tʂã^{313}	tsəŋ^{43}	tʂãɣ^{31}	tsəŋ^{42}
剪子	tɕiɛ^{312}ə^{0}	tɕiᴇ^{213}ləʔ^{0}	tɕiᴇ^{52}zəʔ^{0}	tɕiɛ̃^{54}zəʔ^{0}	tɕiɛ$^{53/31}$zəʔ^{0}	tɕiæ^{53}zəʔ^{0}
蜡烛	lᴀʔ^{35}tsuəʔ^{35}	lʌʔ^{34}	lᴀʔ^{4}	laʔ^{43}	laʔ^{44}	laʔ^{4}
雨伞	y$^{312/31}$sæ^{312}	1.sæ^{213} 2.y^{213}sæ$^{213/312}$	y$^{52/31}$ʂæ^{52}	sɛ̃^{54}	sæ^{53}	y^{31}sæ^{53}
自行车	tsɿ^{53}ɕiã^{35}tʂhə^{312}	iɒ^{44}tshʏ^{0}	tʂhʅʌr$^{313/31}$zəʔ^{0}	tshʏ^{43}zəʔ^{0}	tsɿ^{24}ɕiãɣ$^{212/31}$tʂhɤ^{31}	iɒ^{312}tshɤ^{42}
衣服	i$^{312/31}$sɑ̃^{35}	i$^{213/43}$sɒ$^{213/43}$	i$^{313/31}$ʂɒ^{335}	i^{43}saŋ^{43}	i^{31}ʂɒ^{24}	i^{42}sɒ^{0}
穿	tshuæ^{312}	tshuæ^{213}	tʂhuæ^{313}	tshuɛ̃^{43}	tʂhuæ^{31}	tshuæ^{42}
脱	thuᴀʔ^{35}	thuʌʔ^{34}	thuᴀʔ^{4}	thuaʔ^{43}	thuaʔ^{44}	thuaʔ^{4}
背心	pei^{53}ɕiã^{312}	pɛi^{52}ɕiər^{213}	pei$^{335/35}$ɕiʌr^{313}	pɛi^{24}ɕiɐr^{54}	pɛe^{24}ɕiar^{31}	ər^{24}ku^{53}tɕiər^{42}
棉衣	miɛ^{35}nuər^{312}	miᴇ^{44}nər^{0}	miᴇ$^{313/31}$nʊər^{52}	miɛ̃^{43}nuɐr^{54}	miɛ^{212}ŋar^{53}	miæ^{312}nɔur^{53}
袖子	ɕiəu^{53}ə^{0}	ɕiəu^{52}ləʔ^{0}	ɕiəu$^{335/35}$zəʔ^{0}	ɕiəu^{24}zəʔ^{0}	ɕiəu^{24}zəʔ^{0}	ɕiɤu^{24}zəʔ^{0}
口袋	tɔo^{53}tshᴀʔ^{35}ə^{0}	1.təu^{213}təu^{0} 2.tɔ^{52}tshʌʔ$^{34/21}$	tɔo$^{335/35}$tshᴀʔ$^{4/2}$zəʔ^{0}	tau^{24}tshɐr^{54}	tɐo^{24}tsha^{31}	tɔu^{24}tshɐr^{53}

	朔城区	平鲁	山阴	应县	右玉	怀仁
裤子	khu^{53}ə^{0}	khu^{52}ləʔ^{0}	khu$^{335/35}$zəʔ^{0}	khu^{24}zəʔ^{0}	khu^{24}zəʔ^{0}	khu^{24}zəʔ^{0}
裤腿	khu^{53}thuei^{312}	khu^{52}thuɛi^{213}	khu$^{335/35}$ thuei^{52}	khu^{24}thuɛi^{54}	khu^{24}thuɛe^{53}	khu^{24}thuɛe^{53}
帽子	mɔo^{53}ə^{0}	mɔo^{52}ləʔ^{0}	mɔo$^{335/35}$zəʔ^{0}	mau^{24}zəʔ^{0}	mɐo^{24}zəʔ^{0}	mɔu^{24}zəʔ^{0}
鞋子	1.ɕiɛ^{35} 2.ɕiɛ^{35}pᴀʔ^{35}ə^{0}	ɕiᴇ^{44}	ɕiᴇ^{313}	ɕiɛ^{31}	ɕiɛ^{212}paʔ^{44}zəʔ^{0}	ɕiɛ^{312}
袜子	vᴀʔ^{35}ə^{0}	uʌʔ^{34}ləʔ^{0}	uᴀ$^{335/35}$zəʔ^{0}	va^{24}zəʔ^{0}	vaʔ^{44}zəʔ^{0}	va^{24}zəʔ^{0}
围裙	vei^{35}tɕhyə̃$^{35/31}$	uɛi^{44}tɕhyəɯ^{0}	uei$^{313/31}$tɕiə̃^{0} zəʔ^{0}	xu^{24}tɕiəŋ^{0}	vɛe$^{212/31}$tɕiə̃ɣ^{31}	vɛe^{312}tɕiər^{42}
尿布	sɿ$^{312/31}$pu^{53}	sɿ$^{213/31}$pu$^{52/12}$	sɿ^{52}tɕiᴇ^{0}	niau^{24}tɕiɛ^{31}	sɿ^{53}tɕiɛ^{31}	1.niɔu^{24}pu^{24} zəʔ^{0} 2.sɿ^{53}tɕiæ^{0}
扣子	khəu^{53}ə^{0}	khəu^{52}ləʔ^{0}	khəu^{335}zəʔ^{0}	khəu^{24}zəʔ^{0}	khəu^{24}zəʔ^{0}	khɤu^{24}zəʔ^{0}
戒指	tɕiɛ^{53}tsɿ^{312}	tɕiᴇ^{52}tshɿ^{213}	tɕiᴇ$^{335/35}$tsɿ^{0}	tɕiɛ^{24}tsɿ^{54}	tɕiɛ^{24}tsɿ^{31}tsɿ^{31}	tɕiɛ^{24}tsɿ^{53}
稀饭	ɕi$^{312/31}$fæ^{53}	ɕi$^{213/31}$fæ$^{52/12}$	ɕi$^{313/31}$fæ^{335}	ɕi^{43}tsəu^{43}	ɕi^{31}tʂəu^{31}	ɕi^{42}tsɤu^{42}
面粉	miɛ^{53}fə̃^{312}	pɛi^{44}miᴇ^{0}	miᴇ$^{335/35}$fə̃^{52}	pɛi^{31}miẽ^{24}	pɛe^{212}miɛ^{24}	pɛe^{312}miæ^{24}
面条	miɛ^{53}tɕhyər^{35}	miᴇ^{52}tɕhiɔ^{44}	miᴇ$^{335/35}$ tɕhiʊər^{313}	miẽ^{24}tɕhyɐr^{31}	miɛ^{24}thiɐo^{212}	miæ^{24}thiɔur^{312}
馒头	1.mæ^{35}thəu^{0} 2.tsə̃$^{312/31}$ muə^{35}	1.mæ^{44}thəu^{0} 2.muə^{44}muə^{0}	mæ^{313}thəu^{0}	1.mẽ^{31}thəu^{0} 2.maʔ^{43}ma^{24}	mo^{53}mo$^{53/31}$	1.mæ^{312}thɤu^{0} 2.muɤ^{42}muɤ^{0}
包子	pɔo^{312}ə^{0}	pɔ^{213}ləʔ^{0}	pɔo^{313}zəʔ^{0}	pau^{43}zəʔ^{0}	pɐo^{31}zəʔ^{0}	pɔu^{42}zəʔ^{0}
饺子	tɕiɔo^{312}ə^{0}	tɕiɔ^{213}ləʔ^{0}	tɕiɔo^{52}zəʔ^{0}	tɕiau^{54}zəʔ^{0}	tɕiɐo^{53}zəʔ^{0}	1.tɕiɔu^{53}zəʔ^{0} 2.piæ^{53}sɿ^{0}
粽子	tsuɑ̃^{53}ə^{0}	tsuəɯ^{52}ləʔ^{0}	tsuɑ̃$^{313/13}$zəʔ^{0}	tsuəŋ^{24}zəʔ^{0}	tsuə̃ɣ^{24}zəʔ^{0}	tsuəŋ^{24}zəʔ^{0}
菜	tshɛi^{53}	tshɛi^{52}	tshɛe^{335}	tshɛi^{24}xuɤ^{24}	tshɛe^{24}	tshɛe^{24}
下水	ɕiᴀ^{53}suei^{312}	1.ɕiɑ^{52}suɛi^{213} 2.tsɑ^{44}kʌʔ$^{34/43}$	ɕiᴀ$^{335/35}$ʂuei^{0}	ɕia^{24}suɛi^{31}	ɕia^{24}ʂuɛe^{53}	1.ɕia^{24}suɛe^{0} 2.ɕia^{24}xuɤ^{24}
鸡蛋	tɕi$^{312/31}$tæ^{53}	tɕi$^{213/31}$tæ$^{52/12}$	tɕi$^{313/31}$tæ^{335}	tɕi^{43}tæ^{0}	tɕi^{31}tæ^{24}	tɕi^{42}tæ^{0}

	朔城区	平鲁	山阴	应县	右玉	怀仁
香油	ɕiɑ̃$^{312/31}$iəu^{35}	ɕiɒ$^{213/31}$ iəu$^{44/334}$	ɕiɒ$^{313/31}$iəu^{313}	ɕiaŋ^{43}iəu^{31}	ɕiɒ^{31}iəu^{212}	ɕiɒ^{42}iɤu^{0}
盐	ɕiɛ^{35}iɛ^{35}	1.iᴇ^{44} 2.ɕiᴇ^{44}iᴇ^{0}	ɕiᴇ$^{313/13}$iᴇ$^{313/31}$	ɕiɛ̃^{31}iɛ̃^{31}	ɕiɛ^{31}iɛ^{212}	ɕiæ^{312}iæ^{312}
醋	tshu^{53}	tshu^{52}	tshu^{335}	tshəŋ^{31}tshu^{24}	tshu^{24}	tshu^{24}
白酒	pɛi^{35}tɕiəu^{312}	pɛi^{44}tɕiəu^{0}	pɛe$^{313/31}$tɕiəu^{52}	1.pɛi^{31}tɕiəu^{54} 2.sau^{43}tɕiəu^{54}	pɛe^{212}tɕiəu^{53}	pɛe^{312}tɕiɤu^{53}
黄酒	1.xuɑ̃^{35}tɕiəu^{312} 2.ɕiɔo$^{312/31}$ mi^{312}tɕiəu^{312}	xuɒ^{44}tɕiəu^{0}	xuɒ$^{313/31}$tɕiəu^{52}	xuaŋ^{31}tɕiəu^{54}	xuɒ^{212}tɕiəu^{53}	xɒ^{312}tɕiɤu^{0}
茶叶	tshᴀ^{35}iɛ^{53}	tshɑ^{44}iᴇ^{0}	tshᴀ$^{313/31}$iᴇ^{335}	tsha^{31}	tsha^{212}iɛ^{24}	tsha^{312}iɛ^{24}
揉	ẓəu^{35}	zəu^{44}	ẓəu^{313}	xuɣ^{31}	ẓəu^{212}	xuɤ^{312}
擀	kæ^{312}	kæ^{213}	kæ^{52}	kɛ̃^{54}	kæ^{53}	kæ^{53}
吃	tṣhəʔ^{35}	tshəʔ^{34}	tṣhəʔ^{4}	tshəʔ^{43}	tṣhəʔ^{44}	tshəʔ^{4}
喝	xᴀʔ^{35}	xʌʔ^{34}	xaʔ^{4}	xaʔ^{43}	xaʔ^{44}	xaʔ^{4}
噎	iᴀʔ^{35}	iʌʔ^{34}	iaʔ^{4}	iaʔ^{43}	iaʔ^{44}	iaʔ^{4}
头	thəu^{35}	1.thəu^{44} 2.nɔ$^{213/31}$ tɛi$^{52/12}$	thəu^{313}	1.nau^{54}tɛi^{24} 2.thəu^{31}	thəu^{212}	thɤu^{312}
头发	thəu^{35}fᴀʔ^{35}	thəu^{44}fʌʔ^{34}	thəu$^{313/31}$fᴀʔ^{4}	thəu^{31}faʔ^{43}	thəu$^{212/31}$fəʔ^{0}	thɤu^{312}faʔ^{0}
辫子	piɛ^{53}ə^{0}	piᴇ^{52}ləʔ^{0}	piᴇ$^{335/35}$zəʔ^{0}	piɛ̃^{24}zəʔ^{0}	piɛ^{24}zəʔ^{0}	piæ^{24}zəʔ^{0}
旋儿	tɕhyər^{312}	ɕyər^{44}	ɕyʌr^{313}	ɕyɐr^{31}	ɕyar^{212}	ɕyər^{312}
额头	pə̃$^{312/31}$ləu^{35}	pə̃$^{213/31}$ ləu$^{44/334}$	pə̃^{313}ləu^{0}	pəŋ^{43}ləu^{31}	pə̃ɣ^{212}ləu^{24}	pəŋ^{42}lɤu^{0}
脸	liɛ^{312}	liᴇ^{213}	liᴇ^{52}	liɛ̃^{54}	.liɛ^{53}	liæ^{53}
眼睛	1.iɛ^{312} 2.iɛ$^{312/31}$tɕiə̃^{312}	iᴇ^{213}	iᴇ^{52}	iɛ̃^{54}	iɛ^{53}	iæ^{53}tɕiəŋ^{42}

	朔城区	平鲁	山阴	应县	右玉	怀仁
眉毛	mi^{35}mɔo^{35}	mɛi^{44}mɔ^{0}	mi^{313}mɔo^{0}	mi^{31}mau^{31}	mi$^{212/31}$mɐo^{212}	mi^{312}mɔu^{0}
耳朵	ər$^{312/31}$tuə^{312}	ər$^{213/31}$ tuə$^{213/312}$	ər^{52}tuə^{313}	ər^{54}tuʏ^{43}	ər^{53}tuo^{31}	ər^{53}tuɤ^{0}
鼻子	pi^{35}ə^{0}	pi^{44}ləʔ^{0}	piəʔ^{4}zəʔ^{0}	pi^{31}zəʔ^{0}	piəʔ^{44}zəʔ^{0}	pi^{312}zəʔ^{0}
鼻涕	nə̃^{35}tɛi^{53}	nəɯ^{44}tɛi^{52}	nə̃$^{313/31}$tɛe^{335}	nəŋ^{31}tɛi^{24}	nə̃ɣ$^{212/31}$tɛe^{24}	nəŋ^{312}tɛe^{24}
擤	ɕi^{312}	ɕi^{213}	ɕi^{52}	ɕi^{54}	ɕi^{53}	ɕi^{53}
嘴	tsuei^{312}	tsuɛi^{213}	tsuei^{52}	tsuɛi^{54}	tsuɛe^{53}	tsuɛe^{53}
嘴唇	tsuei^{312}tshuə̃^{35}	tsuɛi$^{213/31}$ tshuəɯ$^{44/213}$	tsuei^{52} tʂhuə̃$^{313/31}$zəʔ^{0}	tsuɛi^{54}tshuəŋ^{31} zəʔ^{0}	tsuɛe^{53} tʂhuə̃ɣ^{212}zəʔ^{0}	tsuɛe^{53} tshuəŋ^{312}zəʔ^{0}
口水	xæ^{35}suei^{312}	xæ$^{213/43}$ suɛi$^{213/43}$	xæ$^{313/31}$ʂuei^{0}	xɛ̃^{43}suɛi^{31}	xæ^{31}ʂuɛe^{53}	xæ^{42}suɛe^{0}
舌头	ʂə^{35}thəu^{0}	sʏ^{44}thəu^{0}	ʂʅʌr^{313}thəu^{0}	sʏ^{31}thəu^{0}	ʂɤ^{212}thəu^{0}	sɤ^{312}thɤu^{0}
牙	iᴀ^{35}	iɑ^{44}	iᴀ^{313}	ia^{31}	ia^{212}	ia^{312}
下巴	ɕiᴀ^{53}pᴀ^{312}	ɕiɑ^{52}khʌʔ$^{34/21}$	ɕiᴀ^{335}pᴀʔ^{0}	ɕia^{24}pɐr^{54}	ɕia^{24}khaʔ^{44}zəʔ^{0}	ɕia^{24}paʔ^{4}zəʔ^{0}
胡子	xu^{35}ə^{0}	xu^{44}tshɛi^{0}	xu^{313}tshɛe^{0}	xu^{31}tshɛi^{31}	xu$^{212/31}$tshɛe^{212}	xu^{312}zəʔ^{0}
脖子	puə^{35}ə^{0}	puə^{44}ləʔ^{0}	puə^{313}zəʔ^{0}	puʏ^{31}zəʔ^{0}	po^{212}zəʔ^{0}	puɤ^{312}zəʔ^{0}
喉咙	sɑ̃^{312}ə^{0}	xuəʔ^{34}luəɯ^{44}	xuəʔ^{4}luə̃^{313} uər^{0}	xuəʔ^{43}luəŋ^{31}	xuəʔ^{44}luə̃ɣ^{212}	sɒ^{53}zəʔ^{0}
肩膀	tɕiɛ$^{312/31}$pɑ̃^{312}	1.pɒ^{213}ləʔ^{0} 2.tɕiᴇ$^{213/43}$ pɒ$^{213/43}$	tɕiᴇ$^{313/31}$pɒ^{52}	paŋ^{54}zəʔ^{0}	pɒ^{24}tɕiɛ^{31}zəʔ^{0}	tɕiæ^{42}pɒ^{0}
胳膊	kəʔ^{35}puə^{35}	kəʔ^{34}puə^{0}	kəʔ^{4}puə^{313}	kəʔ^{43}puʏ^{31}	kəʔ^{44}po^{31}	kəʔ^{4}puɤ^{312}
手	səu^{312}	səu^{213}	ʂəu^{52}	səu^{54}	ʂəu^{53}	sɤu^{53}

	朔城区	平鲁	山阴	应县	右玉	怀仁
左手	tsuə$^{312/31}$səu^{312}	tsuə$^{213/31}$ səu$^{213/312}$	tsuə$^{52/31}$ʂəu^{52}	tsuɤ^{54}səu^{54}	tsuo$^{53/31}$ʂəu^{53}	tsuɤ^{31}sɤu^{53}
右手	iəu^{53}səu^{312}	iəu^{52}səu^{213}	iəu^{335}ʂəu^{52}	iəu^{24}səu^{54}	tʂə̃ɣ^{31}ʂəu^{53}	iɤu^{24}sɤu^{53}
拳头	1.tɕhyɛ^{35}thəu^{0} 2.tshuei^{35} thəu^{0}	tshuɛi^{44}thəu^{44}	kəʔ^{4}tu^{313}	kəʔ^{43}tu^{31}	kəʔ^{44}tuo^{212}	kəʔ^{4}tu^{42}
手指	səu^{312}tsəʔ^{35} thuər^{35}	tsəʔ^{34}thər^{44}	tsəʔ^{4}thʊər^{0}	tsəʔ^{43}thɐr^{24}	tsɿ^{53}thuar^{212}	tsəʔ^{4}thɤur^{53}
大拇指	tᴀ^{53}mᴀʔ^{35} tsəʔ^{35}thəu^{0}	1.tɒ^{52}mʌʔ$^{34/21}$ kər^{213} 2.tɒ^{52}mʌʔ$^{34/21}$ tsəʔ^{34}thər^{44}	tᴀ$^{335/35}$mᴀʔ$^{4/2}$ tsəʔ^{4}thʊər^{0}	ta^{24}məʔ^{43}tsəʔ^{43} thɐr^{24}	ta^{24}maʔ^{44} kar^{31}	ta^{24}maʔ^{4} tsəʔ^{2}thɤur^{53}
食指	ər^{53}mᴀʔ^{35} tsəʔ^{35}thəu^{0}	1..ər^{52}mʌʔ$^{34/21}$ kər^{213} 2.ər^{52}mʌʔ$^{34/21}$ tsəʔ^{43}thər^{44}	ər$^{335/35}$mᴀʔ$^{4/2}$ tsəʔ^{4}thʊər^{0}	ər^{24}məʔ^{43}tsəʔ^{43} thɐr^{24}	ər^{24}maʔ^{44} kar^{31}	ər^{24}maʔ^{4} tsəʔ^{2}thɤur^{53}
中指	1.tsuə̃^{312}mᴀʔ^{35} mᴀʔ^{35} 2.tsuə̃$^{312/31}$ tsɿ^{312}	1.tsuəɯ$^{213/43}$ tsuəɯ$^{213/43}$ 2.tsuəɯ$^{213/43}$ tsuəɯ$^{213/43}$ tsəʔ^{34}thər^{44}	tʂuə̃^{313}tsɿ^{0}	tsuəŋ^{43}məʔ^{43} tsəʔ^{43}thɐr^{24}	1.sæ^{31}maʔ^{44} kar^{31} 2.tʂuə̃ɣ^{31}tsɿ^{53}	tsuəŋ^{42}maʔ^{4} tsəʔ^{2}thɤur^{53}
无名指	sɿ^{53}mᴀʔ^{35} tsəʔ^{35}thəu^{0}	1.sɿ^{52}mʌʔ$^{34/21}$ kər^{213} 2.sɿ^{52}mʌʔ$^{34/21}$ tsəʔ^{34}thər^{44}	sɿ$^{335/35}$mᴀʔ$^{4/2}$ tsəʔ^{4}thʊər^{0}	sɿ^{24}məʔ^{43}tsəʔ^{43} thɐr^{24}	sɿ^{24}maʔ^{44}kar^{31}	sɿ^{24}maʔ^{4} tsəʔ^{2}thɤur^{53}
小拇指	ɕiɔo^{312}mᴀʔ^{35} tsəʔ^{35}thəu^{0}	ɕiɔ$^{213/31}$ mʌʔ$^{34/23}$ tsəʔ^{34}thər^{44}	ɕiɔo^{52}mᴀʔ$^{4/2}$ tsəʔ^{4}thʊər^{0}	ɕiau^{54}məʔ^{43} tsəʔ^{43}thɐr^{24}	ɕiɐo^{53}maʔ^{44} kar^{31}	ɕiɔu^{53}maʔ^{4} tsəʔ^{2}thɤur^{53}
指甲	tsəʔ^{35}tɕiᴀʔ^{35}	tsəʔ^{34}tɕiɑ^{213}	tiəʔ^{4}tɕiᴀ^{0}	tiɛʔ^{43}tɕia^{54}	tsəʔ^{44}tɕia^{31}	tsɿ^{53}tɕia^{42}
腿	thuei^{312}	thuɛi^{213}	thuei^{52}	thuɛi^{54}	thuɛe^{53}	thuɛe^{53}

	朔城区	平鲁	山阴	应县	右玉	怀仁
脚	tɕiᴀʔ^{35}	tɕiʌʔ^{34}	tɕiᴀʔ^{4}	tɕyaʔ^{43}pɛ̃^{53}zəʔ^{0}	tɕyaʔ^{44}	tɕyaʔ^{4}
膝盖	kəʔ^{35}ɕi$^{312/31}$ kɛi^{53}	1.kəʔ^{34}ɕi^{213} 2.kəʔ^{34}ɕi$^{213/31}$ kɛi$^{52/12}$	kəʔ^{4}tɕhi^{0}	kəʔ^{43}ɕiɛʔ^{43}	kəʔ^{44}tɕhi^{31}	kəʔ^{4}tɕhi^{42} kuəʔ^{4}kər^{53}
背	tɕiəʔ^{35}liɑ̃^{35}	1.tsəʔ^{34}pɛi^{52} 2.tɕiəʔ^{34}liɒ^{44}	tsəʔ^{4}pei^{335}	tsəʔ^{43}pɛi^{24}	tsəʔ^{44}pɛe^{24} ɕiə̃ɣ^{31}zəʔ^{0}	tsuəʔ^{4}pɛe^{24}
肚子	tu^{53}ə^{0}	tu^{52}ləʔ^{0}	tu^{335}	tu^{24}	tu^{24}	tu^{24}zəʔ^{0}
肚脐	tu^{53}pəʔ^{35}tɕhi^{35}	tu^{52}pəʔ$^{34/21}$ tɕhi^{0}	tu$^{335/35}$pᴀʔ^{4} uər^{313}	tu^{24}paʔ^{43} tɕhiɐr^{31}	1.tu^{24}tɕi$^{212/31}$ tɕi^{212} 2.tu^{24}tɕi^{212}iæ^{53}	tu^{24}tɕhiər^{312}
乳房	nɛi^{312}	niəu$^{213/43}$ niəu$^{213/43}$	nɛe^{52}	1.nɛi^{54} 2.niəu^{43}niəu^{31}	niəu$^{212/31}$ niəu^{212}	niɤu^{312}niɤu^{0}
屁股	1.phi^{53}ku^{312} 2.tuəʔ^{35}ə^{0}	tuəʔ^{34}ləʔ^{0}	phi$^{335/35}$ku^{0}	1.phi^{24}ku^{0} 2.tuəʔ^{43}zəʔ^{0}	1.tuəʔ^{44}zəʔ^{0} 2.phi^{24}ku^{53}	tuəʔ^{4}zəʔ^{0}
病了	piə̃^{53}lᴀʔ^{0}	næ^{44}xuʌʔ$^{34/43}$ liəʔ^{0}	pəʔ$^{4/2}$xɔo^{52} kuə^{335}liəʔ^{0}	1.pəʔ^{43}tɕiəŋ^{54} səŋ^{31} 2.pəʔ^{43}xau^{54} kuʏ^{24}	1.piə̃ɣ^{24}la^{0} 2.næ^{212}xuo^{0} liəʔ^{44}	piəŋ^{24}laʔ^{0}
咳嗽	khᴀʔ^{35}səu^{53}	khʌʔ^{34}səu^{52}	khᴀʔ^{4}səu^{335}	khaʔ^{43}səu^{24}	khaʔ^{44}səu^{24}	khaʔ^{4}sɤu^{24}
发烧	fᴀʔ^{35}sɔo^{312}	sɔ$^{213/31}$liəʔ$^{34/23}$	fᴀʔ^{4}ʂɔo^{313}	faʔ^{43}sau^{43}	lə̃ɣ^{53}ma^{212} kəʔ^{44}saʔ^{44}	faʔ^{4}sɔu^{42}
肚子疼	tu^{53}thə̃^{35}	tu^{52}thəɯ^{44}	tu$^{335/35}$thə̃^{313}	tu^{24}thəŋ^{31}	tu^{24}thə̃ɣ^{212}	tu^{24}thəŋ^{0}
拉肚子	phɔo^{312}mɔo^{35}	1.phɔ^{213}tu^{52} 2.thɒ$^{213/31}$ɕi^{213}	phɔo^{52}tu^{335}	phau^{54}tu^{24}	phɐo^{53}tu^{24}zəʔ^{0}	phɔu^{53}tu^{24}zəʔ^{0}
疤	pᴀ^{312}	pɑ^{213}	pᴀ^{313}	pa^{43}	pa^{31}	pa^{42}
癣	ɕie^{312}	ɕiᴇ^{213}	ɕyᴇ^{313}	ɕyɛ̃^{54}	ɕiɛ^{53}	ɕiæ^{53}
痣	tsɿ^{53}	tɕi^{52}	tɕi^{335}	tsɿ^{24}	tɕɿ^{24}	tsɿ^{24}

	朔城区	平鲁	山阴	应县	右玉	怀仁
狐臭	xuəʔ35tshəu53 ə0	xuəʔ34tshəu52 ləʔ0	xuəʔ4tʂhəu335 zəʔ0	xuəʔ43tshəu24 zəʔ0	1.xuəʔ44 tʂhəu31zəʔ0 2.liəu24væ31 kuæ31	xuəʔ4tshɤu24 zəʔ0
看病	khæ53piə̃53	khæ52piəɯ52	khæ335/35piə̃335	khɛ̃24piəŋ24	tɕhiə̃ɣ53i31sə̃ɣ31	khæ24piəŋ24
病轻了	piə̃53tɕhiə̃312 læ0	piəɯ52xɔ213/31 ɕiᴇ213læ0	khuə52ləʔ0 ɕiʌr313/31lᴀʔ0	xau54tiɐr31laʔ0	1.piə̃ɣ24khɤ53 la0 2.khɤ53/31tiar53 la0	piəŋ24xuɛe312 səʔ0thɤu312laʔ0
说媒	suᴀʔ35mei35	suʌʔ34mɛi44	ʂuᴀʔ4mei313	suaʔ43mɛi31	ʂuo31mɛe212	suaʔ4mɛe312
媒人	mei35ʐə̃35	mɛi44zəɯ0	mei313ʐə̃0	mɛi31zəŋ43	mɛe212/31ʐə̃ɣ212	mɛe312zəŋ0
相亲	khæ53tuei53 ɕiɑ̃53	khæ52tuɛi52 ɕiɒ0	ɕiɒ313/31 tuei335/35ɕiɒ335	ɕiaŋ43	ɕiɒ212tuɛe24 ɕiɒ0	ɕiɒ42tɕhiəŋ42
订婚	tiə̃53xuə̃312	tiəɯ52xuəɯ213	tiə̃335/35xuə̃313	tiəŋ24xuəŋ43	tiə̃ɣ24xuə̃ɣ31	tiəŋ24xuəŋ42
娶媳妇儿	1.tɕhy312/31 tɕhiə̃312 2.tɕhy312ɕiəʔ35 fər53	tɕhy213/31 ɕi44/334fər0	tɕhy52ɕiəʔ4/2 fuər335	tɕhy54ɕiɛʔ43 fɐr24	tɕhy53ɕiəʔ44 fuar53	tɕhy53ɕiəʔ4 fur53
出嫁	1.tʂhuəʔ35 tɕiᴀ53 2.phiə̃53nyər312	tshuəʔ34 phiəɯ52	phiə̃335liəʔ0	phiəŋ24	phiə̃ɣ212ny53 zəʔ0	phiəŋ24nyər53
拜堂	tiɛ312/31li312	pɛi52tɕhiᴇ213/31 ti52/12	pɛe335/35 tɕhiᴇ313/31ti335	1.pɛi24tɕhiɛ̃24 ti24 2.pɛi24thaŋ31	pɛe24thiɛ31ti24	pɛe24thɒ312
新郎	ɕiə̃312ny312/31 ɕy53	ɕiəɯ213/31 ku213/31iᴇ44/334	ɕiə̃313ny0ɕy0	1.ɕiəŋ43ny54 ɕy24 2.ɕiəŋ43laŋ31	ɕiə̃ɣ31ny53ɕy24	ɕiəŋ42ny53ɕy0

	朔城区	平鲁	山阴	应县	右玉	怀仁
新娘子	ɕiɑ̃^{312}ɕiəʔ^{35} fər^{53}	ɕiəɯ$^{213/31}$ɕi^{44} fər^{0}	ɕiɑ̃^{313}ɕiəʔ^{4} fuər^{335}	ɕiəŋ^{43}ɕiɛʔ^{43} fɐr^{24}	ɕiɑ̃ɣ^{31}ɕiəʔ^{44} fuar^{53}	ɕiəŋ^{42}ɕiəʔ^{4} fur^{53}
孕妇	1.yɑ̃^{53}fu^{53} 2.tᴀ^{53}tu^{53}lɔo^{312} phuə^{35}	tɑ^{52}tu^{0}lɔ$^{213/31}$ phuə$^{44/213}$	tᴀ$^{335/35}$tu^{335} lɔo^{52}phuə^{0}	ta^{24}tu^{24} lau^{54}phuɤ^{31}	1.ta^{53}tu^{24} ny^{53}ʐɑ̃ɣ^{212} 2.xuɛe$^{212/31}$ xɛe^{212} lɐo^{53}pho^{212}	ta^{24}tu^{24} ny^{53}zəŋ^{0}
怀孕	iəu^{312}（ɕi^{312}） lᴀʔ^{0}	iəu^{213}læ^{0}	iəu^{52}lᴀʔ^{0}	1.xuɛi^{31}səʔ^{43} laʔ^{0} 2.iəu^{54}laʔ^{0}	iəu^{53}la^{0}	iɤu^{53}xɛe^{312}zəʔ^{0} laʔ^{0}
流产	tsuə^{53}ɕiɔo$^{312/31}$ yɛ^{53}ə^{0}	ɕiɔ$^{213/31}$yᴇ$^{52/12}$	ɕiɔo^{52}yᴇ^{0}lᴀʔ^{0}	ɕiau^{54}səŋ^{43}	1.ɕiɐo^{53}yɛ^{24}lə^{0} 2.tiaʔ^{44}la^{0}	ɕiɔu^{31}tshæ^{53}
双胞胎	sɑ̃^{53}sɔ̃^{312}sɔ̃^{0}	suɒ$^{213/31}$səɯ^{0} səɯ^{0}	ʂuɒ^{335}sɔ̃^{313}zəʔ^{0}	suaŋ^{24}səŋ^{43}	ʂuɒ^{31}sɔ̃ɣ^{31} sɔ̃ɣ^{31}	sɒ^{24}sər^{42}
生日	sər^{312}	sər^{213}	sʌr^{313}	sɐr^{43}	sar^{31}	sər^{42}
做寿	1.tsuəʔ^{35}səu^{53} 2.tɕhiɔ̃^{53}səu^{53}	tɕhiəɯ^{52}səu^{0}	kuə$^{335/35}$ʂəu^{335}	pɛi^{24}səu^{24}	tɕhiɔ̃ɣ^{24}ʂəu^{24}	kuɤ^{24}sɤu^{24}
死	lɔo^{312}lᴀʔ^{0}	1.lɔ$^{213/31}$læ^{0} 2.lɔ$^{213/31}$ ɕiɑ$^{52/12}$læ^{0}	sɿ^{52}lᴀʔ^{0}	ɕia^{24}sɿ^{24}	sɿ^{53}la^{0}	1.tsɤu^{53} 2.lɔu^{53}
咽气	iɛ^{53}tɕhi^{53}	iᴇ^{52}tɕhi^{0}	iᴇ$^{335/35}$tɕhi^{335}	iɛ̃^{24}tɕhi^{24}	iɛ^{24}tɕhi^{24}	iæ^{24}tɕhi^{24}
棺材	kuæ$^{312/31}$ tshɛi^{35}	kuæ$^{213/31}$ tshɛi$^{44/334}$	kuæ^{313}tshɛe^{0}	kuɛ̃^{43}tshɛi^{31}	kuæ^{31}tshɛe^{212}	kuæ^{42}tshɛe^{0}
出殡	1.fᴀʔ^{35}iɔ̃^{312} 2.tshuəʔ^{35}liɔ̃^{35}	tshuəʔ^{34}liəɯ^{44}	fᴀʔ^{4}iɔ̃^{52}	faʔ^{43}iəŋ^{54}	1.tʂhu^{31}piɔ̃ɣ^{24} 2.faʔ^{44}iɔ̃ɣ^{53}	tshuəʔ^{4}phiəŋ^{24}
老天爷	lɔo^{312}tɕhiɛ$^{312/31}$ iɛ^{35}	lɔ$^{213/31}$tɕhiᴇ^{213} iᴇ^{44}	lɔo^{52}tɕhiᴇ^{0}iᴇ^{0}	lau^{54}tɕhiɛ̃^{43}iɛ^{31}	nɐo^{53}thiɛ^{31}iɛ^{212}	lɔu^{53}thiæ^{42}iɛ^{0}
观音	kuæ$^{312/31}$iɔ̃^{312}	kuæ$^{213/43}$ iəɯ$^{213/43}$	kuæ$^{313/13}$ iɔ̃$^{313/31}$	kuɛ̃^{43}sɿ^{24}iəŋ^{43}	kuæ^{31}ʂʅ^{24}iɔ̃ɣ^{31}	kuæ^{42}iəŋ^{42}

	朔城区	平鲁	山阴	应县	右玉	怀仁
灶神	tsɔo^{53}vɑ̃$^{312/31}$iɛ^{35}	tsɔ^{52}mʌʔ$^{34/21}$iᴇ^{44}	tsɔo$^{335/35}$ʂə̃^{0}iᴇ^{0}	1.tsau^{24}səŋ^{31}iɛ^{31} 2.tsau^{24}vaŋ^{43}iɛ^{31}	tsɐo^{24}vɒ^{0}iɛ$^{212/31}$iɛ^{212}	tsɔu^{24}səŋ^{0}iɛ^{0}
和尚	xuə^{35}sɑ̃^{53}	xuə^{44}sɒ^{0}	xuə $^{313/31}$ʂɒ^{335}	xuʏ^{31}saŋ^{24}	xuo^{212}ʂɒ^{24}	xɤ^{312}sɒ^{24}
尼姑	ni^{35}ku^{312}	ni^{44}ku^{0}	ni^{313}ku^{0}	1.ku^{43}zəʔ^{0} 2.ni^{31}ku^{43}	ku^{31}zəʔ^{0}	ni^{312}ku^{42}
道士	tɔo^{53}sɿ^{53}	tɔ^{52}sɿ^{0}	tɔo^{335}sɿ^{0}	lau^{54}tau^{24}	tɐo^{24}sɿ^{24}	tɔu^{24}sɿ^{0}
算命	suæ^{53}miə̃^{53}	suæ^{52}miəɯ^{0}	suæ$^{335/35}$kuᴀ^{335}	1.ta^{54}kua^{24} 2.suɛ̃^{24}kua^{24}	1.suæ^{24}miə̃ɣ^{24} 2.ta^{53}kua^{24}	suæ^{24}miəŋ^{24}
人	ʐə̃^{35}	zəɯ^{44}	zə̃^{313}	zəŋ^{31}	ʐə̃ɣ^{212}	zəŋ^{312}
男人	næ^{35}ʐə̃^{35}	næ^{44}zəɯ^{0}	næ^{313}zə̃^{0}	nɛ̃^{31}zəŋ^{31}	næ$^{212/31}$ʐə̃ɣ^{212}	næ^{312}zəŋ^{0}
女人	ny^{312}ʐə̃^{35}	ny$^{213/31}$zəɯ$^{44/213}$	ny^{52}zə̃^{0}	ny^{54}zəŋ^{31}	ny$^{212/31}$ʐə̃ɣ^{212}	ny^{53}zəŋ^{0}
单身汉	kuɑ̃$^{312//31}$kuə̃^{53}	kuɒ$^{213/31}$kuəɯ$^{52/12}$	kuɒ$^{313/31}$kuə̃^{335}	kuaŋ^{43}kuəŋ^{24}	kuɒ^{31}kuə̃ɣ^{31}	kɒ^{42}kuəŋ^{0}
老姑娘	lɔo$^{312/31}$ku$^{312/31}$niɑ̃^{35}	1.lɔ$^{213/31}$ku$^{213/31}$niɒ$^{44/334}$ 2.lɔ$^{213/31}$nyər$^{213/312}$	lɔo^{52}ku^{313}niɒ^{0}	lau^{54}ku^{43}niaŋ^{31}	lɐo^{53}ku^{31}niɒ^{31}	lɔu^{53}ku^{42}niɒ^{0}
小孩	ɕiɔo$^{312/31}$vᴀ^{312}vᴀ^{0}	uɑ^{44}uɑ^{0}	uᴀ$^{313/31}$uᴀ$^{313/13}$	ɕiau^{54}xɛi^{31}zəʔ^{0}	ɕiɐo^{53}xɛe^{212}zəʔ^{0}	ɕiɔu^{53}xər^{312}
男孩	ɕiɔo^{312}ə^{0}	ɕiɔ$^{213/31}$ləʔ$^{34/23}$	ɕiɔo^{52}zəʔ^{0}	ɕiɛ^{54}ɕiɛ^{31}	ɕiɐo^{53}zəʔ^{0}	ɕiɔu^{53}zəʔ^{0}
女孩	1.ku$^{312/31}$niɑ̃^{35} 2.nyər^{312}	nyər^{213}	nyʊər^{52}	ny^{54}ny^{31}	ny^{31}zəʔ^{0}	ɕiɔu^{31}nyər^{53}
农民	1.nə̃^{35}miə̃^{35} 2.tsuɑ̃$^{312/31}$xu^{0}ʐə̃^{35}	1.nuəɯ^{44}miəɯ^{0} 2.tsuɒ$^{213/31}$xu$^{52/12}$zəɯ^{44}	tʂuɒ$^{313/31}$xu$^{335/35}$ʐə̃^{313}	tsuaŋ^{43}xu^{0}zəŋ^{31}	luə̃ɣ$^{212/31}$miə̃ɣ^{212}	luəŋ^{312}miəŋ^{312}

	朔城区	平鲁	山阴	应县	右玉	怀仁
商人	tsuəʔ^{35}mɛi$^{312/31}$ mɛi^{53}li^{0}	tsuəʔ^{34} mɛi$^{213/31}$ mɛi$^{52/12}$tiəʔ^{0}	mɛe^{52}mɛe$^{335/35}$ z̧ɔ̃^{313}	mɛi^{54}mɛi^{24} zəŋ^{31}	tsuəʔ^{44}mɛe^{53} mɛe^{24}tiəʔ^{44}	1.mɛe^{53}mɛe^{0} zəŋ^{0} 2.sɒ^{42}zəŋ^{0}
木匠	mu^{53}tɕiɑ̃^{53}	mu^{52}tɕiɒ^{0}	mu$^{335/35}$tɕiɒ^{0}	mu^{24}tɕiaŋ^{24}	mu^{24}tɕiɒ^{0}	mu^{24}tɕiɒ^{0}
裁缝	tshɛi^{35}fɜ̃$^{35/31}$	tshɛi^{44}fəɯ^{0}	tshɛe$^{313/31}$fɜ̃^{0}	tshɛi^{31}fəŋ^{31}	tshɛe$^{212/31}$fɜ̃ɣ^{31}	tshɛe^{312}fəŋ^{0}
理发师	tɕhi^{53}thəu^{35}li^{0}	1.li$^{213/31}$fʌʔ$^{34/23}$ tiəʔ^{0} 2.thi^{52}thəu^{44} tiəʔ^{0}	li^{52}fᴀʔ^{4}tiəʔ^{0}	thuɛi^{43}thəu^{31} tiɛʔ^{0}	1.thi^{24}thəu^{53} tiəʔ^{44} 2.li$^{53/31}$faʔ^{44} tiəʔ^{44}	thi^{24}thɤu^{312} tiəʔ^{0}
厨师	tᴀ^{53}sɿ^{312}fu^{0}	1.tɑ^{52}sɿ^{213}fu^{0} 2.tshu^{44}ləʔ^{0}	tʂhu$^{313/31}$zəʔ^{0}	1.tshu^{31}zəʔ^{0} 2.ta^{24}sɿ^{43}faʔ^{0}	ta^{24}səʔ^{44}fu^{31}	tshu^{312}zəʔ^{0}
乞丐	thɔo^{312}tʂhəʔ^{35} ə^{0}	1.iɔ^{52}fæ^{0}tiəʔ^{0} 2.thɔ$^{213/31}$ tshəʔ^{34}tiəʔ^{0}	thɔo^{52}tʂəʔ$^{4/2}$ zəʔ^{0}	thau^{54}tshəʔ^{43} zəʔ^{0}	thɐo$^{53/31}$tʂhəʔ^{44} zəʔ^{0}	iɔu^{24}fæ^{24}tiəʔ^{0}
贼	tsɛi^{35}	1.ɕiɔ$^{213/31}$ thər^{213} 2. tsɛi^{44}	tsɛe^{313}	tsɛi^{31}	tsɛe^{212}	tsɛe^{312}
瞎子	ɕiᴀʔ^{35}ə^{0}	ɕiʌʔ^{34}ləʔ^{0}	ɕiᴀʔ^{4}zəʔ^{0}	ɕiaʔ^{43}zəʔ^{0}	1.məʔ^{44}iɛ$^{53/31}$ iɛ^{53} 2.ɕiaʔ^{44}zəʔ^{0}	məʔ^{4}iæ^{53}iæ^{0}
聋子	luɜ̃^{35}ə^{0}	ləɯ^{44}ləʔ^{0}	luɜ̃$^{313/31}$zəʔ^{0}	luəŋ^{31}zəʔ^{0}	luəŋ^{212}zəʔ^{0}	luəŋ^{312}zəʔ^{0}
驼子	pei$^{312/31}$kuə^{312}	pɛi$^{213/43}$ kuə$^{213/43}$ləʔ^{0}	pei$^{313/13}$ kuə$^{313/31}$zəʔ^{0}	pɛi^{43}kuɤ^{43}zəʔ^{0}	pɛe^{24}kuo^{31}zəʔ^{0}	pei^{42}kuɤ^{42}zəʔ^{0}
瘸子	kuɛi^{312}ə^{0}	tɕhyᴇ^{44}ləʔ^{0}	tɕhyᴇ$^{313/31}$zəʔ^{0}	kuɛi^{54}zəʔ^{0}	kuɛe^{53}zəʔ^{0}	kuɛe^{53}zəʔ^{0}
傻子	lɜ̃^{53}ə^{0}	ləɯ^{52}ləʔ^{0}	lɜ̃$^{335/35}$zəʔ^{0}	ləŋ^{24}zəʔ^{0}	lɜ̃ɣ^{24}zəʔ^{0}	ləŋ^{24}zəʔ^{0}
爷爷	iɛ^{35}iɛ$^{35/0}$	iᴇ^{44}iᴇ^{0}	iᴇ$^{313/31}$iᴇ$^{313/13}$	iɛ^{31}iɛ^{31}	iɛ$^{212/31}$iɛ^{212}	iɛ^{312}iɛ^{24}
奶奶	nɛi^{312}nɛi$^{312/0}$	nɛi$^{213/31}$nɛi^{0}	nɛe$^{313/31}$ nɛe$^{313/13}$	nɛi^{54}nɛi^{31}	nɛe$^{53/31}$nɛe^{53}	nɛe^{42}nɛe^{0}

	朔城区	平鲁	山阴	应县	右玉	怀仁
外祖父	lɔo^{312}iɛ^{35}	lɔ$^{213/31}$iᴇ^{44}	lɔo^{52}iᴇ^{0}	lau^{54}iɛ^{31}	lɐo^{53}iɛ^{212}	lɔu^{53}iɛ^{0}
外祖母	lɔo^{312}lɔo^{0}	1.lɔ$^{213/31}$lɔ^{0} 2.lɔ$^{213/31}$ niɒ$^{44/213}$	lɔo^{52}lɔo^{0}	lau^{54}lau^{31}	lɐo$^{53/31}$lɐo^{53}	lɔu^{53}lɔu^{0}
父亲	tᴀ^{312}tᴀ^{0}	1.pɑ^{52}pɑ^{44} 2.tɑ$^{213/31}$tɑ^{0}	tᴀ$^{313/31}$ta$^{313/13}$	tiɛ^{43}	ta$^{24/31}$ta^{24}	tiɛ^{42}
母亲	mᴀ^{312}	mɑ^{213}	mᴀ^{313}	ma^{43}	ma^{31}	ma^{42}
继父	xəu^{53}pᴀ^{53}	1.xəu^{52}lɔ$^{213/31}$ ləʔ^{0} 2.tɕi^{52}fu^{0}	xəu$^{335/35}$pᴀ^{335} pᴀ^{0}	xəu^{24}tiɛ^{43}	tɕi^{24}fəʔ^{44}	tɕi^{24}fu^{0}
继母	xəu^{53}mᴀ^{312}	xəu^{52}mɑ^{213}	xəu$^{335/35}$ma^{313}	xəu^{24}ma^{43}	xəu^{24}ma^{31}	tɕi^{24}mu^{53}
岳父	vɛi^{53}fəʔ^{35}	uɛi^{52}fəʔ$^{34/21}$	uɛe^{335}fəʔ^{0}	vɛi^{24}faʔ^{43}	vɛe^{24}fəʔ^{44}	vɛe^{24}fəʔ^{4}
岳母	1.vɛi^{53}məʔ^{35} niã^{35} 2.tsã^{53}məʔ^{35} niã^{35}	uɛi^{52}məʔ$^{34/21}$ niɒ^{44}	uɛe^{335}məʔ$^{4/2}$ niɒ^{0}	vɛi^{24}vəʔ^{43} niaŋ^{31}	vɛe^{24}məʔ^{44} niɒ^{212}	vɛe^{24}məʔ^{4}niɒ^{0}
公公	kuã$^{312/31}$ kuã$^{312/0}$	kuəɯ$^{213/43}$ kuəɯ$^{213/43}$	kuã$^{313/31}$ kuã$^{313/13}$	kuəŋ^{43}kuəŋ^{31}	kuə̃ɣ^{31}kuə̃ɣ^{31}	kuəŋ^{42}kuəŋ^{0}
婆婆	phuə^{35} phuə$^{35/0}$	phuə^{44}phuə^{0}	phuə$^{313/31}$ phuə$^{313/13}$	phuʏ^{43}phuʏ^{31}	pho$^{212/31}$pho^{212}	phuɤ^{312}phuɤ^{0}
伯父	tᴀ^{53}iɛ^{35}	1.tɑ^{52}iᴇ^{0} 2.tɑ^{52}tiᴇ^{0}	tᴀ^{335}iᴇ^{0}	1.ta^{24}iɛ^{31} 2.lau^{54}tiɛ^{43}	ta^{24}iɛ^{212}	ta^{24}iɛ^{0}
伯母	tᴀ^{53}mᴀ^{312}	tɑ^{52}mɑ^{213}	tᴀ^{335}niɒ^{0}	1.ta^{24}niaŋ^{31} 2.lau^{54}ma^{43}	ma^{24}ma^{0}	ta^{24}ma^{0}
叔父	（tɕi^{312}）tiɛ^{312}	səu^{213}səu^{0}	ʂəu$^{313/31}$ ʂəu$^{313/13}$	səu^{43}səu^{24}	ʂəu^{31}ʂəu^{24} 2.（tɕi^{53}）tiɛ^{31}	sɤu^{42}sɤu^{0}
叔母	（tɕi^{312}）mᴀ^{312}	səɯ$^{213/31}$səɯ^{0}	（tɕi^{52}）mᴀ^{313}	səŋ^{54}səŋ^{31}	1.ʂə̃ɣ^{53}zəʔ^{0} 2.ma^{24}ma^{0}	səŋ^{53}zəʔ^{0}
姑姑	ku$^{312/31}$ku$^{312/0}$	ku^{213}ku^{0}	ku$^{313/31}$ku$^{313/13}$	ku^{43}ku^{24}	ku^{31}ku^{31}	ku^{42}ku^{0}

	朔城区	平鲁	山阴	应县	右玉	怀仁
舅舅	tɕiəu^{53}tɕiəu^{0}	1.tɕiəu^{52}tɕiəu^{0} 2. niɒ^{44}tɕiəu^{0}	tɕiəu$^{335/35}$ tɕiəu^{0}	tɕiəu^{24}tɕiəu^{31}	tɕiəu^{24}tɕiəu^{24}	tɕiɤu^{24}tɕiɤu^{0}
舅妈	tɕiə̃^{53}ə^{0}	tɕiəɯ^{52}ləʔ^{0}	tɕiə̃^{335}zəʔ^{0}	tɕiəŋ^{24}tɕiəŋ^{31}	tɕiə̃ɣ^{24}zəʔ^{0}	tɕiəŋ^{24}zəʔ^{0}
姨	i^{35}i$^{35/0}$	i^{44}i^{0}	i$^{313/31}$i$^{313/13}$	i^{31}i^{24}	i$^{212/31}$i^{212}	i^{312}i^{0}
弟兄	ti^{53}ɕyə̃$^{312/0}$	ti^{52}ɕyəɯ^{0}	ti$^{335/35}$ɕyə̃^{313}	ti^{24}ɕyəŋ^{31}	ti^{24}ɕyə̃ɣ^{31}	1.ɕyəŋ^{42}ti^{0} 2.ti^{24}ɕyəŋ^{0}
姊妹	tsɿ$^{312/31}$mei^{53}	tsɿ$^{213/31}$mɛi$^{52/12}$	tsɿ^{52}mei^{335}	tsɿ^{54}mɛi^{24}	tsɿ^{53}mɛe^{24}	tsɿ^{53}mɛe^{0}
哥哥	kɔo$^{312/31}$ kɔo$^{312/0}$	kɒ$^{213/43}$kɒ$^{213/43}$	kɔo$^{313/31}$ kɔo$^{313/13}$	kaʔ^{43}ka^{24}	kɒ^{53}kɒ^{0}	kɒ^{42}kɒ^{0}
弟弟	ti^{53}ti^{0}	ɕyəɯ^{312}ti^{0}	ɕyə̃$^{313/31}$ti^{335}	1.ɕyəŋ^{43}ti^{24} 2.ti^{24}ti^{31}	ɕyə̃ɣ^{31}ti^{24}	ɕyəŋ^{42}ti^{0}
姐姐	tɕiɛ^{312}tɕiɛ$^{312/0}$	tɕiᴇ$^{213/31}$ tɕiᴇ$^{213/312}$	tɕiᴇ^{52}tɕiᴇ^{0}	tɕiɛ^{54}tɕiɛ^{31}	tɕiɛ^{53}tɕiɛ^{0}	tɕiɛ^{53}tɕiɛ^{0}
妹妹	mei^{53}mei^{0}	mɛi^{52}mɛi^{0}	mei^{335}mei^{0}	mɛi^{24}mɛi^{31}	mɛe$^{24/31}$mɛe^{24}	mɛe^{24}mɛe^{0}
连襟	liɛ^{35}tɕiə̃$^{312/31}$	liᴇ^{44}tɕiəɯ^{0}	liᴇ^{313}tɕiə̃^{0}	liɛ̃^{31}tɕiəŋ^{31}	liɛ$^{212/31}$tɕiə̃ɣ^{31}	liæ^{312}tɕiəŋ^{0}
儿子	ər^{35}ə^{0}	ər^{44}	ər^{313}zəʔ^{0}	ər^{31}zəʔ^{0}	ər^{212}zəʔ^{0}	1.ər^{312}zəʔ^{0} 2.ɕiəu^{53}zəʔ^{0}
儿媳妇	ər^{35}ɕiəʔ^{35}fər^{53}	ɕi^{44}fər^{0}	ɕiəʔ^{4}fuər^{335}	ər^{31}ɕiɛʔ^{43}fɐr^{24}	ər^{212}ɕiəʔ^{44} fuar^{53}	ər^{312}ɕiəʔ^{4}fur^{53}
女儿	nyər^{312}	nyər^{213}	nyʌr^{52}	nyɐr^{53}	ny^{53}zəʔ^{0}	nyər^{53}
女婿	ny$^{312/31}$ɕy^{53}	ny$^{213/31}$ɕy$^{52/12}$	ny^{52}ɕy^{335}	ny^{54}ɕy^{24}	ny^{53}ɕy^{24}	ny^{53}ɕy^{0}
孙子	suə̃^{312}ə^{0}	suəɯ^{213}ləʔ^{0}	suə̃^{313}zəʔ^{0}	suəŋ^{43}zəʔ^{0}	suə̃ɣ^{31}ɕiɐo^{53} zəʔ^{0}	suəŋ^{42}zəʔ^{0}
重孙子	tshuə̃^{35}suə̃$^{312/31}$ ə^{0}	tshuəɯ^{44} suəɯ^{0}ləʔ^{0}	tʂhuə̃$^{313/13}$ suə̃$^{313/31}$zəʔ^{0}	tshuəŋ^{31}suəŋ^{43}	tʂhuə̃ɣ$^{212/31}$ suə̃ɣ^{31}zəʔ^{0}	tshuəŋ^{312} suəŋ^{42}zəʔ^{0}
外甥	vɛi^{53}sə̃^{312}	uɛi^{52}səɯ^{213}	uɛe$^{335/35}$sə̃^{0}	vɛi^{24}səŋ^{31}	vɛe^{24}ʂə̃ɣ^{31} ɕiɐo^{53}zəʔ^{0}	vɛe^{24}səŋ^{0}
外孙	vɛi^{53}sə̃^{312}	uɛi^{52}səɯ^{213}	uɛe$^{335/35}$sə̃^{0}	vɛi^{24}səŋ^{31}	vɛe^{24}ʂə̃ɣ^{31} ɕiɐo^{53}zəʔ^{0}	vɛe^{24}səŋ^{42} ɕiəur^{53}

	朔城区	平鲁	山阴	应县	右玉	怀仁
犁	li^{35}	liər^{44}	li^{313}	li^{31}	li^{212}	li^{312}
锄头	tshu^{35}thəu^{0}	tshu^{44}thəu^{0}	tʂhu^{313}thəu^{0}	tshu^{31}thəu^{31}	tʂhu^{212}	tshu^{312}
镰刀	liɛ^{35}tɔo$^{312/31}$	liᴇ^{44}tɔ^{0}	liᴇ^{313}tɔo^{0}	liɛ̃^{31}tau^{43}	liɛ$^{212/31}$tɐo^{31}	liæ^{312}tɔu^{0}
扁担	1.piɛ$^{312/31}$tæ^{53} 2.tæ^{53}tsɑ̃^{53}	tæ$^{213/43}$tsɒ$^{213/43}$	tæ$^{335/35}$tʂɒ^{335}	tɛ̃^{24}tsaŋ^{43}	tæ^{31}tʂɒ^{24}	tæ^{24}tsɒ^{0}
筛子	sɛi^{312}ə^{0}	luə^{44}ləʔ^{0}	sɛe^{313}zəʔ^{0}	sɛe^{43}zəʔ^{0}	tshɐo^{53}sɛe^{31}	sɛe^{42}zəʔ^{0}
簸箕	puə^{53}tɕhi^{312}	puə^{52}tɕhi^{213}	puə^{335}tɕhi^{0}	puɤ^{24}tɕhi^{31}	po^{53}tɕhi^{24}	puɤ^{24}tɕhi^{0}
斧子	fu^{312}ə^{0}	fu^{213}ləʔ^{0}	fu^{52}zəʔ^{0}	fu^{54}zəʔ^{0}	fu$^{53/31}$zəʔ^{0}	fu^{53}zəʔ^{0}
钳子	tɕhiɛ^{35}ə^{0}	tɕhiᴇ^{44}ləʔ^{0}	tɕhiᴇ$^{313/31}$zəʔ^{0}	tɕhiɛ̃^{31}zəʔ^{0}	tɕhiɛ^{212}zəʔ^{0}	tɕhiæ^{312}zəʔ^{0}
锤子	tshuei^{35}ə^{0}	tshuɛi^{44}ləʔ^{0}	tiɔ̃$^{313/13}$ tʂhuei$^{313/31}$	tshuɛi^{31}zəʔ^{0}	tiəɣ^{31}tʂhuɛe^{212}	tshuɛe^{312}zəʔ^{0}
钉子	tiɔ̃^{312}ə^{0}	tiəɯ^{213}ləʔ^{0}	tiɔ̃^{313}zəʔ^{0}	tiəŋ^{43}zəʔ^{0}	tiɔ̃ɣ^{31}zəʔ^{0}	tiəŋ^{42}zəʔ^{0}
绳子	sɔ̃^{35}ə^{0}	səɯ^{44}	ʂɔ̃^{313}zəʔ^{0}	səŋ^{31}zəʔ^{0}	ʂɔ̃ɣ^{212}zəʔ^{0}	səŋ^{312}zəʔ^{0}
做买卖	tsuaʔ^{35}mɛi$^{312/31}$ mɛi^{53}	1.tsuaʔ^{34} mɛi$^{213/31}$ mɛi$^{52/12}$ 2.tsuaʔ^{34} səɯ$^{213/31}$ i$^{52/12}$	tsuaʔ^{4}mɛe^{52} mɛe^{335}	khɛi^{43}mɛi^{54} mɛi^{31}	tsuaʔ^{44}mɛe^{53} mɛe^{24}	tsuaʔ^{4}mɛe^{53} mɛe^{0}
饭馆	fæ^{53}kuər^{312}	1.fæ^{52}kuər^{213} 2.fæ^{52}phu^{0}	fæ$^{335/35}$kuʌr^{52}	fɛ̃^{24}tiɛ̃^{24}	fæ^{24}kuar^{53}	fæ^{24}kuər^{53}
旅馆	ly$^{312/31}$tiɛ^{53}	1.ly$^{213/31}$tiᴇ$^{52/12}$ 2.ly$^{213/31}$ kuər^{213}	tiᴇ^{335}	ly^{54}tiɛ̃^{24}	ly^{53}tiɛ^{24}	1.ly^{31}kuər^{53} 2.tiæ^{24}
贵	kuei^{53}	kuɛi^{52}	kuei^{335}	kuɛi^{24}	kuɛe^{24}	kuɛe^{24}

	朔城区	平鲁	山阴	应县	右玉	怀仁
便宜	1.phiɛ^{35}i^{53} 2.tɕiɛ^{53}	1.phiᴇ^{44}i^{0} 2.pəʔ^{34}kuɛi^{52} 3.tɕiᴇ^{52}	phiᴇ$^{313/31}$i^{335}	1.phiɛ̃^{31}i^{24} 2.tɕiɛ̃^{24}	phiɛ$^{212/31}$i^{212}	1.phiæ^{312}i^{24} 2.tɕiæ^{24}
亏本	khuei^{312}læ^{0}	1.phɛi^{44} 2.phɛi^{44}lɔ^{213} pər^{213}	khuei$^{313/31}$ pə̃^{313}	khuɛi^{43}pɐr^{54}	khuɛe^{31}pə̃ɣ^{31}	khuɛe^{42}pər^{53}
本钱	pə̃^{312}tɕhiɛ^{35}	pəɯ$^{213/31}$ tɕhiᴇ$^{44/213}$	pə̃^{52}tɕhiᴇ^{0}	1.pəŋ^{54}tɕhiɐr^{31} 2.pɐr^{54}	pə̃ɣ^{31}tɕhiɛ^{212}	pəŋ^{53}tɕhiæ^{0}
路费	1.ləu^{53}fei^{53} 2.phæ^{35}tshæ^{35}	1.ləu^{52}fɛi^{0} 2.phæ^{44}tshæ^{0}	ləu$^{335/35}$fei^{335}	1.ləu^{24}fɛi^{24} 2.phɛ̃^{31}fɛi^{24} 3.phɛ̃^{31}tshɛ̃^{31}	phæ$^{212/31}$ tʂhæ^{212}	lɤu^{24}fɛe^{24}
欠	1.tɕhiɛ^{53} 2.tuæ^{312}	1.tɕhiᴇ^{52} 2.tuæ^{213}	1.tɕhiᴇ^{335} 2.kɛe^{313}	1.kɛi^{43} 2.tɕhiɛ̃^{24}	1.tuæ^{53} 2.tsha^{24}	kɛe^{42}
算盘	suæ^{53}phæ^{35}	suæ^{52}phæ^{44}	suæ^{335}phæ^{0}	suɛ̃^{24}phɛ̃^{31}	suæ^{24}phæ^{0}	suæ^{24}phæ^{0}
学校	ɕyᴀʔ^{35}ɕiɔo^{53}	1.ɕyᴀʔ^{34}ɕiɔ^{52} 2.su$^{213/31}$ fɒ$^{44/334}$	ɕyᴀʔ^{4}ɕiɔo^{335}	1.ɕyaʔ^{43}ɕiau^{24} 2.ɕyaʔ^{43}faŋ^{54}	ɕyaʔ^{44}ɕiɐo^{24}	ɕyaʔ^{4}ɕiɔu^{24}
教室	tɕiɔo^{53}ʂəʔ^{35}	tɕiɔ^{52}səʔ$^{34/21}$	tɕiɔo$^{335/35}$ʂəʔ^{4}	1.tɕiau^{24}səʔ^{43} 2.tɕiaŋ^{54}thaŋ^{31}	tɕiɐo^{24}ʂəʔ^{44}	tɕiɔu^{24}səʔ^{4}
上学	sɑ̃^{53}ɕiɔo^{35}	niᴇ^{52}su^{213}	ʂɒ$^{335/35}$ɕiɔo^{313}	saŋ^{24}ɕiau^{31}	ʂɒ^{24}ɕiɐo^{24}	sɒ^{24}ɕiɔu^{312}
放学	ɕiᴀ^{53}ɕiɔo^{35}	ɕiɑ^{52}ɕiɔ^{213}	ɕiᴀ$^{335/35}$ɕiɔo^{313}	ɕia^{24}ɕiau^{31}	ɕia^{24}ɕiɐo^{24}	ɕia^{24}ɕiɔu^{312}
考试	khɔo$^{312/31}$sɿ^{53}	khɔ$^{213/31}$sɿ$^{52/12}$	khɔo^{52}sɿ^{335}	khau^{54}sɿ^{24}	khɐo^{53}sɿ^{24}	khɔu^{53}sɿ^{24}
钢笔	1.kɑ̃^{312}piəʔ^{35} 2.suei^{312}piəʔ^{35}	suɛi$^{213/31}$ piəʔ$^{34/23}$	kɒ$^{313/31}$piəʔ^{4}	tsɿ^{24}lɛi^{31}suɛi^{54} piɛʔ^{43}	kɒ^{31}piəʔ^{44}	kɒ^{42}piəʔ^{4}
毛笔	mɔo^{35}piəʔ^{35}	mɔ^{44}piəʔ$^{34/43}$	mɔo$^{313/31}$piəʔ^{4}	mau^{31}piɛʔ^{43}	mɐo^{212}piəʔ^{44}	mɔu^{312}piəʔ^{4}
墨	miəʔ^{35}tʂəʔ^{35}	miəʔ^{34}tsəʔ$^{34/21}$	mei^{335}	mɛi^{24}	miəʔ^{44}tʂəʔ^{44}	mɛe^{24}
砚台	iɛ^{53}thei^{35}	iᴇ^{52}uɑ^{213}	iᴇ$^{335/35}$uɒ^{0}	iɛ̃^{24}vaŋ^{31}	iɛ^{24}thɛe^{212}	iæ^{24}vɒ^{0}
串门儿	tshuæ^{53}mər^{35}	tshuæ^{52}məɯ^{44} ləʔ^{0}	tʂhuæ$^{335/35}$ mə̃$^{313/31}$zəʔ^{0}	tshuɛ̃^{24}məŋ^{31} zəʔ^{0}	tshuæ^{24}mə̃ɣ^{212} zəʔ^{0}	tshuæ^{24}məŋ^{312} zəʔ^{0}

	朔城区	平鲁	山阴	应县	右玉	怀仁
看	khæ^{53}	khæ^{52}	khæ^{335}	khɛ̃^{24}	khæ^{24}	khæ^{24}
听	tɕhiə̃^{312}	tɕhiəɯ^{312}	tɕhiə̃^{313}	tɕhiəŋ^{43}	thiə̃ɣ^{31}	thiəŋ^{42}
闻	və̃^{35}	uəɯ^{44}	uə̃^{313}	vəŋ^{31}	və̃ɣ^{212}	vəŋ^{312}
吸	ɕiəʔ^{35}	ɕiəʔ^{34}	ɕiəʔ^{4}	ɕiɛʔ^{43}	ɕiəʔ^{44}	ɕiəʔ^{4}
睁眼	tsə̃$^{312/31}$iɛ^{312}	tsəɯ$^{213/43}$ iᴇ$^{213/43}$	tsə̃^{313}	tsəŋ^{43}	tsə̃ɣ^{31}	tsəŋ^{42}
闭眼	pi^{53}iɛ^{312}	kəʔ^{34}tɕi^{213} tsəɯ^{52}iᴇ^{213}	kəʔ^{4}tɕi^{52}tʂu^{335} iᴇ^{52}	kəʔ^{43}tɕi^{54}tsu^{24} iɛ̃^{54}	kəʔ^{44}tɕi^{212}tʂu^{24} iæ^{53}	pi^{24}
咬	iɔo^{312}	iɔ^{213}	iɔo^{52}	iau^{54}	iɐo^{53}	iɔu^{53}
嚼	tɕiɔo^{35}	tɕiɔ^{44}	tɕiɔo^{313}	tɕiau^{31}	tɕiɐo^{212}	tɕiɔu^{312}
咽	iɛ^{53}	iᴇ^{52}	iᴇ^{335}	iɛ̃^{24}	iɛ^{24}	iæ^{24}
舔	tɕhiɛ^{312}	tɕhiᴇ^{213}	tɕhiᴇ^{52}	tɕhiɛ̃^{54}	thiɛ^{53}	thiæ^{53}
含	xæ^{35}	xæ^{44}	xæ^{313}	xæ^{31}	xæ^{212}	xæ^{312}
打喷嚏	tᴀ$^{312/31}$tɕhi^{53} phə̃^{312}	tɒ^{213}tɕhi^{52} phəɯ^{0}	tᴀ^{52}tɕhi^{335}phə̃^{0}	ta^{54}tɕhi^{24} phəŋ^{31}	ta^{53}thi^{24}phə̃ɣ^{31}	ta^{53}thi^{24}phəŋ^{0}
站	tsæ^{53}	tsæ^{52}	tsæ^{335}	tsæ^{24}	tsæ^{24}	tsæ^{24}
蹲	kəʔ^{35}tɕiəu^{312}	1.tuəɯ^{213} 2.kəʔ^{34}tɕiəu^{213}	kəʔ^{4}tɕiəu^{313}	kəʔ^{43}tɕiəu^{43}	kəʔ^{44}tɕiəu^{31}	kəʔ^{4}tɕiɤu^{42}
坐	tsuə^{53}	tsuə^{52}	tsuə^{335}	tsuʏ^{24}	tsuo^{24}	tsuɤ^{24}
挺	tɕhiə̃^{312}	tɕhiəɯ^{213}	tɕhiə̃^{52}	tɕhiəŋ^{54}	thiə̃ɣ^{53}	thiəŋ^{53}
走	tsəu^{312}	tsəu^{213}	tsəu^{52}	tsəu^{54}	tsəu^{53}	tsɤu^{53}
跑	phɔo^{312}	phɔo^{213}	kɒ^{335}	phau^{54}	phɐo^{53}	phɔu^{53}
藏	thɛi^{35}	1.tshɒ^{44} 2.thɛi^{44}	thɛe^{313}	thɛi^{31}	1.thɛe^{212} 2.tshɒ^{212}	thɛe^{312}
放	1.fɑ̃^{53} 2.kᴀʔ^{35}	1.fɒ^{52} 2.kᴀʔ^{34}	fɒ^{335}	1.faŋ^{24} 2.ka^{24}	1.kaʔ^{44} 2.fɒ^{24}	1.ka^{24} 2.fɒ^{24}
摞	luə^{53}	1.li^{213} 2.luə^{52}	luə^{335}	luʏ^{24}	1.luo^{24} 2.ma^{212}	luɤ^{24}
埋	mei^{35}	mɛi^{44}	mei^{313}	mɛi^{31}	mɛe^{212}	mɛe^{312}

	朔城区	平鲁	山阴	应县	右玉	怀仁
砍	khæ^{312}	khæ^{213}	khæ^{52}	khɛ̃^{54}	khæ^{53}	khæ^{53}
擦	tshaʔ^{35}	tshʌʔ^{34}	tshaʔ^{4}	tshaʔ^{43}	tshaʔ^{44}	tshaʔ^{4}
倒	tɔo^{53}	tɔ^{52}	tɔo^{335}	tau^{24}	tɐo^{24}	tɔu^{24}
扔	1.mæ^{35} 2.mɔo^{53}	mæ^{44}	mæ^{313}	mɛ̃^{31}	1.mæ^{212} 2.mɐo^{24}	mæ^{312}
丢	liɔo^{53}	liɔ^{52}	ər^{52}	ər^{54}	1.ər^{53} 2.liɐo^{24}	1.tiɤu^{42} 2.məʔ^{4}
找	ɕiɑ̃^{35}	ɕiəɯ^{44}	ɕiɑ̃^{313}	ɕiəŋ^{31}	ɕiə̃ɣ^{31}	ɕiəŋ^{312}
提	tiəʔ^{35}liəu^{35}	tiəʔ^{34}liəu^{213}	thiəʔ^{4}liəu^{313}	tiɛʔ^{43}liəu^{31}	thiəʔ^{44}liəu^{31}	thiəʔ^{4}liɤu^{42}
挑选	tɕhiɔo^{312}	tɕhiɔ^{213}	sᴀ^{335}	tɕhiau^{43}	1.thiɐo^{31} 2.sa^{24}	thiɔu^{42}
收拾	ʂəʔ^{35}tuᴀʔ^{35}	səu$^{213/31}$səʔ$^{34/23}$	ʂəʔ^{4}tuᴀʔ^{4}	səʔ^{43}tuaʔ^{43}	1.ʂəu^{31}ʂəʔ^{44} 2.ʂəʔ^{44}tuaʔ^{44}	sɤu^{42}səʔ^{4}
掺	tshæ^{35}xuə^{53}	1.tshæ^{213} 2.xuə^{52}	1.tshæ^{313} 2.xuə^{335}	1.tshɛ̃^{43} 2.tuɛi^{24}	tshæ^{31}	xuɤ^{24}
睡	suei^{53}	suɛi^{52}	ʂuei^{335}	suɛi^{24}	ʂuɛe^{24}	suɛe^{24}
休息	ɕiᴀʔ^{35}ɕiᴀʔ^{0}	1.ɕiʌʔ^{34}iəʔ$^{34/21}$ ɕiʌʔ^{34} 2.xuæ^{213}iəʔ^{34} xuæ^{213}	xuæ^{52}xuæ^{0}	1.xuɛ̃^{54} 2.ɕiaʔ^{43}	xuæ$^{53/31}$xuæ^{53}	xuæ^{53}xuæ^{0}
打呼噜	tᴀ$^{312/31}$xæ^{53} suei^{312}	ta$^{213/31}$xæ$^{52/12}$ suɛi^{52}	tᴀ^{52}xæ^{335}suei^{0}	ta^{54}xɛ̃^{24}suɛi^{31}	ta^{53}xæ^{31}ʂuɛe^{24}	ta^{53}xæ^{24}suɛe^{0}
做梦	mɑ̃^{53}mɑ̃^{53}	məɯ^{52}məɯ^{52}	mə̃$^{335/35}$mə̃^{335}	məŋ^{24}məŋ^{24}	mə̃ɣ^{24}mə̃ɣ^{24}	məŋ^{24}məŋ^{24}
想	1.sɿ$^{312/31}$mu^{53} 2.tuᴀʔ^{35}liɑ̃^{35}	sɿ$^{213/31}$mu^{0}	sɿ$^{313/31}$mu^{335}	ti^{24}tuəʔ^{43}	ɕiɒ^{53}	ɕiɒ^{53}
记得	tɕi^{53}li^{0}	1.tɕi^{52}tiəʔ^{0} 2.tɕi^{52}tsəɯ^{0}	tɕi$^{335/35}$tʂu^{335}	tɕi^{24}tiɛʔ^{0}	iə̃ɣ^{212}tɕi^{24}	tɕi^{24}tiəʔ^{0}
忘记	vɑ̃^{53}læ^{0}	uɒ^{52}læ^{0}	uɒ^{335}lᴀʔ^{0}	vaŋ^{24}laʔ^{0}	vɒ^{24}la^{0}	vɒ^{24}laʔ^{0}

	朔城区	平鲁	山阴	应县	右玉	怀仁
怕	phA^{53}	1.xɛi^{52}phɑ^{0} 2.phɑ^{52}	phA^{335}	pha^{24}	pha^{24}	pha^{24}
相信	ɕiɑ̃$^{312/31}$ɕiə̃^{53}	ɕiəɯ^{52}	ɕiɒ$^{313/31}$ɕiə̃^{335}	ɕiaŋ^{43}ɕiəŋ^{24}	ɕiə̃ɣ^{24}	ɕiɒ^{42}ɕiəŋ^{24}
喜欢	ɕi$^{312/31}$xuæ^{312}	1.nɛi^{52} 2.xɔ^{52}	ɕi^{52}xuæ^{313}	nɛi^{24}tɕiɛ̃^{24}	ŋɛe^{24}tɕiɛ^{0}	1.ɕi^{53}xuæ^{42} 2.ɕi^{53}nɛe^{24}
讨厌	thɔo$^{312/31}$iɛ^{53}	pəʔ^{34}ɕiɒ$^{213/31}$ khæ$^{52/12}$	xəʔ^{4}iE^{52}	xəʔ^{43}iɛ̃^{54}	1.xəʔ^{44}iɛ^{53} 2.xəʔ^{44}ɕiɛ^{212}	1.xəʔ^{4}iæ^{53} 2.thɔu^{53}iæ^{24}
舒服	xɔo^{312}xuə^{35}	1.su$^{213/31}$ fəʔ$^{34/23}$ 2.xɔ$^{213/31}$ səu$^{52/12}$	ʂu^{313}fəʔ^{4}	su^{43}fəʔ^{0}	xɐo^{53}xuo^{212}	su^{42}fəʔ^{0}
难受	1.næ^{35}kuə^{53} 2.næ^{35}səu^{53}	1.næ^{44}səu^{0} 2.pəʔ^{34}xɔ$^{213/31}$ səu$^{52/12}$	næ^{313}xuə^{0}	1.nɛ̃^{31}xuəʔ^{43} 2.nɛ̃^{31}səu^{24}	1.næ^{212}xuo^{212} 2.pəʔ^{44}xɐo^{53} xuo^{212}	næ^{312}xuɤ^{0}
责怪	yɛ^{53}	yE^{52}	yE$^{335/35}$kuɛe^{0}	kuɛi^{24}yɛ̃^{24}	yɛ^{24}	kuɛe^{24}yæ^{0}
忌妒	iɛ^{312}xuə̃^{35}	iE$^{213/31}$ xuəɯ$^{44/213}$	iE^{52}xuə̃^{313}	iɛ̃^{54}xuəŋ^{31}	iɛ^{53}xuə̃ɣ^{53}	iæ^{53}xuəŋ^{312}
害羞	xɛi^{53}ɕiəu^{312}	1.xɛi^{52}ɕiəu^{213} 2.phɑ^{52}	tʂhuəʔ^{4}ɕiəu^{313}	tshuəʔ^{43}ɕiəu^{43}	1.tʂhuəʔ^{44} ɕiəu^{212} 2.ɕiɐo^{53}tɕia^{31} va^{53}tɕhi^{24}	xɛe^{24}ɕiɤu^{42}
要	iɔo^{53}	iɔ^{52}	iɔo^{335}	iau^{24}	iɐo^{24}	iɔu^{24}
有	iəu^{312}	iəu^{213}	iəu^{52}	iəu^{54}	iəu^{53}	iɤu^{53}
没有	məʔ^{35}iəu^{312}	məʔ^{34}iəu^{213}	məʔ^{4}iəu^{52}	məʔ^{43}iəu^{54}	məʔ^{44}iəu^{53}	məʔ^{4}iɤu^{53}
是	sɿ^{53}	sɿ^{52}	səʔ^{4}	səʔ^{43}	səʔ^{44}	səʔ^{4}
不是	pəʔ^{35}sɿ^{53}	pəʔ^{34}sɿ^{52}	pəʔ^{4}səʔ^{4}	pəʔ^{43}səʔ^{43}	pəʔ^{44}səʔ^{44}	pəʔ^{4}səʔ^{2}
在	tsɛi^{53}	tsɛi^{52}	tsɛe^{335}	tsɛi^{24}	tsɛe^{24}	tsɛe^{24}
不在	pəʔ^{35}tsɛi^{53}	pəʔ^{34}tsɛi^{52}	pəʔ^{4}tsɛe^{335}	məʔ^{43}tsɛi^{24}	pəʔ^{44}tsɛe^{24}	1.məʔ^{4}tsɛe^{24} 2.pəʔ^{4}tsɛe^{24}

	朔城区	平鲁	山阴	应县	右玉	怀仁
知道	tsɿ$^{312/31}$tɔo^{53}	tsɿ$^{213/31}$tɔ$^{52/12}$	tʂʅ$^{313/31}$tɔo^{335}	tsɿ^{43}tau^{24}	tʂʅ^{31}tɐo^{24}	1.tsɿ^{42}tɔu^{0} 2.tɕhiəŋ^{42}tshu^{0}
不知道	pəʔ^{35}tsɿ$^{312/31}$tɔo^{53}	pəʔ^{34}tsɿ$^{213/31}$tɔ$^{52/12}$	pəʔ^{4}tʂʅ$^{313/31}$tɔo^{335}	2.pəʔ^{43}tsɿ^{43}tau^{24}	pəʔ^{44}tʂʅ^{31}tɐo^{24}	1.pəʔ^{4}tsɿ^{42}tɔu^{24} 2.pəʔ^{4}tɕhiəŋ^{42}tshu^{0}
会	xuei^{53}	xuɛi^{52}	xuei^{335}	xuɛi^{24}	xuɛe^{24}	xuɛe^{24}
不会	pəʔ^{35}xuei^{53}	pəʔ^{34}xuɛi^{52}	pəʔ^{4}xuei^{335}	pəʔ^{43}xuɛi^{24}	pəʔ^{44}xuɛe^{24}	pəʔ^{4}xuɛe^{24}
认识	ʐə̃^{53}li^{0}	zəɯ^{52}tiəʔ^{0}	ʐə̃$^{335/35}$tiəʔ^{0}	zəŋ^{24}tiɛʔ^{0}	ʐə̃ɣ^{24}tiəʔ^{44}	zəŋ^{24}tiəʔ^{0}
不认识	ʐə̃^{53}pəʔ^{35}li^{0}	zəɯ^{52}pəʔ$^{34/21}$tiəʔ^{0}	ʐə̃$^{335/35}$pəʔ^{4}tiəʔ^{0}	zəŋ^{24}pəʔ^{43}tiɛʔ^{0}	ʐə̃ɣ^{24}pəʔ^{44}tiəʔ^{44}	zəŋ^{24}pəʔ^{4}tiəʔ^{0}
说	suᴀʔ^{35}	suʌʔ^{34}	ʂuᴀʔ^{4}	suaʔ^{43}	ʂuaʔ^{44}	suaʔ^{4}
聊天儿	lᴀ^{53}kuᴀ^{312}	lɑ^{52}kuɑ^{213}	ɕiᴇ$^{313/31}$lᴀ$^{335/35}$tᴀʔ^{4}	la^{24}taʔ^{43}	la^{24}thaʔ^{44}	1.kua^{42}la^{0} 2.la^{24}kuaʔ^{0}
叫	tɕiɔo^{53}	tɕiɔ^{52}	tɕiɔo^{335}	tɕiau^{24}	iɐo^{31}xuəʔ^{44}	1.iɔu^{42}xuəʔ^{0} 2.tɕiɔo^{24}
哭	1.khuəʔ^{35} 2.xɔo^{35}	xɔ^{44}	khuəʔ^{4}	xau^{31}	1.khuəʔ^{44} 2.xɐo^{212}	1.khuəʔ^{4} 2.xɔu^{312}
骂	mᴀ^{53}	mɑ^{52}	mᴀ^{335}	1.ma^{24} 2.zəʔ^{43}tɕyaʔ^{43}	ʐəʔ^{44}tɕyaʔ^{44}	1.ma^{24} 2.ma^{24}tɕyaʔ^{4}
骗	phiᴀʔ^{35}	1.phiᴇ^{52} 2.xuəɯ^{213}	xuə̃^{52}	xuəŋ^{54}	1.xuə̃ɣ^{53} 2.ʐəʔ^{44}xuə̃ɣ^{53}	xuəŋ^{53}
哄	xuə̃^{312}	xuəɯ^{213}	xuə̃^{52}	xuəŋ^{54}	1.xuə̃ɣ^{53} 2.ʐəʔ^{44}xuə̃ɣ^{53}	xuəŋ^{53}
告诉	suᴀʔ^{35}kei^{312}	suʌʔ^{34}kəɯ^{52}	suᴀʔ^{4}kei^{0}	suaʔ^{43}kɛi^{54}	ʂuaʔ^{44}	suaʔ^{4}kɛe^{24}
大	tᴀ^{53}	tɑ^{52}	tᴀ^{335}	ta^{24}	ta^{24}	ta^{24}
小	ɕiɔo^{312}	ɕiɔ^{213}	ɕiɔo^{52}	ɕiau^{54}	ɕiɐo^{53}	ɕiɔo^{53}
长	tshɑ̃^{35}	tshɒ^{213}	tʂhɒ^{313}	tshaŋ^{31}	tʂhɒ^{212}	tshɒ^{312}
短	tuæ^{312}	tuæ^{213}	tuæ^{52}	tuɛ̃^{54}	tuæ^{53}	tuæ^{53}

	朔城区	平鲁	山阴	应县	右玉	怀仁
宽	khuæ^{312}	khuæ^{213}	khuæ^{313}	khuɛ̃^{43}	khuæ^{31}	khuæ^{42}
窄	tsᴀʔ^{35}	tsʌʔ^{34}	tsᴀʔ^{4}	tsaʔ^{43}	tsaʔ^{44}	tsaʔ^{4}
（飞得）高	kɔo^{312}	kɔ^{213}	kɔo^{313}	kau^{43}	kɐo^{31}	kɔu^{42}
（飞得）低	ti^{312}	ti^{213}	ti^{313}	ti^{43}	ti^{31}	ti^{42}
（长得）高	kɔo^{312}	kɔ^{213}	kɔo^{313}	kau^{43}	kɐo^{31}	kɔu^{42}
（长得）矮	nɛi^{312}	ti^{213}	ti^{313}	ti^{43}	ɳɛe^{53}	ti^{42}
远	yɛ^{312}	yᴇ^{213}	yᴇ^{52}	yɛ̃^{54}	yɛ^{53}	yæ^{53}
近	tɕiə̃^{53}	tɕiəɯ^{52}	tɕiə̃^{335}	tɕiəŋ^{24}	tɕiə̃ɣ^{24}	tɕiəŋ^{24}
深	sə̃^{312}	səɯ^{213}	ʂə̃^{313}	səŋ^{43}	ʂə̃ɣ^{31}	səŋ^{42}
浅	tɕhiɛ^{312}	tɕhiᴇ^{213}	tɕhiᴇ^{52}	tɕhiɛ̃^{54}	tɕhiɛ^{53}	tɕhiæ^{53}
肥（动物）	fei^{35}	zəu^{52}	fei^{313}	fɛi^{31}	1.fɛe^{212} 2.ʐəu^{24}	fɛe^{312}
胖	phɑ̃^{53}	zəu^{52}	ʐəu^{335}	zəu^{24}	ʐəu^{24}	zɤu^{24}
瘦	səu^{53}	səu^{52}	səu^{335}	səu^{24}	ʂəu^{24}	sɤu^{24}
黑	xəʔ^{35}	xəʔ^{34}	xəʔ^{4}	xəʔ^{43}	xəʔ^{44}	xəʔ^{4}
白	pɛi^{35}	pɛi^{44}	pɛe^{313}	pɛi^{31}	pɛe^{212}	pɛe^{312}
红	xuə̃^{35}	xuəɯ^{44}	xuə̃^{313}	xuəŋ^{31}	xuə̃ɣ^{212}	xuəŋ^{312}
黄	xuɑ̃^{35}	xuɒ^{44}	xuɒ^{313}	xuaŋ^{31}	xuɒ^{212}	xɒ^{312}
蓝	læ^{35}	læ^{44}	læ^{313}	læ^{31}	læ^{212}	læ^{312}
绿	luəʔ^{35}	luəʔ^{34}	lyəʔ^{4}	ly^{24}	luəʔ^{44}	ly^{24}
紫	tsɿ^{312}	tsɿ^{213}	tsɿ^{52}	tsɿ^{54}	tsɿ^{53}	tsɿ^{53}
灰	xuei^{312}	xuɛi^{213}	xuei^{313}	xuɛi^{43}	xuɛe^{31}	xuɛe^{42}
多	tuə^{312}	tuə^{213}	tuə^{313}	tuɤ^{43}	tuo^{31}	tuɤ^{42}
少	sɔo^{312}	sɔ^{213}	ʂɔo^{52}	sau^{54}	ʂɐo^{53}	sɔu^{53}
歪	vɛi^{312}	uɛi^{213}	uɛe^{313}	vɛi^{43}	vɛe^{31}	vɛe^{42}
厚	xəu^{53}	xəu^{52}	xəu^{335}	xəu^{24}	xəu^{24}	xɤu^{24}

	朔城区	平鲁	山阴	应县	右玉	怀仁
薄	puə^{35}	puə^{44}	puə^{313}	puʏ^{31}	po^{212}	puɤ^{312}
（光线）亮	liɑ̃^{53}	liɒ^{52}	liɒ^{335}	liaŋ^{24}	liɒ^{24}	liɒ^{24}
（光线）黑	xəʔ^{35}	xəʔ^{34}	xəʔ^{4}	xəʔ^{43}	xəʔ^{44}	xəʔ^{4}
冷	lə̃^{312}	ləɯ^{213}	lə̃^{52}	ləŋ^{54}	lə̃ɣ^{53}	ləŋ^{53}
热	zə̧^{53}	zʏ^{52}	zʅʌr^{335}	zaʔ^{43}	za̧ʔ^{44}	1.zaʔ^{4} 2.zɤ^{24}
快	khuɛi^{53}	khuɛi^{52}	khuɛe^{335}	khuɛi^{24}	khuɛe^{24}	khuɛe^{24}
慢	mæ^{53}	mæ^{52}	mæ^{335}	mɛ̃^{24}	mæ^{24}	mæ^{24}
早	tsɔo^{312}	tsɔ^{213}	tsɔo^{52}	tsau^{54}	tsɐo^{53}	tsɔu^{53}
晚	tshɿ^{35}	tshɿ^{44}	tʂhʅ^{313}	tshɿ^{31}	tʂhʅ^{212}	tshɿ^{312}
松	suə̃^{312}	suəɯ^{213}	suə̃^{313}	suəŋ^{43}	suə̃ɣ^{31}	suəŋ^{42}
紧	tɕiə̃^{312}	tɕiəɯ^{213}	tɕiə̃^{52}	tɕiəŋ^{54}	tɕiə̃ɣ^{53}	tɕiəŋ^{53}
难	næ^{35}	næ^{44}	næ^{313}	næ^{31}	næ^{212}	næ^{312}
新	ɕiə̃^{312}	ɕiəɯ^{213}	ɕiə̃^{313}	ɕiəŋ^{43}	ɕiə̃ɣ^{31}	ɕiəŋ^{42}
旧	tɕiəu^{53}	tɕiəu^{52}	tɕiəu^{335}	tɕiəu^{24}	tɕiəu^{24}	tɕiɤu^{24}
老	lɔo^{312}	lɔ^{213}	lɔo^{52}	lau^{54}	lɐo^{53}	lɔu^{53}
软	zʅuæ^{312}	zuæ^{213}	zʅuæ^{52}	zuɛ̃^{54}	zʅuæ^{53}	zuæ^{53}
硬	niə̃^{53}	niəɯ^{52}	niə̃^{335}	niəŋ^{24}	niə̃ɣ^{24}	niəŋ^{24}
热闹	xuə̃^{35}xuᴀʔ^{35}	1.zʌʔ^{34}nɔ^{52} 2.xuəɯ^{44} xuʌʔ$^{34/43}$	xuə̃^{313}xuə^{0}	xuəŋ^{31}xuaʔ^{43}	xuə̃ɣ^{212}xuo^{53}	xuəŋ^{312}xuaʔ^{0}
咸	ɕiɛ^{35}	ɕiᴇ^{44}	ɕiᴇ^{313}	ɕiɛ̃^{31}	ɕiɛ^{212}	ɕiæ^{312}
淡	tæ^{53}	tɕhiᴇ^{44}	tɕhiᴇ^{313}	tɕhiɛ̃^{31}	thiɛ^{212}	1.thiæ^{312} 2.tæ^{24}

	朔城区	平鲁	山阴	应县	右玉	怀仁
酸	suæ^{312}	suæ^{213}	suæ^{313}	suɛ̃^{43}	suæ^{31}	suæ^{42}
甜	tɕhiɛ^{35}	tɕhiᴇ^{44}	tɕhiᴇ^{313}	tɕhiɛ̃^{31}	thiɛ^{212}	thiæ^{312}
苦	khu^{312}	khu^{213}	khu^{52}	khu^{54}	khu^{53}	khu^{53}
辣	lᴀ^{53}	lɑ^{52}	lᴀ^{335}	la^{24}	la^{24}	la^{24}
香	ɕiɑ̃^{312}	ɕiɒ^{213}	ɕiɒ^{313}	ɕiaŋ^{43}	ɕiɒ^{31}	ɕiɒ^{42}
臭	tshəu^{53}	tshəu^{52}	tʂhəu^{335}	tshəu^{24}	tʂhəu^{24}	tshɤu^{24}
好	1.xɔo^{312} 2.pəʔ^{35}tshuə^{53}	1.xɔ^{213} 2.tɕhiɒ^{44}	xɔo^{52}	xau^{54}	xɐo^{53}	xɔu^{53}
坏	xuɛi^{53}	1.pəʔ^{34}xɔ^{213} 2.lɛi^{52}	xuɛe^{335}	xuɛi^{24}	xuɛe^{24}	xuɛe^{24}
对	tuei^{53}	tuɛi^{52}	tuei^{335}	tuɛi^{24}	tuɛe^{24}	tuɛe^{24}
错	tshuə^{53}	tshuə^{52}	tshuə^{335}	tshuɤ^{24}	tshuo^{24}	tshuɤ^{24}
漂亮	ɕiəʔ^{35}ʐə̃^{35}	1.xɔ$^{213/31}$ khæ$^{52/12}$ 2.phiɔ^{52}liɒ^{0}	ʂuə̃$^{335/35}$iᴇ^{52}	ɕiɛʔ^{43}zəŋ^{31}	1.ʂuə̃ɣ^{24}iæ^{53} 2.ɕiəʔ^{44}ʐə̃ɣ^{212}	1.phiɔu^{24}liɒ^{0} 2.ɕiəʔ^{4}zəŋ^{312}
丑	1.tshəu^{312} 2.pəʔ^{35}suə̃^{53} iɛ^{312}	1.næ^{44}khæ^{0} 2.tshəu^{213}	pəʔ^{4}ʂuə̃$^{335/35}$ iᴇ^{52}	tshəu^{54}	tʂhəu^{53}	tshɤu^{53}
乖	kuɛi^{312}	1.kuɛi^{213} 2.tɕhiəɯ$^{213/31}$ xuɑ$^{52/12}$	tɕhiə̃$^{313/31}$ ʂuᴀʔ^{4}	kuɛi^{43}	thiə̃ɣ^{31}xua^{24}	kuɛe^{42}
顽皮	xɛi^{53}	1.uæ^{44}phi^{0} 2.phi^{44}	pəʔ^{4}tɕhiə̃$^{313/31}$ ʂuᴀʔ^{4}	vɛ̃^{31}	væ^{212}	væ^{312}
傻	lə̃^{53}	ləɯ^{52}	lə̃^{335}	ləŋ^{24}	lə̃ɣ^{24}	1.sa^{53} 2.ləŋ^{24}
笨	pə̃^{53}	pəɯ^{52}	pə̃^{335}	pəŋ^{24}	pə̃ɣ^{24}	pəŋ^{24}
大方	tᴀ^{53}tɕhi^{53}	1.tɑ^{52}fɒ^{0} 2.tɑ^{52}tɕhi^{0}	tᴀ$^{335/35}$fɒ^{0}	ta^{24}tɕhi^{0}	ta^{24}tɕhi^{53}	ta^{24}tɕhi^{0}

	朔城区	平鲁	山阴	应县	右玉	怀仁
小气	ɕiɔo$^{312/31}$tɕhi^{53}	1.mɔ^{44} 2.ɕiɔ$^{213/31}$ tɕhi$^{52/12}$	mɔo^{313}	ɕiau^{54}tɕhi^{0}	1.ɕiɐo^{53}tɕhi^{24} 2.tɕhiəu$^{212/31}$ mɐo^{212}	ɕiɔu^{53}tɕhi^{0}
一	iəʔ^{35}	iəʔ^{34}	iəʔ^{4}	iɛʔ^{43}	iəʔ^{44}	iəʔ^{4}
二	ər^{53}	ər^{52}	ər^{335}	ər^{24}	ər^{24}	ər^{24}
三	sæ^{312}	sæ^{213}	sæ^{313}	sɛ̃^{43}	sæ^{31}	sæ^{42}
四	sɿ^{53}	sɿ^{52}	sɿ^{335}	sɿ^{24}	sɿ^{24}	sɿ^{24}
五	u^{312}	u^{213}	u^{52}	vu^{54}	vu^{53}	u^{53}
六	liəu^{53}	liəu^{52}	liəu^{335}	liəu^{24}	liəu^{24}	liɤu^{24}
七	tɕhiəʔ^{35}	tɕhiəʔ^{34}	tɕhiəʔ^{4}	tɕhiɛʔ^{43}	tɕhiəʔ^{44}	tɕhiəʔ^{4}
八	pʌʔ^{35}	pʌʔ^{34}	pʌʔ^{4}	paʔ^{43}	paʔ^{44}	paʔ^{4}
九	tɕiəu^{312}	tɕiəu^{213}	tɕiəu^{52}	tɕiəu^{54}	tɕiəu^{53}	tɕiɤu^{53}
十	ʂəʔ^{35}	səʔ^{34}	ʂəʔ^{4}	səʔ^{43}	ʂəʔ^{44}	səʔ^{4}
二十	ər^{53}ʂəʔ^{35}	ər^{52}səʔ$^{34/21}$	ər$^{335/35}$ʂəʔ^{4}	ər^{24}səʔ^{43}	ər^{24}ʂəʔ^{44}	ər^{24}səʔ^{4}
三十	sæ^{312}ʂəʔ^{35}	sæ$^{213/31}$səʔ$^{34/23}$	sæ$^{313/31}$ʂəʔ^{4}	sɛ̃^{43}səʔ^{43}	sæ^{31}ʂəʔ^{44}	sæ^{42}səʔ^{4}
一百	iəʔ^{35}piʌʔ^{35}	iəʔ^{34}piʌʔ$^{34/21}$	iəʔ^{4}piʌʔ^{4}	iɛʔ^{43}piaʔ^{43}	iəʔ^{44}piaʔ^{44}	iəʔ^{4}piaʔ^{2}
一千	iəʔ^{35}tɕhiɛ^{312}	iəʔ^{34}tɕhiᴇ^{213}	iəʔ^{4}tɕhiᴇ^{313}	iɛʔ^{43}tɕiɛ̃^{43}	iəʔ^{44}tɕhiɛ^{31}	iəʔ^{4}tɕhiæ^{42}
一万	iəʔ^{35}væ^{53}	iəʔ^{34}uæ^{52}	iəʔ^{4}uæ^{335}	iɛʔ^{43}vɛ̃^{24}	iəʔ^{44}væ^{24}	iəʔ^{4}væ^{24}
（一）个（人）	kɔo^{53}	kɒ^{52}	kəʔ^{4}	kəʔ^{43}	kəʔ^{44}	kəʔ^{4}
（一）匹（马）	phi^{312}	phi^{213}	phi^{313}	phi^{43}	phi^{31}	phi^{42}

	朔城区	平鲁	山阴	应县	右玉	怀仁
（一）头（猪）	khəu^{312}	thəu^{44}	thəu^{313}	thəu^{31}	thəu^{212}	thɤu^{312}
（一）条（鱼）	tɕhiɔo^{35}	tɕhiɔ^{44}	tɕhiɔo^{313}	tɕhiau^{31}	thiɐo^{212}	thiɔu^{312}
（一）张（嘴）	tsɑ̃^{312}	tsɒ^{213}	tʂɒ^{313}	tsaŋ^{43}	tʂɒ^{31}	tsɒ^{42}
（一）双（鞋）	suɑ̃^{312}	suɒ^{213}	ʂuɒ^{313}	tuɛi^{24}	ʂuɒ^{31}	sɒ^{42}
（一）把（刀）	pʌ^{312}	pɑ^{213}	pʌ^{52}	pa^{54}	pa^{53}	pa^{53}
（一）把（锁）	pʌ^{312}	pɑ^{213}	pʌ^{52}	pa^{54}	pa^{53}	pa^{53}
（一）根（绳子）	kə̃^{312}	kəɯ^{213}	kə̃^{313}	kəŋ^{43}	kə̃ɣ^{31}	kəŋ^{42}
（一）支（笔）	kuæ^{312}	tsɿ^{213}	kæ^{52}	kɛ̃^{54}	kæ^{53}	1.kæ^{53} 2.tsɿ^{42}
（一）副（眼镜）	fu^{53}	fu^{52}	fu^{335}	fu^{24}	fu^{24}	fu^{24}
（一）座（桥）	tsuə^{53}	tsuə^{52}	tsuə^{335}	tsuɤ^{24}	tsuo^{24}	tsuɤ^{24}

	朔城区	平鲁	山阴	应县	右玉	怀仁
（一）条（河）	tɕhiɔo³⁵	tɕhiɔ⁴⁴	tɕhiɔo³¹³	tɕhiau³¹	thiɐo²¹²	thiɔu³¹²
（一）条（路）	tɕhiɔo³⁵	tɕhiɔ⁴⁴	tɕhiɔo³¹³	tɕhiau³¹	thiɐo²¹²	thiɔu³¹²
（一）棵（树）	khuə³¹²	miɔ⁴⁴	miɔo³¹³	1.miau³¹ 2.khuɤ⁴³	miɐo²¹²	1.miɔu³¹² 2.khɤ⁴²
（一）朵（花）	tuə³¹²	tuə²¹³	tuə⁵²	tuɤ⁵⁴	tuo⁵³	tuɤ⁵³
（一）颗（珠子）	khuə³¹²	khuə²¹³	khuə³¹³	khuɤ⁴³	khuo³¹	khɤ⁴²
（一）粒（米）	khuə³¹²	khuə²¹³	khuə³¹³	khuɤ⁴³	khuo³¹	1.khɤ⁴² 2.liəʔ⁴
（一）顿（饭）	tuə̃⁵³	tuəɯ⁵²	tuə̃³³⁵	tuəŋ²⁴	tuə̃ɣ²⁴	tuəŋ²⁴
（一）股（香味）	ku³¹²	ku²¹³	ku⁵²	ku⁵⁴	ku⁵³	ku⁵³
（一）行（字）	xɑ̃³⁵	xɒ⁴⁴	xɒ³¹³	xaŋ³¹	xɒ²¹²	xɒr³¹²
（一）件（事）	tɕiər⁵³	tɕiᴇ⁵²	tɕiʌr³³⁵	tɕiɛ̃²⁴	tɕiɛ²⁴	tɕiæ²⁴

	朔城区	平鲁	山阴	应县	右玉	怀仁
（打一）下	ɕiA^{53}	ɕiɑ^{52}	ɕiA^{335}	ɕia^{24}	ɕia^{24}	ɕia^{24}
（去一）趟	thã^{53}	thɒ^{52}	thɒ^{335}	1.thaŋ^{24} 2.tsau^{43}	thɒ^{24}	thɒ^{24}
我	nã^{312}	uə^{213}	uə^{52}	vɤ^{54}	vo^{53}	vɤ^{53}
你	ni^{312}	ni^{213}	ni^{52}	ni^{54}	ni^{53}	ni^{53}
您	niər^{35}	niɒ^{213}	niʌr^{313}	niɐr^{43}	niɛ^{212}	niər^{312}
他	thA^{312}	thɑ^{213}	thA^{313}	tha^{43}	tha^{31}	tha^{42}
我们	nã^{312}	nɒ^{213}	uA^{52}məʔ^{0}	vɤ^{54}məŋ^{31}	vo^{53}məʔ^{44}	vɤ^{53}məʔ^{0}
咱们	tsã^{312}məʔ^{35}	tsɒ^{213}	1.tsA^{52}məʔ^{0} 2.tsæ^{52}məʔ^{0}	tsɛ̃^{31}məŋ^{31}	tsa^{212}məʔ^{44}	tsəʔ^{4}məʔ^{0}
你们	niəu^{312}	niəu^{213}	niəu^{52}məʔ^{0}	ni^{54}məŋ^{31}	ni^{53}məʔ^{44}	ni^{53}məʔ^{0}
他们	thã^{312}	thɒ^{213}	thA$^{313/31}$məʔ^{0}	tha^{43}məŋ^{31}	tha^{31}məʔ^{44}	tha^{42}məʔ^{0}
自己	iəʔ^{35}kər^{53}	kʌʔ^{34}zəɯ^{44}	iəʔ^{4}kʌr^{335}	kaʔ^{43}zəŋ^{31}	kaʔ^{44}ʐə̃ɣ^{212}	iəʔ^{4}kər^{53}
别人	ʐər^{35}	zər^{213}	ər^{52}	zəŋ^{31}tɕiɛ^{54}	1.piɛ$^{212/31}$ʐə̃ɣ^{212} 2.phɒ^{31}ʐə̃ɣ^{212}	piɛ^{312}zəŋ^{0}
这个	tsɿ^{53}kəʔ^{0}	tsɿ^{52}kəʔ$^{34/43}$	tʂʅ$^{335/35}$kəʔ^{4}	tsɿ^{24}kəʔ^{43}	tʂʅ^{24}kəʔ^{44}	tsɿ^{24}kəʔ^{4}
那个	nɛi^{53}kəʔ^{0}	nɛi^{52}kəʔ$^{34/43}$	nɛe$^{335/35}$kəʔ^{4}	nɛi^{24}kəʔ^{43}	nɛe^{24}kəʔ^{44}	nɛe^{24}kəʔ^{4}
哪个	nA$^{312/31}$ɔo^{53}	nɑ$^{213/31}$kɒ$^{52/12}$	nA^{52}kəʔ^{4}	na^{54}kəʔ^{43}	na^{53}kəʔ^{44}	na^{53}kəʔ^{4}
谁	suei^{35}	suɛi^{44}	ʂuei^{313}	suɛi^{31}	suɛe^{212}	suɛe^{312}
这里	tʂəʔ^{35}lɛi^{312}	tsəʔ^{34}lɛi^{44}	tʂʅʌr^{52}	tsɐr^{31}	tʂar^{53}	tsər^{53}
那里	nəʔ^{35}lɛi^{312}	nəʔ^{34}lɛi^{44}	nʌr^{52}	nɐr^{54}	nar^{53}	nər^{53}
哪里	nA^{312}ləʔ^{35}	nɑ^{213}	nA^{52}zəʔ^{0}	na^{54}xuəʔ^{43}lɛ̃^{31}	na^{53}ləʔ^{44}	nɐr^{53}

	朔城区	平鲁	山阴	应县	右玉	怀仁
这样	tsɔo$^{312/31}$iər^{53}	tsɒ$^{213/31}$iər$^{52/12}$	tʂɒ$^{313/31}$iʊər^{335}	tsəʔ^{43}yɐr^{24}	tʂəʔ^{44}tiəʔ^{44}	tsəʔ^{4}iɒ^{24}
那样	nəʔ^{35}iər^{53}	nɒ$^{213/31}$iər$^{52/12}$	nɒ$^{313/31}$iʊər^{335}	nəʔ^{43}yɐr^{24}	nəʔ^{44}tiəʔ^{44}	nəʔ^{4}iɒ^{24}
怎么	tsᴀ^{312}	tsɑ^{213}	tsᴀ^{313}	tsa^{31}	tsa^{212}	tsa^{312}
什么	sᴀ^{312}	sɑ^{213}	sᴀ^{52}	sa^{54}	sa^{53}	sa^{53}
为什么	vei^{53}sᴀ^{312}	vɛi^{52}sɑ^{213}	uei$^{335/35}$sᴀ^{52}	vɛi^{24}sa^{54}	vɛe^{24}sa^{53}	vɛe^{24}sa^{53}
多少	tuə$^{312/31}$sɔo^{312}	tuə$^{213/43}$sɔ$^{213/43}$	tuə$^{313/31}$ʂɔo^{52}	tuɤ^{43}sau^{54}	tuo^{31}ʂɐo^{53}	tuɤ^{42}sɔu^{53}
很	khəʔ^{35}	khəʔ^{34}	1.khəʔ^{4} 2.khᴀʔ^{4}	khaʔ^{43}	1.khəʔ^{44} 2.khaʔ^{44}	1.khaʔ^{4} 2.thiəŋ^{53}
太	tɕhiɔ̃^{312}	tɕhiəɯ^{213}	tɕhiɔ̃^{52}	tɕhiəŋ^{54}	thiɔ̃ɣ^{53}	1.thiəŋ^{53} 2.thɛe^{24}
最	tsuei^{53}	tsuɛi^{52}	tsuei^{335}	tsuɛi^{24}	tsuɛe^{24}	tsuɛe^{24}
都	tu^{312}	tu^{213}	tu^{313}	tu^{43}	tɕhi^{212}	1.tɕhi^{312} 2.tu^{312}
一共	1.iəʔ^{35}kuɔ̃^{53} 2.tsuɔ̃$^{312/31}$ kuɔ̃^{53}	1.iəʔ^{34}kuəɯ^{52} 2.tsuəɯ$^{213/31}$ kuəɯ$^{52/12}$	iəʔ^{4}kuɔ̃^{335}	1.iɛʔ^{43}kuəŋ^{24} 2.tsuəŋ^{54} kuəŋ^{24}	1.iəʔ^{44}kuɔ̃ɣ^{24} 2.luɔ̃ɣ^{53}kuɔ̃ɣ^{24}	iəʔ^{4}kuəŋ^{24}
只	tɕiəu^{53}	1.tsɿ^{213} 2.kuɒ^{213}	tɕiəu^{335}	tɕiəu^{24}	tɕiəu^{24}	tɕiɤu^{24}
刚	1.kɑ̃^{312} 2.tɕiɑ̃$^{312/31}$ tɕiər^{53}	1.tɕiɒ$^{213/43}$ tɕiər$^{213/43}$ 2.tɕiɒ^{213}	tɕiɒ^{313}	tɕiaŋ^{24}tɕiɐr^{54}	tɕiɒ^{31}	tɕiɒ^{42}
才	tshɛi^{35}	tshɛi^{44}	tshɛe^{313}	tshɛi^{31}	tshɛe^{212}	tshɛe^{312}
就	tɕiəu^{53}	tɕiəu^{52}	tɕiəu^{335}	tɕiəu^{24}	tɕiəu^{24}	tɕiɤu^{24}
经常	tɕiɔ̃$^{312/31}$tshɑ̃^{35}	tshɒ^{213}	tʂhɒ^{313}	tshẽ^{54}tshaŋ^{31}	tʂhɒ^{212}	tshɒ^{312}
又	iəu^{53}	iəu^{52}	iəu^{335}	iəu^{24}	iəu^{24}	iɤu^{24}
还	xæ^{35}	xæ^{44}	xæ^{313}	xɛ̃^{31}	xæ^{212}	xæ^{312}

	朔城区	平鲁	山阴	应县	右玉	怀仁
再	tsɛi^{53}	tsɛi^{52}	tsɛe^{335}	tsɛi^{24}	tsɛe^{24}	tsɛe^{24}
也	iɛ^{312}	iᴇ^{213}	iᴇ^{52}	iɛ^{54}	iɛ^{53}	iɛ^{53}
没有	məʔ^{35}	məʔ^{34}	məʔ^{4}	məʔ^{43}	məʔ^{44}	məʔ^{4}
不	pəʔ^{35}	pəʔ^{34}	pəʔ^{4}	pəʔ^{43}	pəʔ^{44}	pəʔ^{4}
别	pɔo^{53}	pɔ^{52}	piã^{313}	pəŋ^{24}	pəʔ^{44}iɐo^{24}	piəŋ^{24}
差点儿	1.tshᴀ^{53}iəʔ^{35} tiər^{312} 2.tshᴀ^{53}iəʔ^{35} ɕiər^{312}	1.tshɑ^{52}tiər^{213} 2.ɕiᴇ$^{213/31}$ ɕiər$^{213/312}$	tæ$^{313/13}$ɕiã$^{313/31}$	ɕiɛ̃^{54}tɛ̃^{43}ɕiəŋ^{43}	1.tæ^{31}ɕiãɣ^{31} 2.vɛe^{31}ɕiɛ^{53}	1.tæ^{42}ɕiəŋ^{0} 2.tsha^{24}tiər^{0}
故意	1.ku^{53}i^{53} 2.tshã^{35} ɕiã$^{312/31}$	1.ku^{52}i^{0} 2.tshəɯ^{44} ɕiəɯ^{0}	tʂuæ^{313}mã^{0}	tsuɛ̃^{43}mɐr^{31}	tʂuæ^{31}mãɣ^{212}	tsuæ^{42}mər^{312}
白	pɛi^{35}	pɛi^{44}	pɛe^{313}	pɛi^{31}	pɛe^{212}	pɛe^{312}
和	xɛi^{53}	xɛi^{52}	xɛe^{335}	xɛi^{24}	xɛe^{24}	xəʔ^{4}
对（我好）	tuei^{53}	tuɛi^{52}	tuei^{335}	tuɛi^{24}	tuɛe^{24}	tuɛe^{24}

附录3　相关研究论文

山西省朔州市六区县方言语音的初步比较
——兼与普通话比较

根据侯精一、温端政先生主编的《山西方言调查研究报告》，山西省朔州市六区县方言均属山西方言北区方言，北区方言又分为大同、山阴、忻州三个方言片，而朔州市所辖六区县怀仁、右玉、应县、山阴、朔城区和平鲁区分属不同的三个片，即怀仁、右玉和应县方言属大同片，山阴方言属山阴片，朔城区和平鲁区方言属忻州片。

山西省朔州市六区县方言（以下简称为六区县方言）不仅具有北区方言的共同点，而且也具有各自方言片的特点。以下从声、韵、调三方面对这六区县方言的主要语音特点进行描写和比较，并进一步与普通话进行比较。

一、声母的比较

六区县方言某些声母的比较见表1。

表1

方言点	例字												
	增	蒸	粗	初	散	扇	妻	梯	日	软	爱	雾	娃
怀仁	ts	ts	tsh	tsh	s	s	tɕh	th	z	z	n	∅	v
右玉	ts	tʂ	tsh	tʂh	s	ʂ	tɕh	th	ʐ	ʐ	ŋ	v	v
应县	ts	ts	tsh	tsh	s	s	tɕh	tɕh	z	z	n	v	v
山阴	ts	tʂ	tsh	tʂh	s	ʂ	tɕh	tɕh	ʐ	ʐ	n	∅	∅
朔城区	ts	ts	tsh	tsh	s	s	tɕh	tɕh	z	z	n	∅	v
平鲁区	ts	ts	tsh	tsh	s	s	tɕh	tɕh	z	z	n	∅	∅

1.ts组[ts tsh s]与tʂ组[tʂ tʂh ʂ]的分合

在六区县方言中，古精组、知庄章组今声母的读音有以下两种类型。一种是古精组字今洪音，与知庄章组今声母读音相同，普通话读[ts tsh s]与[tʂ tʂh ʂ]的字，声母合流，都读[ts tsh s]；另一种是古精组、知庄章组今声母的读音分为[ts tsh s]与[tʂ tʂh ʂ]两组。但读[tʂ tʂh ʂ]的字比较少。主要是因为古章组止摄今开口字、知组二等今开口字、章组二等今开口字读[ts]。

今读开口呼和合口呼的情况基本一致，分别主要有两种。开口呼：①增=争=蒸=徵[ts]，②增=争[ts]≠蒸徵[tʂ]，同普通话相同，但读[tʂ tʂh ʂ]的字比较少。合口呼：①粗=初=处=除[tsh]，②粗[tsh]≠初=处=除[tʂh]。怀仁、应县、平鲁区和朔城区方言均属于第一种，而右玉、山阴方言均属于第二种。

2.“田钱”“条桥”的读音

在应县、山阴、朔城区和平鲁区方言中，“田钱”、“条桥”等字的声母读音相同，都读作 tɕh，即古定、透母字，今韵母是齐齿呼的，今声母读 tɕh。这四个方言读作 tɕh 声母的字，在普通话里，一部分声母是 tɕh，一部分声母是 th。在怀仁和右玉方言中，“田钱”、“条桥”等字的声母读音不同，分别读作 th 和 tɕh，与普通话保持一致。

3.古疑、影母今普通话零声母开口呼字声母的读音

古疑、影母今普通话零声母开口呼字，在六区县方言里声母的读音都保留了鼻音声母。但只有右玉方言读作ŋ，其他方言读作 n，即在这五个方言中，一部分n声母的字与普通话的零声母开口呼（除表示感叹和应答的词外）字对应。

4.普通话零声母合口呼字声母的读音

普通话零声母合口呼字，在六区县方言里声母的读音有以下三种类型。①与普通话保持一致，也读零声母。属于这种类型的，有山阴和平鲁区方言。②少数字的读音与普通话保持一致，读零声母，如“武午”等字；多数字的读音与普通话不一致，读 v 声母，如“袜蛙味魏往网”等字。属于这种类型的，有怀仁和朔城区方言。③与普通话不一致，读 v 声母，属于这种类型的，有应县和右玉方言。

5.“日软”“人若”声母的读音

在六区县方言里，“日软”“人若”一类字声母的读音都相同，但分别读 z 和ʐ两类。其中，怀仁、应县和平鲁区方言读作 z，与普通话“日软”“人若”声母的读音不同；右玉、朔城区和山阴方言读作ʐ，即右玉、山阴和朔城区方言“日软”“人若”声母的读音和普通话声母的读音大致相同。

二、韵母的比较

六区县方言某些韵母的比较见表 2、表 3。

表 2

方言点	例字

	败	背	怪	贵	多	河	锅	奴	炉
怀仁	ɛe	ɛe	uɛe	uɛe	uɤ	ɤ	uɤ	u	ɤu
右玉	ɛe	ɛe	uɛe	uɛe	uo	ɤ	uo	u	əu
应县	ɛi	ɛi	uɛi	uɛi	uɤ	ɤ	uɤ	u	əu
山阴	ɛe	ei	uɛe	uei	uə	uə	uə	u	əu
朔城区	ɛi	ei	uɛi	uei	uə	uə	uə	u	əu
平鲁区	ɛi	ɛi	uɛi	uɛi	uə	uə	uə	u	əu

1.“败＝背”的分合

这一语音现象是蟹摄开口二等与合口一等同韵在今六区县方言中演变的两种不同结果。

一种是今韵母的主要元音及韵尾相同，即“败＝背”，怀仁、右玉、应县和平鲁方言属于这种类型。从表2可以看出，“败”和“背”韵母读音虽然相同，但在怀仁和右玉方言中“败”和“背”韵母均读作ɛe，与普通话“败”韵母的读音保持一致；而在应县和平鲁区方言中，“败”和“背”韵母均读作ɛi，与普通话“败”韵母的读音接近。

一种是今韵母不同，即“败≠背”，山阴和朔城区方言都属于这种类型。在这两区县方言中，“败”韵母读作ɛe或ɛi，“背”韵母读作ei，与普通话的读音接近或相同。

但蟹摄开口二等与合口一等出现了分化现象，蟹摄开口二等並母“败”韵母读音虽然与蟹摄合口一等並母“背”韵母读音不同，但却与蟹摄合口一等並母“培、陪、赔、裴”韵母读音相同，与普通话的读音接近。

2.“怪＝贵”的分合

在怀仁、右玉、应县和平鲁区方言中，蟹摄合口二等字“怪”与止摄合口三等字“贵”今韵母的主要元音及韵尾相同，即“怪＝贵”，在怀仁、右玉和应县方言中，“怪”和“贵”韵母读作uɛe；在平鲁区方言中，“怪”和“贵”韵母读作uɛi，均与普通话“怪”韵母的读音接近。

而在其他两区县方言中，蟹摄合口字“怪”与止摄合口三等字“贵”今韵母读音不同，即“怪≠贵”。“怪”韵母读作uɛi和uɛe，与普通话读音相近；而“贵”韵母都读作uei，与普通话读音相同。

3.“多-河-锅”的分合

“多-河-锅”的分合，即古果摄开口一等端组和晓组字韵母在六区县方言里的演变结果主要有两种类型。一种是“多＝河＝锅”，属于这种类型的，有山阴、朔城区和平鲁区方言，如：山阴方言“多”“河”和“锅”三字韵母均读作 uə；一种是“多＝锅≠河”，属于这种类型的，有怀仁、右玉和应县方言，如：右玉方言的“多”和“锅”两字韵母均读作 uo，而“河”一字韵母读作ɤ。

4.“奴-炉”

遇摄模韵泥精组字、鱼虞韵庄组字与流摄同韵是晋方言语音演变的一个重要特点。六区县方言保留了这一语音特点，遇摄模韵来母字多与流摄同韵，韵母读作əu/ɤu。

因此，在六区县方言中，“奴”“炉”一类字韵母的读音不同，即奴≠炉，“奴”的韵母是合口呼u，与普通话保持一致，而“炉”的韵母是开口呼əu/ɤu，与普通话不一致。

表 3

方言点	例字							
	剑	借	钢	光	分	冷	不	法
怀仁	iæ	iɛ	ɒ	ɒ	əŋ	əŋ	əʔ	aʔ
右玉	iɛ	iɛ	ɒ	uɒ	ə̃ɣ	ə̃ɣ	əʔ	aʔ
应县	iɛ̃	iɛ	aŋ	uaŋ	əŋ	əŋ	əʔ	aʔ
山阴	iᴇ	iᴇ	ɒ	uɒ	ə̃	ə̃	əʔ	ᴀʔ
朔城区	iɛ	iɛ	ɑ̃	ɑ̃	ə̃	ə̃	əʔ	ᴀʔ
平鲁区	iᴇ	iᴇ	ɒ	uɒ	əɯ	əɯ	əʔ	ʌʔ

5.“剑箭借”韵母的读音

古咸摄开口二三四等字、山摄二三四等字和假摄开口三等精知影组、蟹摄开口二等见系字，山摄合口三四等精组、见系字和果摄合口三等见系字的韵母与今六区县方言的韵母有两种对应规律：一种是“剑=箭≠借”，怀仁和应县方言属于这一种，即“剑箭”与“借”韵母的读音并不相同。如应县方言中，“剑箭”二字鼻音韵尾消失，主要元音鼻化，不读作开元音；一种是“剑=箭=借”，右玉、山阴、朔城区和平鲁区方言属于这一种，鼻音韵尾完全消失，主要元音和韵尾都为开元音，与普通话不一致，即这四个方言中“剑箭借”的同一韵母对应于普通话中“箭剑借”两个不同的韵母。

6.“钢光”韵母的读音

在六区县方言里，由于古宕摄开口三等庄组、合口见系字和江摄知庄组字演变为两种不同的类型。一种是今读开口呼，即“光”的主要元音 u 脱落，“钢光”韵母的读音相同，与普通话“钢光”韵母并不一致，属于这一类型的只有怀仁方言，又如“壮张”。其他五区县方言“钢光”韵母的读音不同，与普通话“钢光”韵母的读音保持一致。

7.鼻音韵尾的消失与合流

鼻音韵尾的消失与合流是山西北区方言一个普遍性的特点。深臻曾梗通五摄的舒声字今合流后，怀仁和应县方言读舌根鼻音韵尾ŋ；山阴和朔城区方言读开尾，主要元音多数鼻化；右玉方言鼻音韵尾消失，完全演变为浊擦音韵尾ɣ，主要元音鼻化，与普通话的n、ŋ相对应；平鲁方言鼻音韵尾完全消失。

8.入声韵

六区县方言均保留了对应整齐的入声韵，都有 8 个入声韵，韵尾合并为喉塞韵尾-ʔ。这些有入声韵的韵母在普通话里读成几个韵母，并与普通话形成了一对多的对应关系。以山阴方言为例，如：山阴方言中的 yəʔ韵母与普通话的 y（绿、菊）、u（俗、蓄）、yŋ（兄大～哥：大舅子）、yɛ（削～减）、iau（削～皮）这些韵母分别对应。

三、声调的比较

六区县方言声调比较见表 4：

表 4

<table>
<tr><th rowspan="2">古调类</th><th rowspan="2">古声母</th><th rowspan="2">例字</th><th colspan="6">今声调</th></tr>
<tr><th>怀仁</th><th>右玉</th><th>应县</th><th>山阴</th><th>朔城区</th><th>平鲁区</th></tr>
<tr><td rowspan="2">平</td><td>浊</td><td>同兰</td><td>312</td><td>212</td><td>31</td><td rowspan="2">313</td><td>35</td><td>44</td></tr>
<tr><td>清</td><td>天</td><td>42</td><td>31</td><td>43</td><td rowspan="3">312</td><td rowspan="3">213</td></tr>
<tr><td rowspan="3">上</td><td>清</td><td>口</td><td rowspan="2">53</td><td rowspan="2">53</td><td rowspan="2">54</td><td rowspan="2">52</td></tr>
<tr><td>次浊</td><td>女</td></tr>
<tr><td>全浊</td><td>士</td><td rowspan="3">24</td><td rowspan="3">24</td><td rowspan="3">24</td><td rowspan="3">335</td><td rowspan="3">53</td><td rowspan="3">52</td></tr>
<tr><td rowspan="2">去</td><td>浊</td><td>大漏</td></tr>
<tr><td>清</td><td>菜</td></tr>
<tr><td rowspan="3">入</td><td>清</td><td>节</td><td rowspan="3">ʔ4</td><td rowspan="3">ʔ44</td><td rowspan="3">ʔ43</td><td rowspan="3">ʔ4</td><td rowspan="3">ʔ35</td><td rowspan="3">ʔ34</td></tr>
<tr><td>次浊</td><td>热</td></tr>
<tr><td>全浊</td><td>舌</td></tr>
</table>

1.与普通话最大的不同之处，六区县方言都大量保留了入声。六区县方言的入声在普通话里分别归入阴平、阳平、上声和去声。例见表 5：

表 5

山西省朔州市六区县方言	例字	普通话声调
	鸭	阴平

怀仁方言	菊	阳平
	雪	上声
	不	去声
右玉方言	踢	阴平
	学	阳平
	笔	上声
	确	去声
应县方言	说	阴平
	服	阳平
	铁	上声
	蜡	去声
山阴方言	掐	阴平
	吉	阳平
	谷	上声
	鹤	去声
朔城区方言	脱	阴平
	责	阳平
	尺	上声
	悦	去声
平鲁区方言	吸	阴平
	俗	阳平
	乞	上声
	客	去声

2.虽然六区县方言均有入声，但都程度不同地存在着古入声字今读舒声的现象

以山阴方言为例，部分古入声字今读舒声，大部分是古全浊、次浊声母字，清声母字占少数。一般规则是：全浊入归阳平，次浊入归去声，清入归平声或去声。如：

古全浊声母入声字今读平声：

轴 tʂəu^{313}　　白 pεe^{313}　　贼 tsεe^{313}　　雹 pɔo^{313}　　局 tɕy^{313}

古次浊声母入声字今读去声：

牧 mu^{335}　　历 li^{335}　　疫 i^{335}　　玉 y^{335}　　肉ʐəu^{335}

古清声母入声字今读平声或去声：

匹 phi^{313}　　粥 tʂəu^{313}　　亿 i^{335}　　压 ia^{335}　　栅 tsᴀ^{335}

在山阴方言中，个别古舒声字今读入声：

葫 xuəʔ^{4}～芦

还有不少古入声字，今舒入两读：

别 piᴇ^{313}～针/piaʔ^{4}分～　　刮 kuᴀ^{52}～脸/kuᴀʔ^{4}～风

急 tɕi^{313}性～/tɕiəʔ^{4}～忙　　薄 puə^{313}厚～/pᴀʔ^{4}～荷

有不少古舒声字，今舒入两读：

母 mu^{52}/məʔ^{4}外～娘　　屎 sɿ^{52}/sᴀʔ^{4}耳～

花 xuᴀ^{313}/xuəʔ^{4}棉～　　午 u^{52}/uəʔ^{4}晌～

3.是否分阴阳平

在六区县方言中，只有山阴方言平声不分阴阳，即古平声字今读平声，大多数与普通话的阴平和阳平对应。例如：

山阴方言	普通话	例字
平声	阴平	高猪专尊边低安开
	阳平	穷陈沉才唐平寒神

4.阴平与上声是否合流

古平声清声母字和古上声清声母、次浊声母字今读单字调相同，从而出现阴平和上声单字调“合流”现象，合流后统称为“阴平上”。在六区县方言中，只朔城区方言和平鲁区方言中有这一语音现象。朔城区方言和平鲁区方言的阴平上包括普通话的阴平和上声。例如：

朔城区方言	普通话	例字
阴平上	阴平	高知开抄婚商
	上声	古口手女老买

平鲁区方言	普通话	例字
阴平上	阴平	诗安知飞天胸
	上声	使等碗古有指

四、结语

以上不仅对山西省朔州市六区县方言语音的主要特点进行了比较，而且将各方言与普通话进行比较，论述了各方言之间以及各方言与普通话之间的差异。得出如下小结：

（1）在语音的发展演变方面，六区县方言保留了一些比较古老的语音特点。如上所述的“增=争=蒸=徵[ts]”、“奴≠炉”和入声韵尾的保留等特点。这说明，六区县方言与普通话的发展不同步。

（2）在方言的内部演变规律方面，六区县方言内部发展不平衡。六区县方言分属山西北区方言的三个方言片，各自独立存在，不仅保留了古代的语音特点，而且还有与普通话一致的语音特点。比如，“田钱”“条桥”的读音。怀仁、右玉方言与普通话保持一致，声母分别读为 th 和 tɕh，而应县、山阴、朔城区和平鲁区方言与普通话并不一致，声母只读为 tɕh。

（3）在共时分布方面，六区县方言有的语音特点内部保持一致，如古疑、影母今普通话零声母开口呼字声母的读音均为鼻音声母，与普通话不一致；有的语音特点内部不一致，如“多-河-锅”的分合，在山阴、朔城区和平鲁区方言中，“多-河-锅”韵母的读音相同，与普通话不一致；而在怀仁、右玉和应县方言中，“多锅”韵母的读音和“河”韵母的读音不同，与普通话一致。

山阴方言蟹止两摄的读音及演变

一、引言

山阴县位于山西省朔州市中南部、内长城雁门关外。东与应县为邻，西与朔城区、平鲁区交界，南与代县接壤，北与左云、右玉、怀仁县毗邻。

山阴县内主要有三大方言区：北部山区，以玉井为代表；河（桑干河）北平川地区，以岱岳为代表；河（桑干河）南地区，以后所为代表。这里以县政府所在地——岱岳的方言为描写对象。

中古广韵共分十六摄。其中蟹摄既有开口呼，又有合口呼，且均有一二三四等。即蟹摄开口一等咍韵、开合口一等泰韵、合口一等灰韵、开合口二等皆韵、开合口二等佳韵、开合口二等夬韵、开口合三等祭韵、开合口三等废韵、开合口四等齐韵。止摄既有开口呼又有合口呼，但只有三等。即止摄开合口三等支韵、开合口三等脂韵、开口三等之韵、开合口微韵。在山阴方言中，蟹止两摄字的读音演变比较复杂。同一摄的不同韵之间有同韵现象，不同摄之间也存在同韵现象。这些语音特征也反映了蟹摄和止摄两摄的语音演变存在不同的历史层次。

二、蟹摄、止摄在山阴方言中的读音

（一）蟹摄在山阴方言中的读音

1.蟹摄开口呼在山阴方言中的读音

（1）开口一等咍韵

今多读作[ɛe]，例如：戴[tɛe^{335}]、来[lɛe^{313}]、在[tsɛe^{335}]、改[kɛe^{52}]、海[xɛe^{52}]、爱[nɛe^{335}]。群母去声字“咳$_{咳嗽}$”读作[khᴀʔ^{4}]。

（2）开口一等泰韵

帮母和滂母读作[ei]，例如：贝[pei^{335}]、沛[phei^{335}]。端系、精组和见系读作[ɛe]，例如：带[tɛe^{335}]、奈[nɛe^{335}]、丐[kɛe^{335}]、害[xɛe^{335}]。

（3）开口二等皆韵

帮母、並母、庄母、崇母、溪母、匣母去声字和影母读作[ɛe]，例如：拜[pɛe^{335}]、排[phɛe^{313}]、斋[tsɛe^{313}]、豺[tshɛe^{313}]、楷[khɛe^{52}]、骇$_{惊骇}$[xɛe^{335}]、挨$_{挨近，挨住}$[nɛe^{313}]。明母读作[ei]，例如：埋[mei^{313}]。见母大部分字与匣母平声字和去声字读作[iᴇ]，例如：阶[tɕiᴇ^{313}]、介戒[tɕiᴇ^{335}]、谐[ɕiᴇ^{313}]、械[tɕiᴇ^{335}]。见母去声字“尬$_{尴尬}$”读作[kᴀ^{335}]。

（4）开口二等佳韵

帮组多读作[ɛe]，例如：摆[pɛe^{52}]、派[phɛe^{335}]、牌[phɛe^{313}]、买[mɛe^{52}]，並母上声字“罢”读作[pᴀ^{335}]。泥母读作[ɛe]，例如：奶[nɛe^{52}]。庄组多读作[ɛe]，例如：债[tsɛe^{335}]、差$_{\text{出差}}$[tshɛe^{313}]、柴[tshɛe^{313}]、晒[sɛe^{335}]，生母上声字“洒”读作[sᴀ^{52}]。见母多读作[iᴇ]，例如：街[tɕiᴇ^{313}]、解[tɕiᴇ^{52}]、懈[ɕiᴇ^{335}]，见母平声字“佳”读作[tɕiᴀ^{313}]。疑母多读作[iᴀ]，例如：涯$_{\text{天涯}}$崖$_{\text{山崖}}$[iᴀ^{313}]。匣母多读作[iᴇ]，例如：鞋[ɕiᴇ^{313}]、解$_{\text{姓}}$蟹[ɕiᴇ^{335}]。匣母上声字“解$_{\text{晓也}}$[1]”读作[xɛe^{335}]。影母读作[ɛe]，例如：矮[nɛe^{52}]、隘[nɛe^{335}]。

（5）开口二等夬韵

均读作[ɛe]，例如：败[pɛe^{335}]、迈[mɛe^{335}]、寨[tsɛe^{335}]。

（6）开口三等祭韵

帮母、並母、来母和疑母读作[i]，例如：蔽敝[pi^{335}]、例厉[li^{335}]、祭际[tɕi^{335}]、艺[i^{335}]。澄母、章母、书母和禅母读作[ʅ]，例如：滞$_{\text{停滞，积滞}}$制[tʂʅ^{335}]、世誓[ʂʅ^{335}]。

（7）开口三等废韵

读作[i]，例如：刈[2][i^{335}]。

（8）开口四等齐韵

帮组多读作[i]，例如：闭[pi^{335}]、批[phi^{313}]、陛$_{\text{陛下}}$[pi^{335}]、迷[mi^{313}]。帮母平声字“蓖$_{\text{蓖麻}}$”读作[piəʔ^{4}]。端系多读作[i]，例如：低[ti^{313}]、体[tɕhi^{52}]、第[ti^{335}]、泥[ni^{313}]、礼[li^{52}]、挤[tɕi^{52}]、妻[tɕhi^{313}]、奇[tɕhi^{313}]、细[ɕi^{335}]。心母去声字“婿$_{\text{女婿}}$”读作[ɕy^{335}]。见系多读作[i]，例如：鸡[tɕi^{313}]、计[tɕi^{335}]、溪[ɕi^{313}]、倪[ni^{313}]、系[ɕi^{335}]、缢[i^{335}]。见母去声字“系$_{\text{系鞋带}}$”读作[tɕiã^{313}]。

2.蟹摄合口呼在山阴方言中的读音

（1）合口一等灰韵

帮组多读作[ei]，例如：杯[pei^{313}]、配[phei^{335}]、佩[phei^{335}]、每[mei^{52}]。滂母和並母平声字多读作[ɛe]，例如：坯[phɛe^{313}]、培陪赔裴[phɛe^{313}]。泥组读作[ɛe]，例如：内[nɛe^{335}]、雷[lɛe^{313}]、儡$_{\text{傀儡}}$[lɛe^{52}]、累$_{\text{极困}}$[lɛe^{335}]。端组、见系多读作[uei]，例如：堆[tuei^{313}]、腿[thuei^{52}]、队[tuei^{335}]、盔[khuei^{313}]、桅$_{\text{船桅杆}}$[uei^{313}]、灰[xuei^{313}]、汇[xuei^{335}]、煨[uei^{313}]。溪母去声字“块”读作[khuɛe^{335}]。

（2）合口一等泰韵

端母、定母、精母和匣母读作[uei]，例如：蜕$_{\text{蛇蜕皮，蝉蜕}}$[thuei^{335}]、兑[tuei^{335}]、最[tsuei^{335}]、会$_{\text{开会}}$[xuei^{335}]。见母去声字“会$_{\text{会计}}$”读作[khuɛe^{335}]、“刽”读作[khuei^{335}]、“桧”读作[xuei^{335}]。疑母去声字“外”读作[uɛe^{335}]。

（3）合口二等皆韵

均读作[uɛe]，例如：拽[tʂuɛe^{335}]、乖[kuɛe^{313}]、蒯[khuɛe^{52}]、怀[xuɛe^{313}]。

（4）合口二等佳韵

见母上声字“拐”读作[kuɛe^{52}]，见母去声字“挂卦”读作[kuA^{335}]。晓母平声字“歪”读作[uɛe^{313}]。匣母去声字“画”读作[xuA^{335}]。影母平声字“蛙”读作[uA^{313}]。

（5）合口二等夬韵

溪母字“快筷”读作[khuɛe^{335}]。匣母字“话”读作[xuA^{335}]。

（6）合口三等祭韵

均读作[uei]，例如：脆[ʦhuei^{335}]、岁[suei^{335}]、缀$_{\text{点缀}}$[tʂuei^{335}]、赘[tʂuei^{335}]、税[ʂuei^{335}]、芮[ʐuei^{335}]、鳜$_{\text{鳜鱼}}$[kuei^{335}]、卫[uei^{335}]、锐[ʐuei^{335}]。

（7）合口三等废韵

非母、奉母、敷母读作[ei]，例如：废肺吠[fei^{335}]。影母读作[uei]，例如：秽[xuei^{335}]。

（8）合口四等齐韵

见母、溪母读作[uei]，例如：圭闺[kuei^{313}]、桂[kuei^{335}]、奎[khuei^{313}]。匣母平声字读作[i]，例如：携畦$_{\text{菜畦}}$[ɕi^{313}]，匣母去声字读作[uei]，例如：惠慧[xuei^{335}]。

（二）止摄在山阴方言中的读音

1.止摄开口呼在山阴方言中的读音

（1）开口三等支韵

帮母平声字读作[ei]，例如：碑卑[pei^{313}]。帮母上声字读作[i]，例如：彼[pi^{52}]。帮母去声字读作[iəʔ]，例如：臂[piəʔ^{4}]。滂母平声字读作[i]，例如：披[phi^{313}]，滂母去声字读作[iəʔ]，例如：譬$_{\text{譬如}}$[phiəʔ^{4}]。並母、明母、来母和见系均读作[i]，例如：皮[phi^{313}]、离$_{\text{离别}}$[li^{313}]、寄[tɕi^{335}]、企[tɕhi^{52}]、奇[tɕhi^{313}]、义[i^{335}]、牺[ɕi^{313}]、椅[i^{52}]、移[i^{313}]。精母、清母、从母、心母平声字和去声字、初母、章母、昌母平声字、书母和禅母部分字读作[ʅ]，例如：紫[ʦʅ^{52}]、刺[ʦʅ^{335}]、疵$_{\text{吹毛求疵}}$[ʦhʅ^{335}]、斯[sʅ^{313}]、赐[ʦhʅ^{335}]、差$_{\text{参差}}$[ʦhʅ^{313}]、支[ʦʅ^{313}]、眵$_{\text{眼眵}}$[ʦʅ^{335}]、翅[ʦʅ^{335}]、氏[sʅ^{335}]、匙$_{\text{钥匙}}$[sʅ^{313}]，心母上声字“玺”读作[ɕi^{52}]、“徙”读作[ɕiəʔ^{4}]，昌母上声字“侈”读作[tʂhʅ^{313}]，禅母上声字“是”读作[səʔ^{4}]。日母读作[ər]，例如：儿[ər^{313}]、尔[ər^{52}]。

（2）开口三等脂韵

帮母部分字读作[ei]，例如：悲[pei^{313}]、辔[phei^{335}]，部分字读作[i]，例如：鄙比$_{\text{比较}}$[pi^{52}]、庇[phi^{335}]、痹[phi^{335}]，部分字读作[iəʔ]，例如：秘泌[miəʔ^{4}]。並母平声字和去声部分字读作[i]，例如：琵$_{\text{琵琶}}$枇$_{\text{枇杷}}$[phi^{313}]、备篦[pi^{335}]，去声部分字读作[iəʔ]，例如：鼻[piəʔ^{4}]。明母部分平声字和部分去声字读作[i]，例如：眉楣[mi^{313}]、媚[mi^{335}]，部分平声字、上声字和部分去声字读作[ei]，

例如：霉[mei^{313}]、美[mei^{52}]、寐[mei^{335}]。滂母、定母、泥母、来母平声字和去声字、见系均读作[i]，例如：地[ti^{335}]、尼[ni^{313}]、利[li^{335}]、冀[tɕi^{335}]、器[tɕhi^{335}]、祁[tɕhi^{313}]、伊[i^{313}]、姨[i^{313}]。来母上声字“履”读作[ly^{52}]。精母、清母、从母、心母、生母、章母平声字和上声字、船母、书母、禅母读作[ɿ]，例如：资[tsɿ^{313}]、次[tsɿ^{335}]、自[tsɿ^{335}]、四[sɿ^{335}]、脂[tsɿ^{313}]、旨[tsɿ^{52}]、示[sɿ^{335}]、尸[sɿ^{313}]、视[sɿ^{335}]。知母、澄母和章母去声字读作[ʅ]，例如：致[tʂʅ^{335}]、迟[tʂhʅ^{313}]、至[tʂʅ^{335}]。日母读作[ər]，例如：二贰贰心[ər^{335}]。

（3）开口三等之韵

泥组和见系读作[i]，例如：你[ni^{52}]、吏[li^{335}]、基[tɕi^{313}]、起[tɕhi^{52}]、忌[tɕi^{335}]、疑[i^{313}]、喜[ɕi^{52}]、医[i^{313}]、矣[i^{335}]、异[i^{335}]。精组、彻母平声字、庄母、崇母、生母、章母、昌母上声字、书母和禅母读作[ɿ]，例如：兹[tsɿ^{313}]、字[tsɿ^{335}]、慈[tsɿ^{313}]、思[sɿ^{313}]、寺[sɿ^{335}]、辎辎重[tsɿ^{313}]、士[sɿ^{335}]、史[sɿ^{52}]、址[tsɿ^{52}]、齿[tsɿ^{52}]、试[sɿ^{335}]、时[sɿ^{313}]。彻母上声字、澄母和昌母平声字读作[ʅ]，例如：耻[tʂhʅ^{52}]、治[tʂʅ^{335}]、嗤[tʂhʅ^{52}]。知母去声字“置”读作[tʂəʔ^{4}]。初母去声字“厕厕所，茅茨”读作[tshʌʔ^{4}]。日母读作[ər]，例如：而[ər^{313}]、耳饵[ər^{52}]。

（4）开口三等微韵

均读作[i]，例如：机[tɕi^{313}]、既[tɕi^{335}]、气[tɕhi^{335}]、毅[i^{335}]、希稀[ɕi^{313}]、衣依[i^{313}]。

2.止摄合口呼在山阴方言中的读音

（1）合口三等支韵

来母读作[ɛe]，例如：累累积[lɛe^{52}]，累连累[lɛe^{335}]。初母读作[uɛe]，例如：揣揣度[tʂhuɛe^{52}]。昌母、禅母、日母、见系均读作[uei]，例如：吹[tʂhuei^{313}]、睡[ʂuei^{335}]、蕊[ʐuei^{52}]、规[kuei^{313}]、亏[khuei^{313}]、跪[khuei^{335}]、危[uei^{313}]、毁[xuei^{52}]、委[uei^{52}]、为为什么[uei^{335}]。

（2）合口三等脂韵

来母读作[ɛe]，例如：垒[lɛe^{52}]、类泪[lɛe^{335}]。生母读作[uɛe]，例如：衰摔[ʂuɛe^{313}]、帅[ʂuɛe^{335}]。精组、章母、书母、禅母、见系大多读作[uei]，例如：醉[tsuei^{335}]、翠[tshuei^{335}]、绥[suei^{313}]、穗[suei^{335}]、锥[tʂuei^{313}]、水[ʂuei^{52}]、谁[ʂuei^{313}]、龟[kuei^{313}]、柜[kuei^{335}]、位[uei^{335}]、唯[uei^{313}]。见母去声字“季”读作[tɕi^{335}]。

（3）合口三等微韵

非母、敷母、奉母读作[ei]，例如：非飞[fei^{313}]、费费用[fei^{335}]、肥[fei^{313}]，微母和见系多读作[uei]，未味[uei^{335}]、鬼[kuei^{52}]、挥[xuei^{313}]、威[uei^{313}]、违[uei^{313}]，微母上声字“尾”读作[i^{52}]，也读作[uei^{52}]。

三、结语

通过以上蟹摄和止摄在山阴方言中的读音演变情况，我们可以看出：

（1）蟹摄开口一等咍韵和开口一等泰韵两韵同韵。例如：蟹摄开口一等咍韵端母“戴”与开口一等泰韵“带”、蟹摄开口一等咍韵泥母“耐”和开口一等泰韵泥母“奈”、蟹摄开口一等咍韵清母“菜”和蟹摄开口一等泰韵清母“蔡”、蟹摄开口一等咍韵见母“概”和蟹摄开口一等泰韵见母“盖”韵母相同，均读作[εe]。

（2）蟹摄开口二等韵与合口一等韵帮组字同韵。例如：蟹摄开口二等皆韵明母平声字“埋”与蟹摄合口一等灰韵明母平声字“梅”同韵，均读作[mei^{313}]。这一语音现象也保留在二百年前的《杂字》里。蟹摄开口一等佳韵並母平声字“牌”与蟹摄合口一等灰韵並母平声字“培陪赔裴”同韵，均读作[phεe^{313}]。

（3）蟹摄合口一等灰韵与止摄合口三等支韵、脂韵来母同韵。例如：蟹摄合口一等灰韵来母字上声字“儡$_{\text{傀儡}}$”与止摄合口三等支韵来母上声字“累$_{\text{积累}}$”和止摄合口三等脂韵来母上声字“垒”同韵，均读作[lεe^{52}]。蟹摄合口一等灰韵来母去声字“累$_{\text{极困}}$”与止摄合口三等支韵来母去声字“类泪”同韵，均读作[lεe^{335}]。

（4）蟹摄合口二等佳韵和夬韵字“挂卦画话”和麻二合口字读音相同，韵母均读作[uᴀ]。

（5）蟹摄和止摄部分舒声字读作入声。例如：蓖$_{\text{蓖麻}}$[piəʔ^{4}]、臂[piəʔ^{4}]、秘泌[miəʔ^{4}]、鼻[piəʔ^{4}]。

注释：

①在山阴方言中很少出现，多出现在“解不开”这一词中。

②在山阴方言中，用其他词来表示“刈”的意义。此处只作为文读音。

山西北区方言蟹摄一二等韵读音的类别

根据有无入声和四声在今方言里的演变情况，《山西方言调查研究报告》将山西方言分为六个方言区，即山西中区、西区、东南区、北区、南区和东北区。其中山西北区方言共有26个方言点，这26个方言点分属三个方言片，即大同片、山阴片和忻州片。大同片包括大同、阳高、天镇、怀仁、左云、右玉和应县等方言；山阴片包括山阴方言和繁峙方言；忻州片包括忻州、定襄、原平、五台、代县、浑源、灵丘、朔州（朔城区）、平鲁、神池、宁武、五寨、岢岚、保德、偏关和河曲等方言。下文选取山西北区各片部分方言作为代表点，结合中古蟹摄演变至山西北区方言所体现的语音特征，对蟹摄一二等韵在今山西北区方言点的读音进行描写，归纳其类别，并探究其所处的演变状态。

一、蟹摄开口一二等韵与合口一二等韵帮组字同韵

山西北区部分方言点蟹摄开口一二等韵与合口一二等韵帮组字同韵，均读[ai]、[ei]韵母，即败=背，牌=陪。列举如表1：

表1

	败	背	牌	陪
五台	ɛ	ei	ɛ	ei
宁武	e	e	e	e
五寨	ei	ei	ei	ei
朔城区	ɛi	ei	ɛi	ɛi
平鲁	ɛi	ɛi	ɛi	ɛi
山阴	ɛe	ei	ɛe	ɛe
应县	ɛi	ɛi	ɛi	ɛi
怀仁	ɛe	ɛe	ɛe	ɛe
右玉	ɛe	ɛe	ɛe	ɛe
大同	ɛe	ɛe	ɛe	ɛe

阳高	ei	ei	ei	ei

根据表 1 所列各方言点的读音，我们可以得知，山西北区方言有关“败”与“背”、“牌”与“陪”的读音大致有以下三种类别：

（1）在五台方言中，“败”与“背”、“牌”与“陪”不混读，其中“败”“牌”读[ɛ]韵母，“背”“陪”读[ei]。

（2）在朔城区和山阴方言中，“败”与“背”不混读，分别读作ɛi/ɛe 韵母和 ei 韵母，而“牌”与“陪”混读，均读作ɛi/ɛe 韵母。

（3）在宁武、五寨、平鲁、应县、怀仁、右玉、大同和阳高等方言中，“败”与“背”、“牌”与“陪”混读，均读作 e/ei/ɛi/ɛi/ɛe/ɛe/ɛe/ei。

200 多年前的《杂字》有关于蟹摄合口一等注蟹摄开口二等的记录：埋梅，买每，卖昧，派佩。其中，“埋”“买”“卖”和“派”为蟹摄开口二等字，“梅”“每”“昧”和“佩”为蟹摄合口一等字。在今山西北区方言中，部分方言点不同程度地保留了这一语音特征。例如：五台方言、朔城区方言和山阴方言只有“埋”与“梅”同韵，其他三组都不同韵。平鲁方言、应县方言、怀仁方言、右玉方言和大同方言“埋”与“梅”、“买”与“每”、“卖”与“昧”和“派”与“佩”这四组都同韵。

在并州片、五台片和大包片，蟹摄开口一、二等韵与合口一等韵帮组字同韵的历史可以追溯至宋时。这一语音事实演变至今在山西北区各方言中也存在着较大的差异。少部分方言这一现象已基本不保留了，即[ai、ei]不混，败≠背，牌≠陪，只有“埋”与“梅”同韵。例如：忻州、原平、五台、代县、保德等地方言。少部分方言有的同韵，即牌＝陪，有的不同韵，即败≠背。例如：山阴方言。大部分方言完整地保留这一同韵现象，即[ai、ei]相混，败＝背，牌＝陪。例如：繁峙、宁武、偏关、右玉、应县、怀仁、大同、阳高和天镇等方言。

二、蟹摄合口二等皆韵与止摄合口三等微韵同韵

蟹摄合口二等皆韵与止摄合口三等微韵同韵，即怪＝贵。在山西北区各方言中，有的同韵，有的却不同韵。是否同韵也体现了山西北区方言点是否具有[ai、ei]相混这一音韵特征。现列举部分方言点读音如表 2：

表 2

	五台	朔城区	平鲁	山阴	应县	右玉	怀仁	大同

怪	uɛ	uɛi	uɛi	uɛe	uɛi	uɛe	uɛe	uɛe
贵	uei	uei	uɛi	uei	uɛi	uɛe	uɛe	uɛe

在五台方言、朔城区方言和山阴方言中，“怪”在这三个方言点分别读作uɛ、uɛi、uɛe，而“贵”在这三个方言点均读作uei，蟹摄合口二等皆韵与止摄合口三等微韵不同韵，即怪≠贵。另外，忻州片的忻州、原平、代县和保德方言也是如此。

而在平鲁、应县、右玉、怀仁和大同方言中，“怪”与“贵”的韵母相同，分别读作uɛi/uɛi/uɛe/uɛe/uɛe，即怪＝贵。这种现象也在大同片的天镇方言和阳高方言以及忻州片的宁武、五寨、岢岚、神池和偏关方言存在。

我们可以发现，在山西北区各方言点，蟹摄合口二等皆韵与止摄合口三等微韵同韵和蟹摄开口一、二等韵与合口一等韵帮组字同韵共同体现了山西北区方言[ai、ei]是否分混这一语音事实。在各方言点，“怪”与“贵”是否同音与“败”、“背”和“牌”、“陪”是否同音保持一致。

三、蟹摄合口一等灰韵、止摄合口三等支脂韵泥组韵母的读音

蟹摄合口一等灰韵与止摄合口三等支脂韵泥组字的韵母演变至山西北区方言都各不相同。其中忻州片的五台方言来母字韵母读作合口呼、泥母字韵母读作开口呼，而忻州片的朔城区方言泥组字韵母读作齐齿呼。山阴片的山阴方言和大同片的大同、应县、怀仁和右玉等方言点泥组字韵母均读作开口呼。现列举如表3：

表3

	内	雷	累累积	垒	泪
五台	ei	uei	uei	uei	uei
平鲁	ɛi	ɛi	ɛi	ɛi	ɛi
朔城区	i	i	i	i	i
山阴	ɛe	ɛe	ɛe	ɛe	ɛe

应县	εi	εi	εi	εi	εi
怀仁	εe	εe	εe	εe	εe
右玉	εe	εe	εe	εe	εe
大同	εe	εe	εe	εe	εe

通过表 3 显示，“内”字韵母在山西北区方言的读音主要有两种类别：

（1）读作齐齿呼[i]。只有朔城区方言，“内”韵母读作齐齿呼[i]，在称读地名“内蒙”时仍读作[i]。

（2）读作开口呼。大部分山西北区方言点“内”韵母的读音与普通话接近。其中五台方言、怀仁方言与普通话一致，平鲁、山阴、应县、右玉和大同方言“内”韵母的开口度比普通话的略大。

蟹止两摄“雷、累累积、垒、泪”字韵母在各方言读音相同，已无区别。但各方言之间读音有所不同，大致有三种类别：

（1）在五台方言中，这四字的韵母读作合口呼[uei]。这一读音反映了《中原音韵》时期蟹止摄读作合口呼的语音特征，这一语音事实在晋方言并州片、吕梁片、上党片以及中原官话汾河片大多数方言都有所保留。

（2）在朔城区方言中，这四字的韵母读作齐齿呼[i]。止蟹摄的合口韵字“雷、内、类、累”韵母到了 17 世纪初反映北京官话的徐孝《等韵图经》已经失去了介音[w]。演变至朔城区方言，这几个字韵母失去了介音[w]之后，可能经过元音高化，成为齐齿呼[i]。这种现象也在晋方言及汉语其他方言存在。例如：晋方言张呼片的宣化方言蟹止摄来母字“梨利里雷泪”等字韵母的读音在宣化全区域北部读[i]。湘方言中，清代以来的方志就有蟹摄部分字读混止摄字的记录，如：“雷曰梨”。现代湘方言益阳话“雷”白读读音为 li。

（3）在平鲁、山阴、应县、怀仁、右玉和大同方言中，“雷、累累积、垒、泪”韵母读作开口呼。也就是说，随着介音[w]的消失，这四字韵母已经成为开口呼了，从这一点来看，这些方言与北京官话一直同步发展。

四、蟹摄开口二等见晓组韵母的读音

在语音历史演变过程中，山西北区大部分方言点的蟹摄开口二等见晓组韵母的读音经历了与北京官话相同的变化后，在 18 世纪以后发生变化，不读[ai]韵母。而是与果摄开口三等字、假摄开口三等精组、知组、影组字韵母合流。

现将部分方言点的列举如表 4：

表 4

	介	揩	解解开	街	茄	姐
五台	iɛ	iɛ	iɛ	iɛ	iɛ	iɛ
偏关	i	i	i	i	iɛ	iɛ
忻州	iæ	iæ	iæ	iæ	iɛ	iɛ
平鲁	iᴇ	iᴇ	iᴇ	iᴇ	iᴇ	iᴇ
朔城区	iɛ	iɛ	iɛ	iɛ	iɛ	iɛ
山阴	iᴇ	iᴇ	iᴇ	iᴇ	iᴇ	iᴇ
应县	iɛ	iɛ	iɛ	iɛ	iɛ	iɛ
怀仁	iɛ	iɛ	iɛ	iɛ	iɛ	iɛ
右玉	iɛ	iɛ	iɛ	iɛ	iɛ	iɛ
大同	iɛ	iɛ	iɛ	iɛ	iɛ	iɛ

从表 4 可以看出，山西北区方言大多数方言点蟹摄开口二等见晓组字读[iɛ]、[i]、[iæ]、[iᴇ]、[ie]韵母，和北京官话接近。山西北区方言蟹摄开口二等见晓组字韵母读音的类别主要有两种：

一是蟹摄开口二等见晓组字韵母与果摄开口三等字、假摄开口三等精组、知组、影组字韵母合流，即介＝茄＝姐。例如：五台、平鲁、朔城区、山阴、应县、怀仁、右玉和大同方言。

二是果摄开口三等字、假摄开口三等精组、知组、影组字韵母读音合流，而与蟹摄开口二等见晓组字韵母读音不同，即介≠（茄＝姐），如：偏关方言和忻州方言。山西北区定襄、五寨和保德三个方言点也是如此。

这里需要强调一点的是，虽然五台方言的蟹摄开口二等见晓组韵母的读音和山西北区其他方言点的一样，与果摄开口三等字、假摄开口三等精组、知组、影组字韵母合流。但五台方言的蟹摄开口二等见晓组韵母的读音要比山西北区其他方言点的更古老一些。这主要是因为蟹摄开口二等见、晓组字和蟹摄开口二等其他声母字、蟹摄开口一等字，和蟹摄合口二等字的今韵母就形成开口、齐齿、合口整齐相配的韵母格局，而且这种格局在《中原音韵》时期就已形成。而山西北区其他方言点蟹摄开口二等见、晓组字的今韵母读音并未形成这种格局，而是进一步发生了高化现象。

五、“挂卦画话”韵母的读音

山西北区方言蟹摄合口二等佳韵字“挂卦画”和夬韵字“话”韵母读音读同假摄合口二等麻韵，大多读作[uɑ]、[uᴀ]和[ua]。如表5所示：

表5

	挂	卦	画	话	瓜	化
五台	uɑ	uɑ	uɑ	uɑ	uɑ	uɑ
平鲁	uɑ	uɑ	uɑ	uɑ	uɑ	uɑ
朔城区	uᴀ	uᴀ	uᴀ	uᴀ	uᴀ	uᴀ
山阴	uᴀ	uᴀ	uᴀ	uᴀ	uᴀ	uᴀ
应县	ua	ua	ua	ua	ua	ua
右玉	ua	ua	ua	ua	ua	ua
怀仁	ua	ua	ua	ua	ua	ua
大同	ua	ua	ua	ua	ua	ua

在语音历史演变过程中，山西北区大多数方言点中“挂卦画话”四字韵母的语音演变轨迹与蟹摄各韵摄的不同，而是与假摄合口二等麻韵合并，读音相同。这一语音演变现象和《中原音韵》一样，所反映的语音层次处于不晚于《中原音韵》时期的近古层次。

结语

蟹摄一二等韵演变的读音在山西北区方言演变和发展存在不平衡性。有的语音特征在山西北区部分方言点保留得比较古老，而有的却很早就受到北京官话的影响，在以后的发展过程中与北京官话保持一致。即使有的语音现象在山西北区各方言点演变一致，也反映了各方言不同的语音层次。这些都使得蟹摄一二等韵的读音在山西北区各方言点中表现出不同的类别，也体现了山西北区方言语音的独特性和丰富性。

晋北方言地名的音变

晋北方言包括大同市、大同城区、大同矿区、朔城区、山阴县、平鲁区、应县和怀仁县等县区方言。晋北方言地名具有较丰富和较复杂的音变现象，主要有同化、弱化、合音、脱落和其他音变等几种。下文通过描写晋北方言地名的音变现象，分析其音变的原因，发现晋北方言地名的音变现象所表现出的语音特点。

一、同化

同化现象是晋北方言地名音变现象最常见的一种。晋北方言地名语音因受前后字韵母或声母的影响发生同化，其中以韵母的同化为主，表现为：u 介音的增加、齐齿呼和撮口呼互相转换及主要元音的改变。

（一）u 介音的增加：高山疃$_{\text{山阴}}$[kɔo$^{313/31}$suæ^{335}thuæ^{313}]

在山阴方言中，“山”无论是单字音还是在其他语音场合中都读作[sæ^{313}]，而在“高山疃”这一地名中，在前字“高”韵母[ɔo]和后字“疃”韵母介音[u]的共同“夹击”之下，“山”韵母部分增加了一个介音[u]，因而“山”读作[suæ^{335}]。

（二）齐齿呼和撮口呼的互相转换

1. 齐齿呼转换为撮口呼：八步堰$_{\text{山阴}}$[pᴀʔ^{4}pu^{335}yᴇ^{335}]、口前$_{\text{山阴}}$[khəu^{52}tɕhyᴇ^{313}]、双碾$_{\text{平鲁区}}$[suɒ$^{213/43}$nyər$^{213/43}$]、望岩$_{\text{应县}}$[vaŋ^{24}yɛ̃^{31}]、王宜庄$_{\text{应县}}$[vaŋ^{43}y^{31}tsuaŋ^{43}]

在山阴方言中，“堰”和“前”通常读作[iᴇ^{335}]和[tɕhiᴇ^{313}]，而在地名“八步堰”和“口前”中，“堰”和“前”分别受前字“步”和“口”韵母中[u]的影响，“堰”和“前”韵母中的介音[i]变为[y]，“堰”和“前”在这两个地名中分别读作[yᴇ^{335}]和[tɕhyᴇ^{313}]。

在平鲁方言中，“双碾”这一地名在称读时必须儿化。根据平鲁方言儿化韵的语音特征，“碾”的韵母[iᴇ]儿化后应读作[iər]。而在地名中，由于受前字“双”韵母中[u]介音的影响，“碾”儿化后韵母中的介音读作[y]，“碾”在这一地名中读作[nyər^{213}]。

在应县方言中，“岩”和“宜”通常读作[iɛ̃^{31}]和[i^{31}]。而在地名中均受到前字“望”和“王”声母浊擦音[v]的影响，“岩”和“宜”韵母部分的[i]都读作[y]，“岩”和“宜”在地名中分别读作[yɛ̃^{31}]和[y^{31}]。

2.撮口呼转换为齐齿呼：薛家营$_{\text{应县}}$[ɕiaʔ^{43}tɕiaʔ^{43}iəŋ^{31}]

在应县方言中，“薛”通常读作[ɕyaʔ^{43}]，而在地名“薛家营”中，受后字“家”韵头[i]的影响，“薛”的韵头被同化，不读作[y]，而读作[i]。

（三）主要元音的改变：梁官$_{\text{平鲁}}$[liᴇ^{44}kuæ^{213}]

在平鲁方言中，æ、iᴇ、uæ和 yᴇ共同构成开齐合撮四呼的韵母格局。“梁”通常读作[liɒ^{44}]，而在地名“梁官”中，由于受到后字“官”韵母的影响，“梁”韵母中的主要元音由[ɒ]变成[ᴇ]，“梁”读作[liᴇ^{44}]。

二、弱化

晋北方言地名的音变还包括不同程度的弱化现象。弱化现象常常与同化、脱落等音变有关联。晋北方言地名读音的弱化主要表现为音节读作轻声。

（一）利民$_{\text{朔城区}}$[li^{53}.mi]

“民”在朔城区方言中通常读作[miə̃^{35}]，而在地名“利民”中，受到前字“利”的同化，“民”的主要元音鼻音韵母[ə̃]脱落，韵母变成了[i]，而且，“民”的声调丧失了原有的调值，弱化为轻声。

（二）义井$_{\text{应县}}$[i^{24}.tɕiəŋ]、钗里$_{\text{应县}}$[tshɛi^{43}.li]

在应县方言中，“井”通常读作[tɕiəŋ^{54}]，而“里”有舒入两读，在“三里、里头”等词语中，“里”读作舒声[li^{54}]，而在“家里、院里”等词语中，“里”读作入声[ləʔ^{43}]。在地名“义井”和“钗里”中，“井”和“里”的音高和时长都发生了变化，音高变低，时长变短，声调等都弱化为轻声。

三、合音

晋北方言地名中有合音现象。从所收集地名的读音来看，合音大致有两种方式：一是直接合并，或是前两个音节直接合并，或是后两个音节直接合并。例如：

（1）西盐池$_{\text{山阴}}$[ɕi$^{313/31}$iᴇ^{313}tʂʅ$^{313/31}$]→[ɕiᴇ$^{313/13}$tʂʅ$^{313/31}$]

（2）杨里窑$_{\text{大同}}$[iɒ^{313}li^{54}iɐo^{313}]→[iɒ^{313}liɐo^{313}]

例（1）中的第一音节“西”的韵母与第二音节“盐”韵母、例（2）中的第二音节“里”的韵母与第二音节“窑”的韵母均属齐齿呼，因此，例（1）中的第一音节与第二音节整体直接合并，例（2）中第二音节与第三音节整体直接合并，形成合音现象。

二是前后两个音节合并后，音节韵母中主要元音及入声韵尾脱落。例如：

（3）马（庞）家窑$_{\text{大同}}$[ma^{54}（phɒ^{313}）tɕiaʔ^{31}iɐo^{313}]→[ma^{54}（phɒ^{313}）tɕiɐo^{24}]

（4）张力窑$_{\text{大同}}$[tʂɒ^{31}liəʔ^{32}iɐo^{313}]→[tʂɒ^{31}liɐo^{313}]

（5）前（后）郭家坡$_{\text{大同}}$[tɕhiɛ^{313}（xəu^{24}）kuaʔ^{32}tɕiaʔ^{32}pho^{31}]→[tɕhiɛ^{313}（xəu^{24}）kua^{313}pho^{31}]

例（3）中第二音节“家”、例（4）中第二音节的“力”与后一音节“窑”、例（5）中第二音节“郭”与第三音节“坡”分别合并，合并后前一音节的主要元音及入声韵尾均发生脱落，并构成新的音节结构。

四、脱落

由于语言接触及语音内部的缘故，晋北方言地名还存在脱落现象。脱落现象不仅发生在介音和主要元音上，而且还发生在整个音节上。

（一）罗庄$_{\text{应县}}$[luɤ^{31}tsaŋ^{43}]

中古时期，“庄”属宕摄开口三等阳韵庄母平声字，演变至今应县方言读作[tsuaŋ^{43}]。而在地名中，“庄”读作[tsaŋ^{43}]。究其原因，主要是因为“罗庄”属应县大临河乡，地理位置上与大同市浑源县比较接近，而浑源方言的韵母有这样一个特点，即宕摄开口三等庄组、合口见系字和江摄知庄组字，今读开口呼，例如“庄”=“张”，“光”=“刚”，“窗”=“昌”，“况”=“抗”。因此，在方言互相接触与影响之下，应县地名“罗庄”中“庄”的韵头脱落，读作开口呼。

（二）辛留村$_{\text{山阴}}$[ɕi$^{313/31}$liəu^{335}tshuə̃^{313}]

“辛”在山阴方言中通常读作[ɕiə̃^{313}]，而在称读地名“辛留村”时，“辛”的主要元音鼻化元音[ə̃]脱落，原来的介音承担了整个音节的主要元音。因此，“辛”在地名中读作[ɕi^{313}]。

（三）王家涧$_{\text{山阴}}$[uɒ$^{313/13}$tɕiəʔ$^{4/2}$tɕiʌr^{335}]

在称读山阴地名“王家涧”时，这一地名常常儿化，而且其中“家”这一音节发生脱落，因此，这一地名在口语中常常读作[uɒ$^{313/13}$tɕiʌr^{313}]。

五、其他音变

晋北方言地名还有一些特殊音变现象。这些音变现象无法归纳到以上音变现象之中，主要以下几种。

（一）n/l不分

“另”在平鲁方言中通常读作[liə̃^{52}]，而“另山”这一地名在平鲁方言中读作[niə̃^{52}sæ^{213}]。其中“另”声母由[l]变读为[n]。

与平鲁方言同属五台片的朔城区方言也有极少n/l不分的语音现象。例如：你咋还捉弄我这个老头子哩！例子中的“弄”的声母在口语中也常常读作[l]，不读作[n]。

山阴方言中也有这一现象，“立”在山阴方言中通常读作[liəʔ^{4}]，而地名

"上/下立羊泉"[ʂɒ^{335}/ɕiᴀ^{335}ni^{335}iɒ^{313}tɕhyᴇ^{313}]中的"立"读作[ni^{335}]，"立"的声母读作[n]，而不读作[l]。

"大同地区区分 n/l，但在这样的地区，也有个别 n/l 相混的词，如天镇'农' n→l，北京'弄、梁' n/l。"[①]以上语音事实再次证明，除天镇以外，晋北其他方言点也有 n/l 相混的语音事实。

（二）舒声促变

晋北各地方言中不同程度地存在舒声促变的语音特点。应县地名"白马石"、"东辉耀"和"大西头"，山阴地名"上神泉"、"上河西"和"蓿麻沟"，大同地名"李怀角儿"、"祁皇墓"、"四眼井儿"等各地地名中加着重号的字均不读作舒声，而是读作入声。特别值得一提的是，大同地名"白马城"中的"马"与应县地名"白马石"中的"马"一致，均读作入声。

（三）舌尖中音变为舌尖前音

1.东沙堆$_{\text{山阴}}$[tuə̃$^{313/13}$sᴀ$^{313/31}$tsuei^{313}]；西沙堆$_{\text{山阴}}$[ɕi$^{313/13}$sᴀ$^{313/31}$tsuei^{313}]

在山阴方言中，"堆"可以读作[tuei^{313}]，也可以读作[tsuei^{313}]。而且"堆"可以和"圪"字头结合，构成动词和量词。但不论是作动词还是作量词，"堆"仍保持两读现象。例如：

你给咱把那点儿土往里圪堆圪堆。（动词）

一圪堆土。（量词）

由于受普通话的影响，人们逐渐放弃了[tsuei^{313}]，更多地选择读作[tuei^{313}]。而在称读地名"东沙堆"和"西沙堆"时，"堆"的声母不读作舌尖中音[t]，仍读作舌尖前音[ts]。

汉语其他方言区口语和地名中也有这种语音现象。在河北方言晋州、献县、安国、望都、忠县、满城等地"堆"念[tsuei]一类的音。[②]在北京话和济南话中，"堆"既可以读作[tuei]，也可以读作[tsuei]。[③]

2.东鄯河$_{\text{山阴}}$[tuə̃$^{313/31}$sɒ^{335}xuə^{52}]、西鄯河$_{\text{山阴}}$[ɕi$^{313/31}$sɒ^{335}xuə^{52}]

在山阴方言中，"鄯"通常读作[ʂæ^{335}]，而在地名"东鄯河"和"西鄯河"中读作[sɒ^{335}]。"鄯"这一音节的声母和韵母均发生了变化。

六、结语

晋北方言地名中的音变现象互相交叉，互相影响，同化引起弱化，弱化、合音又伴随着脱落现象。另外，晋北方言还有一些其他的音变现象，如在称读时，地名必须儿化或加子尾以及地名中字音调值的变化。这些都需要我们去深入描写其读音和探究其形成的原因。

附注

①贺登崧. 石汝杰，岩田礼，译. 汉语方言地理学[M]. 上海：上海教育出版社，2003 年：108.

②田恒金，李小平. 河北方言地名中的一些音变[J]，语文研究，2008 年(2).

③北京大学中国语言文学系语言学教研室编. 汉语方音字汇（第二版重排版）[M]. 北京：语文出版社，2003：162.

晋北方言地名中的古音

在语音演变的历史过程中，晋北方言较早较多地受北京官话的影响，这使晋北方言中很多较古的音韵特征消失，并逐渐向北京官话靠拢。但作为专有名词的地名，由于其具有较大的稳固性，因此保留了较古老的读音。这些读音都反映了晋北方音所具有的音韵历史层次。下文结合晋北方言各方言点中相关的语音事实，从声母和韵母两方面来分别考察晋北方言地名所保留的古音。

一、声母方面

1.磨复其湾

“复”属奉母字，在大同方言中，不论是单字音还是组合成词，均读作[fəʔ^{32}]，其中“复”声母读作轻唇音[f]。而在大同地名“磨复其湾”中“复”则读作[pəʔ^{32}]，其声母读作重唇音[p]。

属奉母的“缝”在邻近大同的山阴方言和应县方言口语中分别读作[pɔ̃^{313}]和[pəŋ^{31}]，“缝”声母在这两个方言中均读作重唇音[p]。例如：①你那个扣子快掉呀，你脱下来，我给你缝上两针。②盖物$_{\text{被子}}$上的针脚开啦，我给缝住些儿。

大同地名“磨复其湾”中的“复”以及山阴方言和应县方言口语中的“缝”声母读作重唇音，而不读作轻唇音，这反映出晋北方言不同程度地保留了上古时期“古无轻唇音”的痕迹，这也可作为“晋方言保留古非敷奉母读重唇的上古音残迹”的一个有力佐证。

2.晋祠

“祠”属《广韵》止摄开口三等之韵邪母平声字，演变至普通话，全浊邪母平声字读作擦音[s]、[ɕ]和送气塞擦音[tsh]、[tɕh]，仄声读作擦音[s]、[ɕ]。

“祠”的声母在官话区北京、济南、武汉、成都、合肥、扬州六个方言点都读作[tsh]，苏州、温州方言读作[z]，厦门、潮州、福州方言读作[s]。

而山阴方言在称读“晋祠”这一地名时，邪母字“祠”的声母读作清擦音[s]，而且与“祠”具有相同音韵地位的“词辞”声母也读作[s]。“辞词祠”的声母读作清擦音与邪母其他字读作清擦音保持一致。这一语音特征在晋方言大多数方言点都有所反映。

除此之外，在朔城区、山阴、应县和大同方言中，邪母字“囚”白读时和在“囚犯”一词中，其声母读作清擦音[ɕ]。而且山阴方言和大同方言的口语中常常用“囚犯样儿”来形容一个人萎靡不振的精神状态。

邪母字读作清擦音的语音现象“已保持有千年之上”，而且“再一次显示今晋方言是唐五代宋西北方音的‘嫡系支裔’”。晋北方言地名和口语中邪母字的读音就体现了这一古老的语音特点。

3.南泉村

古精组和见晓组在今细音前如果有分别，读音不同，就分尖团音。而如果没有分别，读音相同就不分尖团音。晋方言很多方言片均保持尖团对立，即古精组字在今细音前读[ts]、[tsh]、[s]，而见晓组在细音前读[tɕ]、[tɕh]、[ɕ]。例如：并州片、吕梁片、上党片和大包片等方言片。

“泉”为山摄合口三等仙韵从母平声字，属精组。在应县方言中，无论是单字音还是在其他语音场合，“泉”声母均读作[tɕh]，这与普通话的读音保持一致。而在应县地名“南泉村”中，“泉”读作[tshuɛ̃^{31}]。地名中“泉”声母的读音反映了应县方言古从母字在细音前保持古读，未腭化，读作[tsh]，与见晓组字在细音前的读音不同。但是由于受普通话的影响，在称读这一地名时，很多年轻人更愿意将“泉”读作[tɕhyɛ̃^{31}]。

与应县相邻的山阴方言的日常口语中也保留了从母字在细音前保持古读，未发生腭化的音韵特征。与“泉”具有相同音韵地位的“全”字声母也未腭化，保留古读，读作[tsh]。例如：家里头东西全全儿的[tshuæ$^{313/31}$tshuʌr$^{313/52}$tiəʔ^{0}]，你啥也不用买。

4.李三沟

“三”属咸摄开口一等谈韵心母平声字，演变至今大同方言中读作[sæ^{31}]。而在地名“李三沟”中，“三”读作[tshæ^{313}]，声母不读作擦音[s]，而是读作塞擦音[tsh]。

据乔全生先生的推论：汾河片的“梭”字从9世纪初开始至今依然读作塞擦音[tshuo]，不读作擦音[suo]。晋方音中擦音变读为塞擦音的时代也是比较早的。“三”作为心母字，不读作擦音[s]，而读作塞擦音[tsh]。由此可知，晋北方言地名“李三沟”中“三”读作塞擦音的历史至少可以与“梭”处在同一时期。

5.白头崖、南崖乡

中古疑母、影母开口字演变至今晋北方言声母多读作[n]，与北京话中的零声母相对应，例如：爱岸偶恩。这是山西北区方言声母重要特点之一。

“崖”属蟹摄开口二等佳韵疑母平声字。“南崖乡”和“白头崖”分属朔州市朔城区和平鲁区，朔城区方言和平鲁区方言称读这两个地名时，分别把“崖”读作[niᴇ^{35}]和[niᴇ^{44}]。“崖”的声母均读作鼻音[n]。

朔城区方言和平鲁区方言的分类词表“地理”类中都用“崖头”表示“山

崖”这一词条，分别读作[niᴇ^{35}.t‘əu]和[niᴇ^{44}.t‘əu]，其中“崖”声母均读作鼻音[n]。

除了朔城区方言和平鲁区方言以外，晋北方言的大同方言和山阴方言“崖”白读时声母也都读作[n]。

从王力先生所作现代北京声母和中古声母对照表得知，“崖”中古时期声母为ŋ，与现代北京零声母对应。这说明，朔城区方言地名“南崖乡”和平鲁区方言地名“白头崖”以及晋北方言大多数方言点中“崖”白读音声母都读作[n]这一语音历史至少可以追溯至中古时期。

二、韵母方面

1.内蒙

“内”属蟹摄合口一等灰韵泥母去声字，演变至今朔城区方言中，“内”韵母读作齐齿呼[i]，而在晋北方言其他方言点中，由于受普通话的影响，“内”大多读作开口呼。除了“内”以外，朔城区方言的止蟹摄合口韵来母字“雷类累泪”等字也读作细音齐齿呼[i]。

晋方言其他方言片和汉语其他方言片都存在这一语音事实。例如：

晋方言张呼片的宣化方言中，蟹止摄来母字“梨利里雷泪”等字韵母的读音在宣化全区域北部读[-i]，这一方言特征和张家口话蟹止摄来母字韵母读[-i]的特征保持一致。

高本汉《中国音韵学研究》的方言字汇部分所收录的19世纪末怀庆方言“内”读作ȵi，韵母读作细音。

湘方言中，清代以来的方志就有蟹摄部分字读混止摄的记录，如“雷曰梨”。现代湘方言益阳话、桃江话大量保存，如益阳话中“雷”白读读音为li。

山东长岛县所属的庙岛列岛10个岛中的以北的大小钦岛、南北隍城岛等和大连方言“梨李力”等一类字跟“雷累积累累”一类字同音，li＝li。

吴方言上海话“泪”字韵母念i。

赣方言南昌话“泪”白读读音为li。

止蟹摄的“内雷类累泪”等合口韵字到了17世纪反映北京官话的徐孝《等韵经图》已经失去了介音[w]，北京官话读作开口呼。而朔城区方言中止蟹摄的“内雷类累泪”等字在失去了介音[w]之后，走了一条与北京官话和晋方言其他方言片不同的路，既不同于北京官话的开口呼，也不同于晋方言其他方言片所保留的合口呼。结合王力先生相关的语音构拟，“雷内”的中古拟音是uɒi，而“类累泪”等字的中古拟音是ǐwe，wi，因此，在朔城区方言中，“内雷类累泪”等字一部分经历了复元音单化、另一部分经历了元音高化最终合流为[i]的语音演变过程，并且一直保留至今。这也成为朔城区方言有别于同一方言片和邻近方言点的一个重要语音特征。

2.①合盛堡山阴 ②张家堡山阴 ③席家堡应县 ④陈家堡怀仁 ⑤何家堡怀仁⑥向阳堡平鲁区

“堡”属效摄开口一等豪韵帮母上声字，以上所列地名中“堡”韵母均读作[u]。

晋北方言中多有“××堡”这类地名，其中“堡”韵母均读作[u]。除了地名之外，晋北方言朔城区、平鲁区、应县、山阴、怀仁和大同等大多数方言点中“堡”韵母读作[u]。这一读音体现了效摄豪韵与遇摄模韵同韵的语音特征。而“晋方言萧豪与鱼模同韵的残余现象似可上推至辽宋”。从这一推论也可得知，晋北方言地名中“堡”以及“堡”在各方言点白读时韵母的读音都保留了效摄豪韵与遇摄模韵帮母字同韵这一较古老的语音事实。

3.黑龙池

“龙”属通摄合口三等来母平声字。在山阴方言中，无论是单字音还是在其他场合，“龙”的读音为合口呼，读作[luə̃³¹³]。而在地名“黑龙池”中，“龙”的读音则为齐齿呼，读作[liə̃³¹³]，韵母为细音。

“龙”在今汉语官话区及其他大多数方言区均已读作合口呼。梅县、厦门、福州等方言读作细音。晋方言的文水、隰县、汾西、五台、长治、平顺、晋城、陵川和高平九个方言点也读作细音。

“通摄合口三等韵字‘龙’的韵母读细音，说明保留的是《切韵》以前的读音。仅在闽方言和客家方言中保存，不在粤方言其他大方言中出现，似可证明，闽方言、客家方言的这个读音比粤方言等还要古老。照此看来，晋方言保存的这个读音一样的古老。”晋北方言大多数方言点“龙”的读音与普通话保持一致，读作合口呼。山阴地名中“龙”读作细音这一少有的语音事实反映了晋北山阴方言所存在的古老的音韵层次。

4.下木角

“木”属《广韵》通摄合口一等明母屋韵入声字，在朔城区方言大多数语音场合中不再读作入声，都已发生舒化，读作[mu⁵³]。但在地名“下木角”中，“木”仍保留入声韵，读作[məʔ³⁵]。

关于“木”的语音演变过程，乔全生先生作了相关的推演，即“木”：mɔk→mbɔk→mɔk→muk→muʔ→mu。晋北方言中的很多方言点“木”都已完成了语音演变的过程，均已舒化，其韵母读作[u]。而朔城区方言地名“下木角”中“木”的读音未发生舒化，仍保留在语音演变的入声韵阶段。

在朔城区方言中，除了地名“下木角”中“木”的读音保留入声外，与“木”具有相同音韵地位的“穆、目”二字也都读作入声。例如：“穆桂英”、“目的”中的“穆”和“目”都读作[məʔ^{35}]，均保留入声韵。

晋北方言中还有很多反映古老音韵特征的例子，如：朔城区方言地名“红壕头”中的“壕”读作[xuə^{312}]，这一读音是宋代时期古歌戈萧豪同韵残留的一种表现。晋北方言地名的读音不同程度地保留了古音遗迹，这些古音反映了晋北各方言点语音所处的历史演变进程，也更全面地呈现了其语音面貌。

参考文献

[1]北京大学中国语言文学系语言学教研室编. 汉语方音字汇（第二版重排版）[M]. 北京：语文出版社，2003.

[2]丁邦新. 丁邦新语言学论文集[M]. 北京：商务印书馆，1998.

[3]丁声树撰文，李荣制表. 汉语音韵讲义[M]. 上海：上海教育出版社，1984.

[4]崔淑慧. 山西北区方言语音研究[D]. 广州：暨南大学，2004.

[5]崔霞. 山西省朔州市六区县方言语音初步比较——兼与普通话比较[J]. 山西大同大学学报（社会科学版），2011（1）.

[6]崔霞. 山阴方言蟹止两摄的读音及演变[J]. 山西大同大学学报（社会科学版），2012（5）.

[7]崔霞. 山西北区方言蟹摄一二等韵读音类别[J]. 民族论坛，2015（9）.

[8]崔霞. 山西山阴方言地名文化信息解读[J]. 东方教育，2016 年 3 月上.

[9]崔霞. 晋北方言地名中的古音[J]. 中北大学学报（社会科学版），2016（5）.

[10]崔霞. 晋北方言地名的音变. 庆祝戴庆厦教授八十寿辰文集[C]，中国社会科学出版社，2016.

[11]崔霞，贺宏，李颖. 朔州方言研究（朔城区卷）[M]. 北京：九州出版社，2012.

[12]高本汉. 中国音韵学研究[M]. 北京：商务印书馆，2003.

[13]郭风岚. 河北宣化方言蟹止摄来母字韵母的读音分布[J]. 语文研究, 2007（3）.

[14]何大安. 声调的完全回头演变是否可能[J]. 《史语所集刊》第六十五本第一分.

[15]侯精一，温端政，田希诚. 山西方言的分区（稿）[J]. 方言，1986（4）.

[16]侯精一，温端政主编. 山西方言研究[M]. 太原：山西人民出版社，1989.

[17]侯精一，温端政主编. 山西方言调查研究报告[R]. 太原：山西高校联合出版社，1993.

[18]蒋文华. 应县方言研究[M]. 太原：山西人民出版社，2007.

[19]李如龙. 地名中的古音[J]. 语文研究，1985（1）.

[20]刘泽，刘凤华主编. 山西古代文学作品选[M]. 太原：山西古籍出版社，1997.

[21]马文忠，梁述中. 大同方言志[M]. 北京：语文出版社, 1986.

[22]钱曾怡. 汉语方言研究的方法与实践[M]. 北京：商务印书馆，2002.

[23]乔全生. 晋方言语法研究[M]. 北京：商务印书馆，2000.

[24]乔全生. 晋语的平声调及其历史演变[J]. 中国语文，2007（4）.

[25]乔全生. 晋方言语音史研究[M]. 北京：中华书局，2008.
[26]宋秀令. 汾阳方言的语气词[J]. 语文研究，1994（1）.
[27]孙小花. 山西方言语音历史层次研究[D]. 上海：上海师范大学，2006.
[28]孙玉卿. 怀仁方言中的结构助词“的”[J]. 山西大学学报（哲学社会科学版），1999（3）.
[29]田恒金，李小平. 河北方言地名中的一些音变[J]. 语文研究，2008（2）.
[30]田希诚，吴建生. 山西晋语区的助词“的”[J]. 山西大学学报（哲学社会科学版），1995（3）.
[31]王力. 汉语史稿[M]. 北京：中华书局，2002.
[32]王临惠. 汾河流域方言平声调的类型及其成因[J]. 方言，2001（1）.
[33]武玉芳，林静，李慧卿. 朔州方言研究（右玉卷）[M]. 北京：九州出版社，2012.
[34]杨增武. 平鲁方言研究[M]. 太原：山西人民出版社，2002.
[35]杨增武，崔霞. 山阴方言研究[M]. 太原：山西人民出版社，2007.
[36]詹伯慧主编. 汉语方言及方言调查[M]. 武汉：湖北教育出版社，2001.
[37]赵秉璇.晋中文白异读在地名读音上的反映[J]. 语文研究，1994（1）.
[38]中国社会科学院语言研究所，方言调查字表（修订本）[M]. 北京：商务印书馆，2004.
[39]钟声扬、赵甫仁收集整理，朔州民歌[M]. 太原：山西出版集团、山西古籍出版社，2007.
[40]周赛红. 湘方言音韵比较研究[D]. 长沙：湖南师范大学，2005.